写真でたどる3国の近現代史

前近代の人々が見ていた世界とアジア

17世紀の初め、キリスト教宣教師、マテオ・リッチが中国で作った「坤輿万国全図」。地図の中央部には中国が描かれている(日本・宮城県図書館所蔵)。

18世紀後半、朝鮮で作られた「天下図」。中国が真ん中に描かれ強調されている。(韓国・嶺南大学校博物館所蔵)。

①

1900年、中国に巻き起こった義和団運動に対し、イギリス、ドイツ、ロシア、フランス、アメリカ、日本、イタリア、オーストリアの列強8カ国は連合軍を編成して北京を占領、清国政府に迫って北京議定書に調印させた。これにより中国は列強に4億5000万テールの賠償金を支払い、北京市内に列強の軍隊で守られた外国公使館区域の設定を認め、さらに各列強が中国国内の多くの地域に軍隊を駐屯させる権利も認めさせられた。写真は北京議定書調印のさいの11カ国の駐華公使たちと清国政府代表の李鴻章(前列右から2人目)。なお左から2人目は日本代表の小村寿太郎。

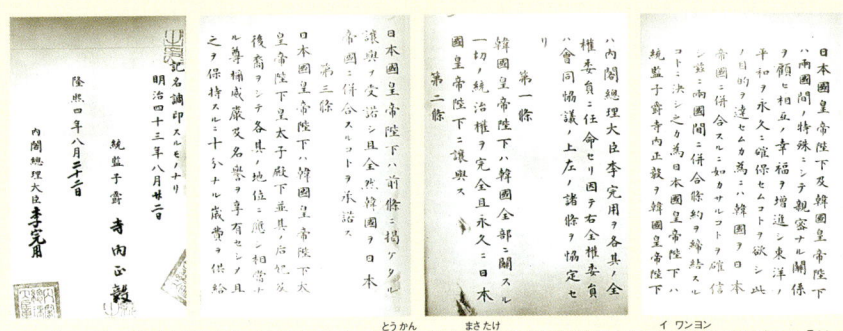

1910年、日本は韓国を「併合」し、植民地とした。「統監・寺内正毅」と「内閣総理大臣・李完用」が署名した「韓国併合条約」原文(日本・外務省外交史料館所蔵)。

1895年、日清戦争で清国を破った日本は、台湾を割譲させ、日本の植民地とした。しかし台湾住民はそれを認めず、長期にわたり激しいゲリラ戦を挑んで抵抗した。写真は台湾塩寮抗日記念碑。(施玉森『甲午戦争蹟述論』雛忠会館出版、1998年より)

写真でたどる3国の近現代史

日本は1894-95年の日清戦争で清国を破るとともに蜂起した朝鮮の農民軍を鎮圧し、朝鮮への支配力を強めた。それに対し、朝鮮には真の独立と改革を求める独立協会運動が起こり、独立門を建てたり、『独立新聞』を発行したりした。写真は独立門。

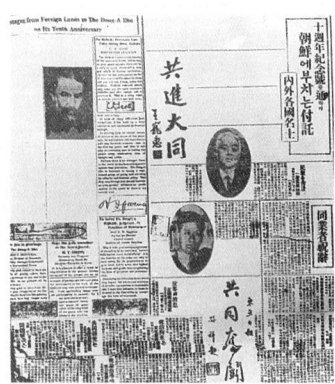

1910年の韓国「併合」の後、日本はきびしい憲兵警察統治を敷いたが、1919年、朝鮮全土に三・一運動が広がると、統治の方針を"文化政治"に切り替えた。しかし言論統制を強めるなど、監視・取り締まりの手をゆるめることはなかった。写真は、検閲により記事を削除された新聞。

1905年、日露戦争に勝利した日本は、韓国に対する支配を一挙に強めた。それに対し民衆は「義兵」となって武装闘争に立ち上がった。絵は、日本軍に捕らえられ銃殺される義兵。（『ラクロワイリュストゥレ』1905年5月21日付、『激動旧韓末歴史の現場』朝鮮日報社）

1931年の満州事変から37年の日中全面戦争へと戦線を拡大した日本は、1941年にはついにアメリカ、イギリスとの戦争に突入する。日本の戦争は、帝国憲法によって全軍を指揮・統率すると定められた天皇の下に、陸海軍の最高幹部で構成する大本営の指導ですすめられた。写真は、昭和天皇（中央、奥）が出席して開かれた1943年4月27日の大本営御前会議。

アメリカ、イギリスとの戦争に突き進んだ日本は、「大東亜共栄圏」の建設をスローガンにした。アジア太平洋のほぼ全域を占領した日本は、各地に日本に従う傀儡政権をつくり、1943年11月には「大東亜共栄圏」を誇示するため東京で大東亜会議を開いた。写真は左から、バーモウ首相（ビルマ）、張景恵国務総理（「満州国」）、汪精衛行政院院長（「南京国民政府」）、東条英機首相（日本）、ワンワイタヤコン首相代理（タイ）、ラウレル大統領（フィリピン）、チャンドラ・ボース首班（自由インド仮政府）。

写真でたどる3国の近現代史

宮城遥拝。宮城とは、現在の日本の皇居のこと。日本は植民地とした朝鮮や台湾で、1940年頃から「皇民化」政策を強力にすすめた。人々を「皇国の臣民」に一体化させ、すすんで戦争に協力させるためであった。朝鮮では正午になると、どこにいても仕事を中断し、天皇のいる東京に向かって深くおじぎをしなければならなかった。

戦争が長引き、物資が逼迫してくると、とくに兵器を造る金属が不足したため、金属製品を強制的に供出させられた。写真は、朝鮮で徴収した金属製品を前に記念撮影している日本人。

金属製品の供出は日本国内でも行なわれ、国民はすべてをなげうって戦争に協力することを求められた。写真は、「国債債券は戦う祖国の血液」とPRしながら、戦時郵便貯金を奨励する移動郵便車(1942年6月)。

平頂山殉難同胞遺骨館。日本が満州を占領した後、1932年9月16日、抗日ゲリラに撫順炭鉱事務所を襲撃された日本軍は、報復のために撫順近くの平頂山村を包囲、3000人あまりの村民を一カ所の窪地に集め、機関銃を使ってほとんど全員を殺害した。その遺骨の一部は記念館に殺害された時の状況そのままに保存されている。

1936年、日本軍はハルビンに細菌戦部隊を正式に創設、石井四郎が初代の部隊長に就任した。その後「731部隊」と改称し、各地に支隊を設立した。731部隊は逮捕された抗日運動の活動家などを秘密の監獄に入れて、ペスト、チフス、パラチフス、コレラなどの細菌実験に使い、非道な人体実験も行なった。もと731部隊員の証言によると、少なくとも3000人がここで犠牲になった。写真は、731部隊が撤退する時に爆破した建物のボイラー跡。

写真でたどる3国の近現代史

1949年10月1日、長い抗日戦争とその後の内戦を戦い抜いて、ついに中華人民共和国が成立した。この絵は、天安門の上に立ち、新中国の樹立を宣言する毛沢東と指導者たち。（董希文画：中国国立博物館蔵）

1945年8月6日、アメリカ軍が投下した、1発の原子爆弾で廃墟と化した広島市街。原爆投下後まもなくアメリカ軍が撮影。

写真でたどる3国の近現代史

歴史を知り、未来をひらく

韓国・独立記念館

中国・抗日戦争記念館

日本・広島原爆資料館
（原爆ドームの奥の細長い建物）

東アジアの新しい未来を切りひらくのは若者たちだ。第3回・日中韓の青少年歴史体験キャンプ（2004年8月）日中韓の若者が、戦時中、日本軍の「慰安婦」を強制されたハルモニが共同生活する「ナヌムの家」を訪問した。

第2版 日本・中国・韓国＝共同編集

未来をひらく歴史

東アジア3国の近現代史

日中韓3国共通歴史教材委員会

高文研

読者のみなさんへ

宇宙から眺めた地球は青みを帯びた美しい姿です。
生命体が生きている太陽系で唯一の星です。
この美しい星で、人々は自然を改造し、文明を作り出してきました。
人間が文明を発展させることができた最大の力は文字によっています。
人間の記憶力には限界がありますが、
文字があるために前の時代の知識を次の時代が受け止めて、
その上にさらに新しい知識を積み重ねることができるのです。しかし、人々は、
前の世代の経験をつねに大切に記憶しているわけではありません。
ときには過去の記憶を隠して、記録からなくしてしまうこともあります。
だれでも、楽しくない記憶は早くなくしてしまおうとする傾向があります。
そうすれば、気楽に楽しく生きてゆくことができるからです。
しかし、気を付けてください。悪い記憶をなくすことは、
無条件によいことばかりなのでしょうか。
誰かが、通学路で石の角につまずいて倒れたとしましょう。
「今日は本当に運がないな」と思って、そのことをすっかり忘れてしまえば、
下校の時にまたその石の角につまずいて倒れることがあるかもしれません。
過去の過ちを覚えておくと、
同じ過ちをまた犯すという愚かさを避けることができるのです。
私たちが歴史を学ぶのも、過去を教訓として未来を開拓するためなのです。
『未来をひらく歴史』は、日本・中国・韓国の3つの国を中心とした
東アジアの歴史を扱っています。
過ぎ去った19〜20世紀の東アジアの歴史には、侵略と戦争、
人権抑圧などの洗い流しがたい傷が染み付いています。
もちろん、東アジアの過去は暗いものだけではありません。

東アジアは交流と親善の長い伝統をもっており、国家の垣根を越えて
明るい未来のためにともに努力している人々もたくさんいます。
過ぎ去った時代の肯定的な面は受け継ぎながらも、
誤った点は徹底的に反省することによって、私たちはこの美しい地球で、
より平和で明るい未来を開拓することができるはずです。
平和と民主主義、人権が保障される東アジアの未来を開拓するために、
私たちが歴史を通じて得ることができる教訓は何でしょうか。
この本を読みながらみんなで一緒に考えてみましょう。
この本の執筆には、日・中・韓3国の学者・教師・市民がともに参加しました。
3年の準備期間の間、お互いの意見が異なる場合が数多くありましたが、
対話と討論を通じて歴史意識を共有することができるようになり、
いまこの本を3国で同時に出版することになりました。
3国は地理的にも、歴史的にも、お互いに離れることのできない
深い連関性をもっています。日ごとに近くなる"地球村"時代に、
この本を通じて隣国の歴史と相互の関係をすこしでも
深く理解してくれることを願う気持ちで、この本を準備しました。
これまでの世代が解決することのできなかった宿題を、
3国の若いみなさんがお互いに協力しあいながら解決し、
新しい東アジアの歴史を作り出していってくれることを願っています。
3国の近現代史をもれなく扱った本なので、時にはむずかしかったり、
理解できない部分があるかもしれません。それでもがっかりしないでください。
お互いを理解しようとする心を持つことだけで、
東アジアの、そして世界の未来はもう明るくなっているのです。

2005年5月　　日中韓3国共通歴史教材委員会

日本の若い読者のみなさんへ

■日本の執筆者から　　　　　日本・日中韓3国共通歴史教材委員会

　日本と中国・韓国は、隣国として古代以来の長い友好と交流の歴史をもっています。しかし、近代の日本は、中国・韓国に対し武力による侵略と植民地支配によって大きな被害と苦しみを与えました。

　現在、文化の交流や深まる一方の経済関係を通じて、3国の人々が親しくなる機運はかつてなく高まっています。しかし一方では、日本の教科書問題や靖国神社問題など、それに逆行する動きも絶えません。友好と親善の流れをさらに確実なものにし、東アジアに平和な共同体をつくっていくためには、何が必要でしょうか。「歴史は未来をひらく窓」だといいますが、東アジアの人々と平和に共生する「窓」をひらくには、何が必要でしょうか。

　いま何よりも大切なのは、中国・韓国の歴史を知り、お互いがどのように関わりあってきたかを知ることです。近現代の歴史において、日本が中国や韓国に対してどのようなことを行なってきたのか、その日本の行為によって今日なお癒しがたい悲しみや苦痛を受けた人々がいること、その事実をしっかりと認識し、歴史認識を共有することが求められています。

　自分の国が行なってきた植民地支配や侵略の事実を直視することは、たしかに気が重くつらいことです。しかし、同じあやまちを繰り返さないためには、歴史の事実から目をそらさないこと、過去に何があったかをきちんと知り、過去のあやまちをしっかりと克服していくことが、どうしても必要です。そのことが、中国や韓国、アジアの人々とこれまで以上の友好関係をきずいていくことにつながると思います。

　この本を、自国中心の歴史を克服し、東アジアの視野から歴史を学ぶためのステップにしていただけることを願っています。「国際社会において、名誉ある地位を占めたい」（日本国憲法前文）という思いを実現するため、歴史に学び、中国・韓国の人々との交流をもっともっと広げていきましょう。

　なお本書では、韓国・朝鮮の人名・地名については韓国語読みのふりがなを付け、中国の地名等は、ペキン、シャンハイなど日本語に定着しているものを除いて、日本語読みのふりがなを付けました。同じ漢字を使う国として、中国でも日本の人名等は中国語読みで発音されているからです。また、朝鮮半島全域を表す呼称としては、朝鮮王朝以来の呼び名である「朝鮮」を用いました。

　本書の中に掲げたむずかしい史料は、現代語に訳してあります。

■中国の執筆者から ──── 中国・中日韓3国共同歴史読本編纂委員会

　中国と日本とは、はるか昔から歴史的に深くかかわりあってきた国です。
　しかし、不幸なことに両国がともに歩んだ近代の歴史のなかに、文明が破壊された多くの痕跡があります。それは戦争の爪痕です。
　60年前の戦争では、みなさんの家族でも身内の方が亡くなっているかも知れませんね。しかし、その戦争はどのようにして始まったのでしょうか。その戦争は中国に大変な災難をもたらしましたが、誰が戦争の責任を負うべきなのでしょうか。戦争は私たちにどのような教訓をもたらしたのでしょうか。これらの答えをみなさんは、両親、おじいさん、おばあさんの話から、あるいはみなさんが学んだ教科書から得られたでしょう？
　戦争のない平和なアジアと世界を実現することは、善良な人すべてが望むことです。私たちが共通の願いを実現できるかどうかは、私たちが歴史から「学ぶ」ことができるかどうかにかかっています。私たち中国の学者が日本の学者とこの本を編集することを決定したのは、そのための歴史知識を得られるようにするためでした。
　私たちは、若いみなさんがこの本から中・日・韓の共通の歴史を十分に理解し、有益な知識を身につけ、それを生かして3国共通の未来に向かって考えてくれることを心から望んでいます。

■韓国の執筆者から ──── 韓国・韓中日共同歴史教材開発委員会

　"近くて遠い国"という言葉をご存知でしょう。韓国で、日本を指すときによく使う言葉です。ここで"近い"とは、すぐ隣に位置している国という意味で、"遠い"というのは心の障壁を意味しています。おそらくは、かつて日本が韓国を侵略して植民地にしたという記憶のためでしょう。
　最近、韓国と日本は、以前に比べればずっと活発に社会的・文化的な交流をしています。そのことで、ずっと近くなったということができるでしょう。しかし、心を開いて付き合うには足りない部分がいまだにあります。その足りなさを満たすために、若いみなさんが先頭に立ってみませんか。そのためには、韓国と日本、そして東アジアの3国の間に生じたかつての歴史を正しく理解して、望ましい未来を描いてゆかなければならないでしょう。
　この本は、皆さんにそうした歴史を教えてくれるはずです。この本を通じて、日本の若いみなさんが韓国と日本の間を本当の意味で近いものとし、ひいては東アジアの和解と平和をつくりあげてゆく未来の主人公になってくれたら、という思いでいます。

未来をひらく歴史 ── もくじ

序章　開港以前の3国

頁		
2	1節	3国の相互の関係
4		コラム：昔の人たちは「世界」をどう見ていたか
5		3国の間の漂流民
	2節	3国の国内状況
6		1. 日本──武士と民衆
8		2. 朝鮮──両班と民衆
10		3. 中国──郷紳と民衆
12		コラム：3国の首都
14		儒教と3国

第Ⅰ章　開港と近代化

頁		
15		概説
	1節	欧米列強の圧力と3国の対応
16		1. 中国──アヘン戦争と洋務運動
18		2. 日本──開国と明治維新
20		3. 朝鮮──門戸開放をめぐる葛藤
22		コラム：3国の開港場──上海・横浜・仁川
23		近代日本の天皇制
	2節	東アジアを巻き込んだ戦争
24		1. 3国の争い
26		2. 日清戦争
28		3. 日露戦争
30		コラム：福沢諭吉／金玉均／李鴻章
	3節	3国の改革運動
32		1. 日本──自由民権運動
34		2. 中国──清朝の改革と義和団運動
36		3. 朝鮮──農民戦争と独立協会運動
38		コラム：中江兆民／康有為／東学農民戦争のリーダーたち
	4節	3国の民衆生活と文化
40		1. 朝鮮社会の変化と民衆
44		2. 中国社会の変化と民衆
48		3. 日本社会の変化と民衆
52		コラム：近現代史のなかの漢字
54		まとめ

第Ⅱ章　日本帝国主義の膨張と中韓両国の抵抗

頁		
55		概説
	1節	第一次世界大戦前後の東アジア
56		1. 日本の韓国併合と朝鮮人の抵抗
58		2. 日本の台湾に対する植民地支配
60		3. 辛亥革命と中華民国の成立
62		4. 第一次世界大戦と日本帝国主義
64		コラム：台湾人民の抗日武装闘争／安重根と伊藤博文　日本は韓国を「強占」したのか、「併合」したのか
	2節	日本の朝鮮支配の強化
66		1. 憲兵警察統治
68		2.「文化政治」の実像
70		3. 経済政策と収奪
72		4. 教育文化政策
74		コラム：鉄道を掌握せよ
75		東洋拓殖株式会社
	3節	独立・抵抗の運動と社会運動
76		1. 三・一運動
78		2. 五・四運動
80		3. 3国の社会運動
82		4. 関東大震災と朝鮮人・中国人の虐殺
84		コラム：申采浩／金子文子／李大釗／布施辰治／陳鉄軍／鄭鍾鳴
	4節	変わりゆく社会と文化
88		1. 朝鮮の社会と文化の変化
92		2. 中国の社会と文化の変化
96		3. 日本の社会と文化の変化
100		コラム：女性の社会進出　羅蕙錫／平塚らいてう／何香凝
102		まとめ

第Ⅲ章　侵略戦争と民衆の被害

頁		
103		概説
	1節	日本の中国東北地方への侵略
104		1. 満州事変
106		2.「満州国」の出現
108		3.「満州国」の社会と経済
110		4. 東北人民の反満抗日闘争
112		コラム：張寒暉と抗日歌曲「松花江のほとり」
113		上海「義挙」と尹奉吉

	2節	日本の侵略戦争
114		1. 日中全面戦争
116		2. アジア太平洋戦争
118		3.「大東亜共栄圏」のまぼろし
120		4. 総力戦体制
122		コラム：昭和天皇の戦争指導
123		伝単(ビラ)のなかの戦争
	3節	日本軍による中国民衆への残虐行為
124		1. 戦場における民衆と難民
126		2. 南京大虐殺
128		3. 無差別爆撃・三光作戦と「無人区」の設定
130		4. 細菌戦・毒ガス戦と人体実験
132		5. 日本軍の性暴力
134		コラム：鳳儀萍──強制労働者の証言
135		元日本兵の証言
	4節	朝鮮の戦争基地化と民衆の被害
136		1. 皇民化政策
138		2. 戦時体制下の軍需工業
140		3. 戦争物資動員
142		4. 人力動員
144		5. 日本軍「慰安婦」として連行された朝鮮人女性たち
146		コラム：「親日派」と「漢奸」
147		姜徳景ハルモニ──絵画で「慰安婦」の被害を告発
	5節	日本民衆の加害と被害
148		1. 戦時総動員と民衆の戦争協力
150		2. 民衆の生活と抵抗
152		3. 東京大空襲と都市空襲
154		4. 沖縄戦
156		5. 広島・長崎への原爆投下
158		コラム：特攻隊と青年学徒
159		日本の総力戦と女性
	6節	日本の侵略戦争の失敗
160		1. 中国の抗日戦争
162		2. 朝鮮人の抵抗と建国準備
164		3. 東南アジア占領地民衆の抵抗
166		4. 反ファシズム戦争の勝利と日本の降伏
168		コラム：大韓民国臨時政府
169		日本兵反戦同盟
170		まとめ

第Ⅳ章 第二次大戦後の東アジア

- 171　概説
- 1節　3国の新しい出発
- 172　1. 日本の敗戦と戦後改革
- 174　2. 朝鮮の解放と分断
- 176　3. 中華人民共和国の成立
- 178　コラム：マッカーサーの2つの顔
- 179　　　　遠かった故国
- 2節　問われる日本の「過去の清算」
- 180　1. 東京裁判
- 182　2. サンフランシスコ講和条約と賠償・補償問題
- 184　3. 植民地支配と戦争が残した社会問題
- 186　コラム：その他の戦犯裁判
- 187　　　　戦後補償の国際比較
- 3節　東アジアの分断と国交正常化
- 188　1. 東アジアの冷戦と朝鮮戦争
- 190　2. 日韓国交樹立
- 192　3. 日中国交正常化
- 194　4. 中韓国交樹立
- 196　コラム：在日朝鮮人の権利獲得のたたかい
- 197　　　　中国帰還者連絡会の人々
- 198　まとめ

終章 21世紀の東アジアの平和のための課題

- 199　概説
- 200　1. 残された個人補償問題
- 202　2. 日本軍「慰安婦」問題と女性人権運動
- 204　3. 歴史教科書問題
- 206　4. 靖国神社問題
- 208　コラム：教科書裁判をたたかった家永三郎
- 209　　　　民衆法廷としての女性国際戦犯法廷
- 210　　　　博物館展示と戦争
- 212　5. 東アジア3国の若者の交流
- 214　6. 反戦平和運動と市民運動
- 216　7. 東アジアの和解と平和のために

218 ◎日・中・韓と世界の近現代史＝略年表
221 あとがき　222 各項目執筆分担　223 各国の委員・協力執筆者

序章　開港以前の3国

序章 1節

開港以前の3国
1. 3国の相互の関係

> 朝鮮、中国、日本の3国はそれぞれ固有の伝統と文化をもっています。3国の人々は古くから隣どうし友好的につきあっていました。時にはもめごとが生じたり戦争をしたりもしました。19世紀に西洋の国々によって武力でおびやかされる前までの3国の関係について考えてみましょう。

3国の関係

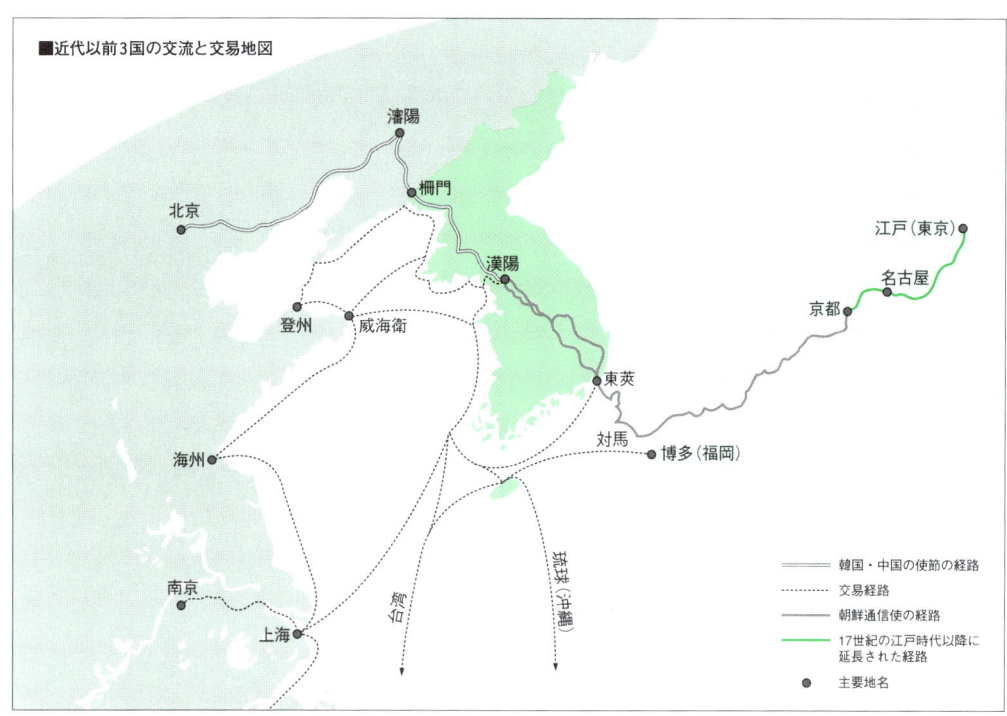

■近代以前3国の交流と交易地図

凡例:
― 韓国・中国の使節の経路
‥‥ 交易経路
― 朝鮮通信使の経路
― 17世紀の江戸時代以降に延長された経路
● 主要地名

　近代以前、日・朝・中の3国の間では公式の外交関係とともに、民間の交流も行なわれていました。中国とその周辺の国の外交関係は、一般に朝貢関係と呼ばれています。周辺の国が中国に使節を送り貢ぎ物をささげると、中国はその国の王室の権威を認め、お返しの品を贈るという関係です。朝貢関係とはいっても、中国は他の国の内政と外交に干渉はしませんでした。ただし、日本は16世紀以降、中国と朝貢関係は結ばず、交易関係だけをつづけました。
　こうしたゆるやかな枠組みの中で、3国は密接な関係を保っていました。

※通信使：朝鮮が日本の幕府に送った使節団。17世紀以降は、1607年から1811年まで12回派遣された。漢陽（現在のソウル）―釜山（プサン）―対馬―江戸というルートで通常5〜8カ月かかった。日本の滞在費用は日本側が負担した。

豊臣秀吉の朝鮮半島侵略と通信使

　日本では16世紀末に豊臣秀吉が長年の戦乱を終わらせて権力を握りました。当時、中国大陸には「明」が、朝鮮半島には「朝鮮」がありました。

　豊臣秀吉は中国大陸を征服しようとする野望を持ち、それに先だって朝鮮を二度も侵略しました。しかし日本の侵略は、朝鮮民衆の抵抗と水軍の反撃により不成功に終わりました。明の援軍も日本軍を退けるのを手助けしました。

　豊臣秀吉が死んだ後、日本と朝鮮の外交関係が再び結ばれました。朝鮮が日本に送った使節は、通信使と呼ばれていました※。通信使は江戸幕府（→6ページ）の権威を高めるという政治的な効果をもたらしましたし、通信使は両国が文化を交流し相互に理解しあうのに少なくない役割をはたしました。

中国の変化と朝鮮の対応

　中国の東北部では、満州族（満族）の前身で、徐々に勢力を強めつつあった女真族が「後金」を建国しました。後金の軍隊は明と戦う一方で朝鮮にも侵攻し、朝鮮民衆に大きな被害を与えました。後金を継承した清は、明に代わって中国全体を統治することになりました。しかし朝鮮では、明との関係を重視し、清を征伐しようという北伐論が主張されたりもしました。

貿易を通じた交流

　日本の江戸幕府は、最初、西洋諸国と貿易をすすめましたが、キリスト教の勢力が大きくなってくると、これを制限することにしました。1641年からは、長崎でのみ、オランダ、中国との交易を認めました。

　朝鮮は釜山に倭館を設置して日本と貿易を続けました。倭館には日本の対馬藩の役人と商人が滞在しました。

　朝鮮は17世紀前半から清の首都・北京や国境付近で交易をするほか、清と日本の間の中継貿易をしたりしました。清ははじめ国内勢力が外国の勢力と手を結ぶことを阻むために外国との貿易を禁止しました。しかし国内政治が安定すると、それを緩め、周辺国と活発に交流しました。

　19世紀前半に西洋列強が圧迫を加えてくると、3国はこれに対抗して通商を拒否しました。中国も広州1港だけで制限的に通商を許可していましたが、他の港を開くことはありませんでした。

東萊（トンネ）府使（釜山の長官）が日本使節を迎えている絵。倭館の中には、役所と家、商店、倉庫などがあった。日本の商人は倭館の中でだけ貿易することができ、朝鮮人は許可された人しか中に入れなかった。

コラム　昔の人たちは「世界」をどう見ていたか

　東アジアの人々がもっていた古くからの世界の見方は、中国が中心にあり、文明の遅れた小さな国々がそのまわりを取り巻いているというものでした。朝鮮や日本も、こうした見方を受け入れていました。しかし他方で、自らも中国に劣らない文化国家だと考え、自国の部分を詳しくした地図をつくりました。

　15世紀の初め、朝鮮王朝は非常に完成度の高い地図を作りました。巨大な中国を中心にして、東側に朝鮮半島や日本列島などの東アジアを大きく描き、西側には圧縮したアラビア半島・アフリカ・ヨーロッパを描いています。中国や日本などから最新の地図を手に入れて作ったといいます。

　日本では、仏教が入ってきて以来、世界は日本・中国・インドの3国からつくられているという見方がありました。ですから、世界地図も、インドを中心にして中国・日本を描くというものでした。しかし、16世紀後半、スペイン・ポルトガルなどと交流するようになると、ヨーロッパで作られた世界地図が入ってきました。

　東アジアの世界地図に大きな変化を引き起こしたのは、16世紀末に中国を訪れたキリスト教の宣教師マテオ・リッチが作った「坤輿万国全図」です（図1）。世界は楕円形に描かれ、ヨーロッパ・リビア（アフリカ）・アジア・南北アメリカとメガラニカ（南極一帯）の5大州に分けられています。もとにしたヨーロッパの地図とは異なって、中国が中央部に位置していますから、中国中心の世界に慣れ親しんでいた東アジアの人々にとって、この地図は受け入れやすいものでした。また、世界の地名が漢字で書き表されていたことも、この地図をなじみやすいものにしました。アジアを「亜細亜」、ヨーロッパを「欧羅巴」と漢字で書くのも、ここから始まりました。

▲図1：マテオ・リッチの「坤輿万国全図」（日本・宮城県図書館蔵）

　「坤輿万国全図」は17世紀初め、朝鮮や日本にも伝えられ、これを手本にしてさまざまな地図がつくられました。

　17世紀後半には、中国に来ていた宣教師フェルビーストが「坤輿全図」を作りました。世界を東西2つの円に分けた地図です。やがて朝鮮でも日本でも、「坤輿万国全図」のような楕円形の地図にかわって、東西2つの円で世界をあらわす地図が普及していきました。

◀図２：経緯度が描かれた円形の「天下図」。18世紀後半につくられたもの。
（韓国・嶺南大学所蔵）

　しかし、朝鮮では17世紀後半、西欧式の世界地図に対する反発も起こり、伝統的な認識を強調する地図が再び登場しました。円形の「天下図」がそれです（図２）。中国は相変わらず大きな円の形で真ん中に置かれて強調され、朝鮮がその横にあり、残りの国々は様々なところに記されています。19世紀にも天下図はひきつづき流行し、民間に広く流布しました。
　一方、日本は国を閉ざしてからも、オランダとは交易していたため、ヨーロッパの新しい地図が入ってきていました。そこで、そうした地図に基づいた世界地図も作られています。19世紀初めには「新訂万国全図」という地図が完成しました。イギリス人が作った最新の世界地図を、日本人によるカラフト（サハリン）探検の成果を取り入れて修正したもので、カラフトが島であることを示した世界最初の地図となりました。
　こうして東アジアの人々は、世界の地域や国々の配置を、地図という形で描き出すための試みを重ねていました。

コラム　３国の間の漂流民

　他国に行くことを希望したわけではないのに、たまたま海で遭難したため、他国に流れ着いてしまった人々がいます。漂流民です。右の絵は、19世紀初め、日本の海岸に流れ着いた12人の朝鮮人を日本人が描いたものです。
　日本に流れ着いた朝鮮人漂流民は、16世紀末からの270年間で１万人近くいたことが確かめられています。一方、朝鮮に流れ着いた日本人の漂流民もいました。また中国から日本への漂流民もいました。中国と朝鮮の間にも漂流民がいました。
　漂流民は取り決めによって、それぞれの本国に送り帰されています。この図に描かれた12人の漂流民も、その後、朝鮮に送り帰されています。近代以前、日本・朝鮮・中国の間には、漂流民をめぐる"交流"もあったのです。

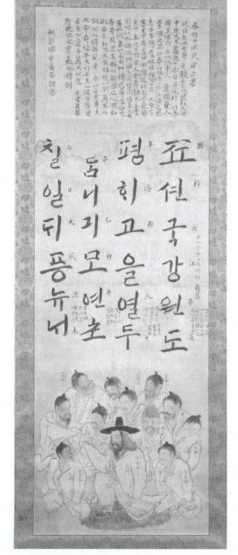

▲漂流朝鮮人の図
（鳥取県立図書館蔵）

3 国の国内状況
1. 日本——武士と民衆

序章 2節

> 欧米諸国がせまってくる前、日本はどのような状況だったのでしょうか。17世紀から19世紀半ばにかけての政治の仕組み、経済や社会の様子を見てみましょう。

政治の中心と国の境界

右の地図は、開港以前の日本とその周辺を示したものです。政治の中心地は江戸（現在の東京）です。ここには徳川家代々の将軍がいて、幕府と呼ばれる政府が置かれ、全国を統治していました。一方、昔から長く日本の都だった京都には天皇がいました。しかし、すでにずっと以前から、天皇に政治上の権限はありませんでした。

地図の一番北は現在の北海道です。当時はエゾ地と呼ばれ、アイヌの人々が暮らしていました。南の沖縄には琉球王国という別の国がありました。将軍が支配するのは、北の松前から南の鹿児島（奄美諸島を含む）までです。

■江戸時代の日本とその周辺

支配の仕組み

国は将軍が直接支配する地域と、それ以外の地域から成り立ち、後者の地域は約260に分割されて、そこにはそれぞれ領地を支配する大名がいました。それぞれの大名は将軍から領地を保障され、家臣である武士をしたがえて、その領地については政治・法律・経済などの権限をにぎり、庶民を支配していました。

人口の80％を占めるのは、村に住む農民です。農民の農業生産が社会の基礎でした。将軍・大名は農民から取り立てる年貢（年ごとに取りたてる税）をもとに政治や社会を運営するとともに、年貢で武士たちの生計を成り立たせてい

ました。将軍・大名は年貢の米の一部を貨幣に換え、生活に必要なものを買い入れていました。都市には武士とともに商人や職人が暮らしていました。

武士は苗字（家の名）をもち、腰に刀をさす特権が認められるなど、庶民との間にはっきりとした身分の差がありました。普通、武士と庶民とは結婚もできず、住む場所や暮らしぶりも違っていました。

揺らぎだした社会の土台

農民たちは農業技術の改良などにつとめ、次第に生産力を高めていきました。また、綿・菜種・煙草など、販売を目的とする作物の栽培も広がっていきました。一方、酒・醤油・紙（和紙）などの生産が各地に広がりました。18世紀の後半になると、有力な商人や農民の中には、他の農民に原料や資金を貸して製

▲19世紀初めの織物工場のようす。この当時、農家の人々を雇い、工場の中で分業で仕事をさせる新しい生産方法が生まれた。多くの女性が織物を織っている。（『尾張名所図絵』より）

品を作らせたり、人を雇って作業場で生産をさせるものもあらわれてきました。

一方、幕府や大名は、経済が発展し、暮らしの水準が上がるにつれて、次第に財政が苦しくなっていきました。そこで、大名たちは年貢を増やしたり、大商人から借金をしたりするようになりました。また、18世紀の中ごろから、将軍や大名は財政を立て直すためにさまざまな改革を試みるようになりましたが、多くは失敗に終わりました。

農民たちの中にも、借金がかさんで返せず、土地を失ってしまうものが増えていきました。そのうえ、大名が年貢を重くするなどしたため、各地で一揆と呼ばれる行動を起こし、集団となって年貢の軽減を訴え出たりしました。その件数は18世紀の中ごろから増加していきました。農民たちは広い範囲の村々で共同して行動を起こすようにもなりました。

こうして社会の土台が大きく揺らぎはじめた日本に、18世紀の末頃から欧米諸国が開国を求めて迫ってきはじめました。日本は、国の内側からも、外側からも、大きく揺さぶられてゆくことになります。

3国の国内状況
2. 朝鮮——両班(ヤンバン)と民衆

> 19世紀後半の朝鮮は、西洋列強と外交関係を結びはじめました。その頃まで朝鮮社会はどんな状況だったのでしょうか。

両班(ヤンバン)中心の社会

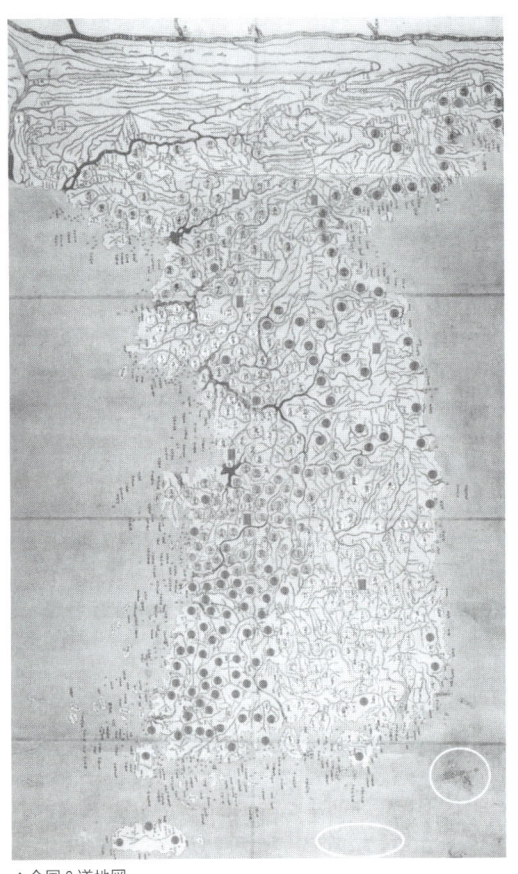
▲全国8道地図

朝鮮王朝は漢陽(ハニャン)(後の漢城(ハンソン)、現在のソウル)を都とし、全国を大きく8つの行政区域に分けて治めました。すべての地方には王が任命した役人を派遣しました。

朝鮮社会の階層は、支配層である両班(ヤンバン)、技術や行政事務にたずさわる中人、そして被支配層である平民と奴婢(ぬひ)に分けられていました。

両班は、文班(ムンバン)と武班(ムバン)とに区分されていましたが、彼らはソウルと地方でそれぞれ行政と軍事の業務を担当しました。役人になるためには一般に科挙(かきょ)の試験※に合格しなければなりませんでした。両班は各地に広い土地を持ち、奴婢を使い、民衆に影響力を行使する有力者でした。両班は何代にもわたって官職を独占し、経済的な特権をもつ身分でした。

一方、平民は国家のさまざまな租税(そぜい)を負担しなければならず、国防の義務を

※科挙:朝鮮で高麗(こうらい)王朝の初めから実施された文武官僚の選抜試験。朝鮮時代には3年に1度が原則だったが、実際には随時実施された。科挙は両班だけでなく平民も受けることができた。実際には少数の両班家門が多くの合格者を輩出した。

負い、建設工事に動員されたりしました。

社会の変化

　朝鮮時代、ほとんどの民衆は農村で農業をしていましたが、一部は商工業にたずさわっていました。農民は自分の土地で農業をするか、地主の土地を借りて耕作していました。17世紀以降には農業の技術が発展し、生産量が増えました。そのため商工業も活気をみせ、野菜、高麗人参、煙草などの商品作物がたくさん栽培され、手工業製品も活発につくられるようになりました。

　5日または7日に1回開かれる定期市が全国に広がり、1000カ所を超えました。商業や交通の中心地には旅館もでき、ソウルをはじめとする主な都市には常設の商店が徐々に増えていきました。18世紀には、ソウルの人口が30万人を超えました。

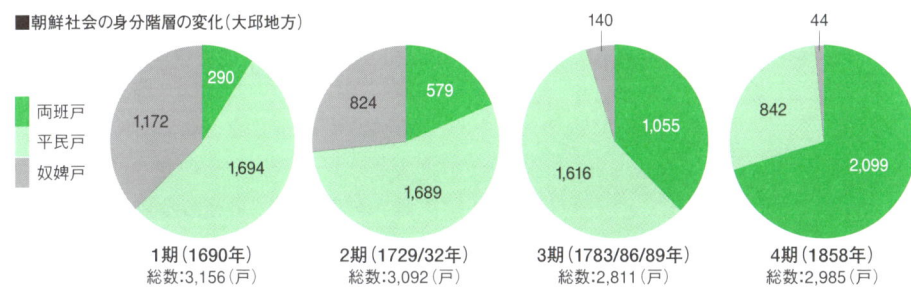

■朝鮮社会の身分階層の変化（大邱地方）
- 両班戸
- 平民戸
- 奴婢戸

1期（1690年）総数:3,156（戸）
2期（1729/32年）総数:3,092（戸）
3期（1783/86/89年）総数:2,811（戸）
4期（1858年）総数:2,985（戸）

　一部の農民と商人は、こうした経済的な変化を利用して金持ちになりました。金で両班の地位を買う者もいました。そのため両班の数が大きく増加しました。その結果、身分秩序に対する意識は弱まり、経済力が身分と同様に社会的な地位にとって重要だと考えられるようになっていきました。

民衆の改革要求

　19世紀に入り、政治の秩序が崩れ、いくつかの一族が権力を独占するにしたがって、官職の売買が広く行なわれるなど、不正や腐敗がひどくなっていきました。社会の変化を主導し、またその変化を渇望していた民衆は、もうじっと耐えているだけではいられなくなりました。

　民衆は公正な税金の徴収や法外な収奪の禁止を要求して、地方官庁に抗議しました。それでも解決されない場合は、それぞれの地方で蜂起しました。1811～12年には、朝鮮半島の西北地方で大規模な農民の反乱が起きました。1862年には全国各地で農民の反乱が起きました。1カ所で起きれば、近くの地方へと広まりました。農民がどれほど改革を望んでいたかがよくわかります。

3国の国内状況
3. 中国——郷紳と民衆

> 19世紀の初めまで、中国は「海禁政策」（外国人の往来、中国人の海外渡航や外国との貿易を制限した、一種の鎖国政策）をとっていました。西洋列強がやってくる前の中国社会のしくみや、民衆の生活はどのような状況にあったのでしょうか。

▲官僚の服をまとった清朝の役人
（中国国立博物館蔵）

清朝の統治

1644年から1911年までの300年近く、中国は最後の封建王朝である清朝の統治下にありました。清朝の統治期、中国の行政区は25の省に分けられていました。満族（満州族）の貴族は、容易に中央と地方の政府の重要な官職につくことができましたが、漢族やその他の民族の知識人は、科挙試験に合格しなければ官僚になることができませんでした。清朝の社会の身分秩序は厳しく、皇帝、皇族、世襲貴族、官僚、郷紳（地方社会の実力者で科挙合格者、官僚経験者）などが社会の上層階層を占め、商人や職人、農民などの平民たちが社会の下層階層を形づくり、ピラミッド型の身分社会のしくみになっていました。

17世紀後半から18世紀にかけては清朝が最も繁栄した時期で、皇帝の名前をとって「康熙・雍正・乾隆の盛世」と呼ばれます。しかし、統治機構がふくれ上がったことにより、官吏は腐敗し、政府の支出が増大し、国の財政は徐々に赤字になっていきました。政府は、社会の下層階層からできるだけ搾り取り、さらに財政の不足をおぎなうため官位を金で売ることさえしたので、腐敗はいっそう進みました。民衆の間では、「清廉な府知事であっても3年たてば銀10万両を蓄えるようになる」という言葉がはやりました。政府は農民に重い負担を強いたため、社会の矛盾はしだいに深刻になっていきました。

民衆の生活

清朝は成立初期に、漢族に対しても満族の服装と儀礼を押しつけ、男性には頭髪を編んで後ろに垂らす辮髪を強制し、社会における満族の地位を漢族よりも高いものとしました。しかし一方、経済政策をしっかりと進めたので、民衆の生活は比較的安定して、人口も増えました。1741年から1840年までの100年間に、全国の人口は3倍に増加し、4億1000万人に達しました。

人口のほとんどは農村で生活し、農業と手工業の仕事に従事していました。しかし、富む者と貧しい者との差が大きくなるにつれ、土地はしだいに官僚、貴族、地主に集まり、多くの農民たちが土地を失っていきました。生活苦に追いつめられた貧しい農民たちは、秘密結社に加わって清朝と地主に反抗する闘争を進めるようになり、清朝の統治に危機が生じはじめました。

外国との貿易

明と清の時代、中国はすでに経済大国となっており、あらゆる分野の経済がととのい、国内市場は広くいきわたり、生産物は自給自足できたので、外国商品の輸入に頼る必要はありませんでした。

清朝の統治者は、長い間、中国の物産は豊富で、ないものはないと考えていたため、外国との貿易を自分の方から行なうという意識がありませんでした。こうしたこともあって、清朝は1757年から、ヨーロッパの国々が中国と貿易できる港は、広州港だけに厳しく制限しました。

一方、中国の絹、茶、陶器などはヨーロッパをはじめ広く世界から求められていたため、1780年代までずっと中国の貿易は黒字続きで、毎年大量の銀が中国に入ってきました。ところがイギリスは、インドのアヘン生産地を占領すると、そのアヘンを中国に向けて輸出し始めました。19世紀初め、イギリスの会社がアヘンを売りさばく範囲は、中国沿海の各省に広がりました。アメリカ人のアヘン商人も中国にアヘンを密輸しました。アヘンは吸飲者の体と精神をむしばんだだけでなく、中国の貿易を黒字から赤字に転落させ、こんどは逆に中国の銀が国外へ流出するようになりました。1833年以後は、毎年銀1000万両以上が中国から流出するようになったため、政府は銀がすっかりなくなってしまうことを心配して、解決方法を考えざるを得なくなりました。

アヘンを吸う人。アヘンは、体を傷つけるだけでなく家財も失わせた。

| コラム | 3国の首都 |

北京、東京、ソウルはそれぞれ中国、日本、韓国の現在の首都です。3国の首都の歴史を見てみましょう。

北京

北京は、中国の歴史において有名な古い都です。1153年から始まって、金朝、元朝、明朝、清朝が北京を都としました。明朝は、北京に都を移してから大規模な築造を行ないました。清朝は北京を都に定めて以後、明朝時代の建造物をそのまま保存して、さらに西の郊外に大規模な皇室の離宮をつくりました。

北京の中心は皇帝が住み、政務をとる場所で、皇居、または紫禁城といいました。皇居の周囲が内城で、政府機関

▲北京天安門
最初は紫禁城の承天門だったのを、1651年に改修してから天安門と呼ぶようになった。高さは33.7メートル、北京の伝統を象徴する。

と貴族の住まいが広がっており、兵士たちに守られていました。外城は、ふつう郷紳や平民が住み、手工業や商業を営む地域でした。北京の城内の人口は100万人以上に達し、3箇所の商業中心地がありました。北京からは全国に道路が伸び、食糧は大運河を利用して南方から北京に運ばれてきました。

江戸

開港以前の日本には大きな都市が3つありました。政治の中心地・江戸（現在の東京）、天皇が住む伝統の都・京都、経済の中心地・大阪です。このうち首都の役割を果たしていたのは、最大の都市・江戸でした。江戸で本格的な町づくりがすすんだのは17世紀はじめのことです。中心には将軍が政治を行なう江戸城があり、そのまわりには全国の大名の屋敷が建ちならんでいました。

江戸には各地から集まった多くの武士たちと、さまざまな種類の商人たち、職人たちが生活していました。18世紀前半には人口が100万人を超えたとい

われており、世界有数の巨大都市となりました。それにともなって300ほどだった江戸の中の町は、18世紀中ごろには1700近くにふくれあがりました。芝居や見世物など、庶民の文化が広がり、花見や祭りといった娯楽も盛んになっていきました。

▲かつての江戸城は、1868年の明治維新後、天皇の住む「宮城（きゅうじょう）」となった。現在は皇居と呼んでいる。

ソウル

　ソウルは、朝鮮王朝が成立した直後の1394年から今日まで、600年をこえる首都です。ソウルは城郭で囲まれ、8つの城門から出入りするようになっていました。5つの王宮や役所、商店、住宅は、山や平地を自然のまま利用して建築されており、整然とした格好にはなっていませんでした。

　中心的な王宮である景福宮（キョンボックン）の南の両側には、役所の建物がならんでいました。東側と西側にのびる道の両側には、日用品を売る店がもうけられていました。身分によって住むところもおよそ分けられていました。位の高い官僚を中心とする、勢力のある両班（ヤンバン）は景福宮の東側の北村（ブクチョン）に、勢力を失った貧しい両班は南山付近の南村（ナムチョン）に住んでいました。ソウルの中心を流れていた清溪川（チョンゲチョン）の南北の中村は、役所に近い通りだったので、主として中人が住んでいました。

　朝鮮時代の後期には、南大門と東大門の周辺に市場が立ちならび、商業が活発になりました。城外には、全国につながる道路網と通信施設が備えられていました。近くに漢江（ハンガン）があり、税として集めた米や貢ぎ物を積んで運送するのに便利にできていました。

◀光化門と六曹通り。1900年ごろ。光化門は景福宮の正門で、前の通りには官庁が立ち並ぶ。

コラム　儒教と３国

　儒教思想は、一つの複雑な道徳理論あるいは意識形態の総体です。思想家であり、教育家であった孔子が、思想・道徳体系の基礎をつくりました。儒教思想は人々の伝統文化、日常生活のなかの道徳規範や社会の風俗習慣と密接な関係があります。儒家の思想には、孔子の後に孟子、荀子等をはじめとする多くの流派が生まれました。漢の時代以降、統治者が儒教を神聖化し、学者たちが思想としての体系化をすすめました。宋の時代以降になると、朱熹による朱子学として発展をとげました。

　儒教は、民族や国の境界を越えて、日本や朝鮮などの国に伝わりました。朱子学が朝鮮社会に及ぼした影響は、本場中国社会での影響に勝るとも劣らないものでした。15世紀、朱子学は朝鮮の統治理念になりました。16世紀半ばには、著名な儒学者の李滉（退溪）、李珥（栗谷）などによって、朝鮮独自の朱子学へと発展しました。朱子学は「退溪学」を通じて日本に強い影響を与えました。今日も韓国の一部の人たちは、朱子学的な家族道徳を尊重しています。

　日本では朱子学は江戸幕府の「官学」に定められ、各藩の学校では儒学が教えられました。また、朱子学を専門に研究し、教える儒家学派が現れ、多くの武士と役人は、自分の儒学の教養を誇りとしました。

▲歴代の統治者は、孔子の思想を顕彰（けんしょう）するために、彼の故郷である山東の曲阜（きょくふ）に、孔子を祭った政務所、廟（びょう）、墓を建てた。それらの建築の規模は、皇帝の皇居にも引けを取らない。1994年、この孔子の政務所・孔子廟・孔子の墓は、世界文化遺産に登録された。写真は、孔子廟の正殿である大成殿。

第Ⅰ章　開港と近代化

　18世紀末から19世紀にかけて、資本主義化をすすめた西洋諸国は、商品を売りさばいたり、原料を手に入れたりするため、アジア各地に侵入してきました。イギリスは、まずインドを支配し、つづいて東南アジア・中国に迫ってきました。フランスは東南アジアに侵入し、ロシアも北から迫ってきました。アメリカも西太平洋に進出してきました。こうして東アジアの歴史は、欧米諸国の強力な圧力を受けながら展開せざるを得なくなります。では、中国・日本・朝鮮の3国は、その圧力にどう対応したのでしょうか。

　中国はイギリスの侵入を撃退しようとしましたが、戦争に敗れ、不平等な関係で西洋と付き合わざるを得なくなりました。その後、中国の中では、西洋の技術・文化を取り入れて近代化をはかろうとする動きも強まりましたが、清朝の支配体制はそのままでした。

　日本では開国後、欧米とどう付き合うかをめぐって激しい国内対立が起こり、やがて新政府が成立しました。この政府は、急激な近代化をおし進めながら、朝鮮などに勢力を拡大する動きを強めていきました。

　朝鮮は最初、西洋諸国を撃退する方針を打ち出していましたが、結局、西洋諸国を後ろ盾にした日本の強制によって開港することになりました。

　では、なぜ日本は東アジアに勢力を膨張させようとしたのでしょうか。また、こうした日本の動きは、東アジアにどのような葛藤を巻き起こしていったのでしょうか。

　国際関係の変動と並行しながら、それぞれの国内では政治・社会の近代化に向けた改革運動が起こりました。では、3国それぞれでどのような運動が展開されたのでしょうか。改革運動と政治のかかわりはどうだったのでしょうか。それぞれの特徴を考えてみましょう。また、各国の近代化は民衆の生活にも大きな変化をもたらしました。教育、鉄道、新聞、暦などに焦点をあてて、3国それぞれの様子を探ってみましょう。

第Ⅰ章 1節 欧米列強の圧力と3国の対応
1. 中国──アヘン戦争と洋務運動

> 19世紀半ば、中国はどのようにして開国（開港）したのでしょうか。この大きな変動に対して、清朝の政府はどのような対策をとったのでしょうか。中国社会の各階層は、突然やってきた衝撃にどのように対応したのでしょうか。

アヘン戦争と南京条約

▼林則徐による虎門でのアヘン焼却

アヘンは、中国の社会と経済に深刻な影響をもたらしました。清朝の皇帝は、アヘンの輸入を禁止するために、1838年、林則徐を欽差大臣（皇帝に任命され、大権をもった大臣）に任命して、広州に赴かせました。広州に到着した林則徐は、外国商人に命令してアヘンを差し出させ、1839年、取り上げた1180トンのアヘンを虎門で焼却しました。

この清朝のアヘン禁止策に対して、イギリス政府は軍事力で報復する手段をとり、軍艦を広東省の沿海に侵入させました。林則徐は軍隊および武装した民衆を率いてこれに対抗しました。ところが清朝の政府は、最後にはイギリス軍と和議を結ぶための大臣の派遣を決め、徹底抗戦を主張する林則徐を更迭してしまいます。しかし政府は、イギリス軍の侵入をくいとめることはできませんでした。

1842年、イギリスの艦隊が上海から長江をさかのぼり南京の下関港まで侵入してきて、清朝の政府を威嚇して南京条約を結ばせました。条約では、香港をイギリスに割譲すること、広州・福州・アモイ・寧波・上海の5カ所を通商港としてイギリスに開放することを認めさせました。さらに、通商港での関税は中国で自主的に決めることができず、イギリスと「協商」する必要がある、と決められました（関税自主権の喪失）。これが中国近代史における最初の不平等条約となりました。

開港と列強の勢力範囲

しかし南京条約は、西洋列強（強国）の中国に対する権益獲得の要求を満足させることはできませんでした。そのため列強は、アヘン戦争の後に第二次アヘン戦争や清仏戦争などを引き起こして、中国に譲歩を迫りました。中国は抵抗しましたが、いずれも失敗に終わり、広大な面積の領土を割譲させられた上に戦争賠償金を取られ、いっそうの開港を強制され、さらに多くの権益を列強に提供させられたのです。

外国の通商港が次々と増えると、外国人宣教師が中国の内陸にまで入り込みキリスト教の布教活動をするようになりました。列強は、中国の法律に欧米人は拘束されないという「治外法権」を中国に認めさせたほか、ある一国が中国から獲得した特殊権益は他の国にも与えられるという「最恵国待遇」の原則も認めさせました。

列強はしだいに、自分たちの「勢力範囲」を中国につくっていきました。イギリスは長江流域、ドイツは山東半島、フランスは広東省の沿岸、ロシアは東北地方を自国の勢力範囲としたのです。一方、アメリカは中国に「門戸開放」の原則を要求しました。

社会矛盾の激化と反抗

西洋の商品が大量に中国に流れ込んでくると、農村の自給自足の経済が破壊されます。その上、清朝の政府は列強に対する賠償を支払うため農民の負担を加重しつづけました。そのため社会の矛盾は激しくなり、社会の動揺を引き起こします。中でも1851年に起こった太平天国の乱は農民蜂起としては最大規模のものでした。洪秀全や楊秀清らは、広西省の桂平などで宗教結社を通じて民衆を動員し、清朝の統治に対して蜂起し、国号を「太平天国」と名乗る農民政権を樹立して、14年間にわたる戦いを続けました。

太平天国は、土地の公平な分配や自給自足の理想社会を目標に掲げていました。しかし指導者内部に対立が生じた上に、清朝の政府が外国の侵略勢力と連合して包囲攻撃を加えたため、この農民蜂起は失敗してしまいました。その後、社会の矛盾はいっそう深まっていきます。

洋務運動

西洋列強による絶え間ない侵入で清朝の政府は大きな打撃を受けましたが、そうした中にあって一部の官僚は西洋の「軍艦と大砲」の威力を認識し、西洋の軍事や科学の技術を学んで取り入れ、自国の力量を高めようと考えました。官僚たちは、西洋から専門家を招いて、西洋の先進技術を利用して近代軍事工業を起こし、鉄道建設、鉱山開発、新しい学校の創設、留学生の派遣などをすすめました。さらに李鴻章などは西洋の軍事教官を招聘して軍隊を訓練し、近代的な海軍を創設しました。

1890年代になると、こうした近代化の施策が一定の成果をあらわし、中国近代工業の基礎を定め、国民の国際的な視野をあるていど広めました。こうした動きは「洋務運動」と呼ばれ、推進した人たちは「洋務派」と呼ばれました。しかし洋務派は、中国が列強に敗れた主な原因が清朝の政治腐敗にあったことを認識することができませんでした。そのため、洋務運動の成果も限られたものとなり、列強に侵略されるなかで失敗しつづけたのです。

洋務運動の成果の一つ、江南機械製造局（上海）。1865年に創設、労働者2000人余り、機械、鋳造、火薬、弾薬など多くの製造部門があった。さらに翻訳館や技術学校もあった。1892年以後、モーゼル銃や火砲、火薬などを製造できるようになった。

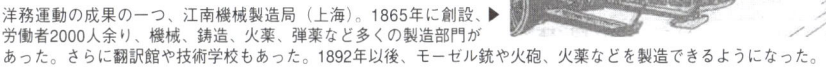

第Ⅰ章 1節

欧米列強の圧力と3国の対応
2. 日本——開国と明治維新

> 19世紀の半ば、日本はついに国を開き、外国と交際・貿易するようになり、やがて新しい政府が生まれます。この新政府のもとで、日本は世界とどう付き合おうとしたのでしょうか。また、どのような道を歩もうとしたのでしょうか。

開国後の大変動と新政府の成立

　アヘン戦争で中国がイギリスに敗れたという情報は、日本の幕府に衝撃を与えました。中国が開港して約10年後の1853年、アメリカの軍艦が国を開くように迫ってくると、幕府は翌年、200年以上続いた鎖国をやめて開国しました。つづいてイギリス・ロシア・フランス・オランダとも条約を結んで、正式に西洋諸国と交際・貿易をするようになりました。ただし、これらの条約は中国が西洋諸国と結んだものと同じような不平等条約でした。

　幕府が開国をした後、外国を追い払うべきだという主張や運動が急速に高まってきました。外国人を襲撃する事件や外国船を攻撃する事件も起こり、一部では外国との軍事的な衝突も起こりました。国内の対立は深まり、幕府に対抗する勢力の中心に天皇がすえられるようになりました（→23ページ）。

　一方、貿易によって生糸など国内の物資が外国に流れ出して品不足となり、それをきっかけに物価が跳ね上がるなど、さまざまな経済の混乱の中で、民衆の生活は苦しくなっていきました。農民は各地で「世直し」をめざす一揆に立ち上がり、都市の民衆も米屋などを破壊して米の安売りを要求したりしました。

　こうした動乱が続くなか、幕府に対抗する地方の武士の勢力が次第に力を強め、将軍の権力を倒して、1868年、新しい政府をつくりました。

　幕府が倒され、新しい国家が生み出されていく政治・社会の大変動を明治維新と呼んでいます。

新政府がすすめた近代化

　新政府は旧幕府軍と戦いながら、江戸を東京と呼びかえて、ここを日本の首都としました。将軍と大名を中心とする古い政治の仕組みをこわして、天皇を中心とする政府のもとに権限を集めました。そして、西洋諸国と積極的に交際する方針をとり、西洋にならった近代化をつぎつぎにすすめていきました。そのために多くの外国人教師を雇い入れ、留学生を西洋に送り出しました。

第Ⅰ章 開港と近代化

■岩倉使節団の視察の順路

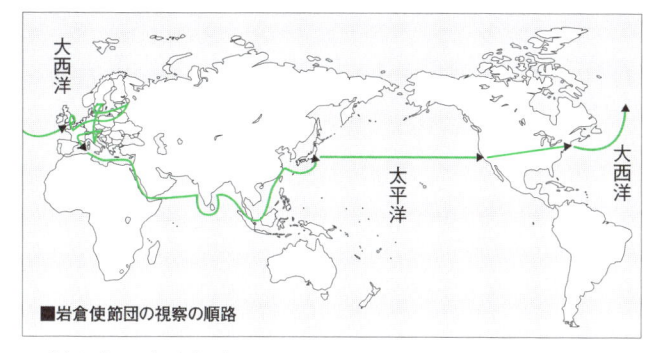

◀岩倉使節団は1871年11月に横浜を出港、まずアメリカに行き、ついで大西洋を渡ってヨーロッパ諸国を視察、アジアを経由して1873年9月に帰国した。

　新政府は身分制度をあらためて、制度上、国民を平等にしました。武士の役割を否定して、農民を中心とする国民を軍隊に組織する徴兵制度や、すべての国民に教育を義務づける制度をつくりました（→50ページ）。

　このような急激な改革に対して、民衆の中では反発も強く、反対行動も起こりましたが、政府はこれをおさえて改革をすすめてゆきました。また、特権を奪われた武士たちは各地で反乱を起こしましたが、これも政府によってきびしく弾圧されました。

　政府は各地に工場をつくり、鉄道を敷き、郵便や電信を広げ、新しい貨幣制度や銀行制度をつくりました。政府の力で経済の近代化を強力にすすめていったのです。

欧米に学べ──富国強兵の道

　下の写真は、新政府の成立から4年後、西洋に派遣された使節団の中心メンバーを写したものです。みな新政府の中心人物です。

　彼らを含む46人の使節団は、留学生など約60人をともなって、1871年11月に横浜を出発しました。以来1年10カ月間、アメリカ・イギリス・フランス・プロシア（ドイツ）・ロシアなど12カ国を回って、政治・法律・経済・社会の様子を視察して帰国しました。新政府をつくって間もないのに、その中心人物たちが2年近くも国を留守にし、西洋諸国を貪欲に見て回ったのです。

　この使節団の性格には、近代日本が歩もうとした道がよく示されています。アジアを抜け出して、西洋の強国の仲間に入ること。それは、西洋よりもアジアは"遅れている"と考え、"進んだ"日本がその下にアジアを置こうとする道にもつながるものでした。

▶岩倉使節団の首脳たち。中央の和服姿が特命全権大使・岩倉具視（いわくらともみ）。他は副使で、左から木戸孝允（きどたかよし）、山口尚芳（やまぐちなおよし）、伊藤博文（いとうひろぶみ）、大久保利通（おおくぼとしみち）。

第Ⅰ章 1節

欧米列強の圧力と3国の対応
3. 朝鮮——門戸開放をめぐる葛藤

> 中国がアヘン戦争で敗れたというニュースが伝わると、朝鮮は西洋列強に対する警戒心をいっそう高めました。西洋列強と日本の開国要求に対し、朝鮮はどのように対応したのでしょうか。

フランス、アメリカの江華島侵略

19世紀の中頃、朝鮮政府は西洋列強との通商を拒否していました。1866年には外国による侵略をくいとめて国内の政治的な安定をはかるため、カトリック教徒とフランスの宣教師に迫害を加えはじめました。これを口実として、フランスは江華島(カンファド)を武力で侵攻しました。

同じ年、朝鮮北部の都市・平壌(ピョンヤン)ではアメリカの船シャーマン号が大砲を撃ち略奪を行なったため、怒った朝鮮の民衆に燃やされるという事件が起こりました。これを口実としてアメリカも1871年に艦隊を送り、江華島を侵略しました。二度にわたる戦争で、多くの建物が燃やされ、人々が死にました。貴重な文化財も奪われました。

▲斥和碑
「洋夷(西洋の蛮人)が侵犯してきたのに、戦わないのは和議しようとすることで、和議を主張するのは国を売ることだ」という内容。

このようにフランスとアメリカが武力によって通商を要求しましたが、朝鮮政府はこれを受け入れると国が危うくなるかもしれないと考えてたたかいました。また全国各地に斥和碑(せきひ)を建て、列強と通商を拒否するという強い意志を表しました。

日本の開港要求と江華島条約

1873年、朝鮮では政治的に大きな変化が起こりました。国王の実の父であり政局を主導して通商を拒否していた大院君(テウォングン)が退き、国王の高宗(コジョン)が政治を担当す

るようになったのです。日本はこれに乗じて、1875年、軍艦・雲揚号を江華島に行かせ、意図的に衝突を挑発しました。そして激しい砲撃戦のすえ朝鮮側の砲台を占領、戦利品として30門あまりの大砲を持ち去ったのです。この日本の侵略行為に対し、当時の列強は日本が朝鮮を開港させることをひそかに望んでおり、中国も朝鮮政府にできるだけ日本と武力衝突をしないよう勧告していたため、国際的な問題にはなりませんでした。

　そのころ朝鮮国内の世論は、日本の開港の要求に強硬に対処しようという人々と、これを受け入れようという人々に分かれていました。門戸開放の反対論者は、開放されればカトリック（キリスト教）が無制限に広まり、日本の経済的な侵略によって国が滅亡するかもしれない、と批判しました。これに対して賛成論者は、日本との戦争を避けなければならない、これ以上門戸開放を先延ばしにはできない、と判断しました。

　朝鮮政府はついに開港することに決め、1876年、日本と修好条規（江華島条約）を結びました。しかし事前の準備もなく急いで条約を結んだため、条約のもっている問題点や危険な側面を十分に理解できませんでした。

> 第1条　朝鮮は自主の国であり日本と平等の権利をもつ。
> 第5条　朝鮮は2つの港を貿易港として追加指定する。
> 第7条　日本の航海者が朝鮮の海岸を自由に測量することを認める。
> 第10条　日本人が朝鮮の開港場で犯した犯罪は日本の官員だけが審判できる。
> 　　　　　　　　　　　　　　（日朝修好条規、別名・江華島条約より）

　江華島条約は、日本をはじめとする各国の侵略や干渉をもたらすきっかけとなってしまいました。条約によって開港場を拡大し、そこで日本人が犯した犯罪も処罰することができなくなりました。また江華島条約とその付属条約では、日本が特に制限もなく朝鮮で略奪的な商行為ができるよう認めてしまったのです。

　ところで条約の第1条を見ると、「朝鮮は自主の国」としています。どうしてそうしたのでしょうか。そこには、以前からの朝貢関係を背景に清国が朝鮮に対して持っていた影響力を排除しようというねらいがあったのです。

　朝鮮は1880年代に入って、アメリカ、イギリス、ドイツ、フランス、ロシアなど、多くの西洋の国々と外交関係を結びました。しかしこれらの国と結んだ通商条約も、日本との条約と同様に不平等なものでした。

▲江華島の砲台で使用した大砲

コラム　**3国の開港場——上海・横浜・仁川**

三国が西洋によって開放を迫られて後、それぞれ大きな港町がうまれました。典型的なものは、上海、横浜と仁川です。

上海

上海は、南京条約が結ばれた後、1843年に開港され、さまざまな活動を行なう外国人が急速に増えていきました。2年後、イギリスは、イギリス人が集中して居住する場所を指定し、その地域の政治、経済、治安などを直接管理することにしました。これが「租界」です。その後、西洋の各国も次々と上海に租界をつくりました。

▲1880年当時の上海

ガス・電気・水道・電話などはまず租界に出現し、そのあと上海の全域に普及していきました。1915年、上海の人口は200万人に達して中国第一の都市となりました。1919年には、大韓民国臨時政府が上海に設立されました。1930年代、上海へ逃れてきたユダヤ人難民は3万人に達しました。商業や文化の発展した上海は、モダンで流行の都市とも呼ばれ、また冒険家たちの楽園でもありました。

横浜

1858年に結んだ条約によって、日本は外国に対して5つの港を開くことになりました。その一つが横浜です。百軒ほどの家しかなかった小さな漁村に港があわただしくつくられ、翌年開港しました。港には波止場、倉庫、税関などの施設がつくられました。日本の商人たちは、港の居留地にいる外国商人のところにやってきて、生糸などの日本商品を売り込んだり、港に入った外国商品を買い取ったりしていました。

▲横浜港

欧米に開かれたこの窓口から、新聞、競馬、公園、洋食、ビールなどさまざまな洋風文化が日本に入ってきました。横浜は、江戸（東京）にいちばん近い港として大きく発展し、日本最大の貿易港に成長してゆきました。

仁川

1876年に朝鮮と江華島条約を締結した日本は、釜山、元山に続き、首都であるソウルに近い仁川の開港を要求し、1883年にこれが受け入れられました。開港当時、仁川は「済物浦」という名の人口3千人の静かな入り江の漁村でした。開港後、仁川には外国人が住む租界が設置され、洋式公園やホテル、教会などが建ちました。外国人の数が増え、海岸を新たに埋め立てなければならないほどでした。仁川からソウルまで、最初の鉄道、市外電話、電信が開通しました。日本人の米商人が日本へ米を輸出しはじめ、一時は全国の米が集まってくるところとなりました。また清、日本、ロシアが朝鮮をめぐって争うたびに、各国の軍艦が集結し、軍隊が上陸しました。仁川はソウルの玄関であり、貿易の中心地であるとともに、軍事的な通路でした。

仁川の租界地。山の方まで別荘、教会、家などが建ち並んでいる。▶

第Ⅰ章 開港と近代化

コラム 近代日本の天皇制

　日本では、7世紀頃から君主のことを「天皇」と呼ぶようになりました。天皇という用語は、もともとは中国で用いられたもので、天の最高神の意味だったといいます。

　古代には実際に天皇中心の政治が行なわれていましたが、その後、貴族や武士が政治の実権をにぎり、天皇は直接には政治にほとんどかかわらなくなりました。政治的な争いから距離をおくことによって、逆に天皇はとだえることなく、権威や威厳の中心として存在しつづけてきました。

　ところが開港後、天皇は幕府を倒そうとする勢力の中心にすえられました。そして、幕府に取って代わった新政府は、天皇を中心とする政治の仕組みをつくっていきました。新政府は成立とともに、今後は天皇中心の政治をすすめると宣言しました。天皇は神の前でこれからの政策の基本を誓う儀式を行ないました。年号も一人の天皇の在位期間には一つの年号を使う制度に変えました。祝祭日も天皇・天皇家を中心とするものにしました（→48ページ）。

　こうした天皇中心の仕組みを、法律・制度の面ではっきりさせたのが大日本帝国憲法です（→33ページ）。天皇はこの世の始まりから一つの血筋であり、神聖で侵してはならないと定められました。立法権も行政権も司法権も、すべて天皇のもとに置かれました。軍隊を指揮・命令する最高責任者（大元帥）も天皇となりました。また、天皇中心の教育をすすめるため、教育勅語が定められました（→51ページ）。

　こうして、イギリスやフランスが革命によって国王の権力を奪ったり、制限したりしたのとは逆に、日本の明治維新は天皇を中心とする官僚政府の権力を格段に強めるものとなりました。この天皇の政府のもとで、日本は近代化のための政策と、アジアへの膨張政策をすすめていくのです。

伝統的な衣装▶で正装した青年時代の明治天皇

◀はじめて軍服をつけた明治天皇

第Ⅰ章 2節

東アジアを巻き込んだ戦争
1. 3国の争い

> 19世紀後半、3国間には葛藤と緊張が高まっていました。なぜ3国は仲良くできず、お互いに対立しあったのでしょうか。

日本の征韓論と台湾出兵

　日本は1868年の明治維新後、新政府の成立を知らせるために朝鮮に使節を送りました。ところが日本が送った外交文書には「皇」や「勅」という文字が含まれるなど、皇帝が送りよこす形式をとっていました。文書の内容と伝達の経路がそれまでの外交の慣例と異なっていたため、朝鮮政府はこれを受け取りませんでした。日本政府の中では、このことを口実に朝鮮を征伐しようという征韓論が起こりました。

> ■新政府の中心人物の一人、木戸孝允の日記（1869年1月26日）　すみやかに天下の方向を定め、使節を朝鮮につかわし、かれらの無礼を問わなければならない。かれらがもし不服とするときには、その罪を問い、その地を攻撃して、神の国である日本の権威を大きく伸ばすことを願う。

　1873年、日本政府内で征韓論が高まりました。しかし、いまは国内問題を先に解決する必要があると主張する人々が主導権をにぎったため、征韓論は実行に移されることはありませんでした。
　ところで、日本の南に位置する琉球王国は、一方で清国と朝貢関係を結びつつ、他方で日本の薩摩藩の支配を受けていましたが、1871年、台湾に流れ着いた琉球の漂流民が台湾の先住民に殺害されるという事件が起こりました。日本の新政府は1874年、この殺害事件の報復を口実に台湾に攻め入りました。日本は清との交渉の結果、琉球が日本に属することを清が認めたとして、翌年、琉球が清に朝貢するのを禁止し、1879年には沖縄県として日本の領土に組み込みました。

朝鮮をめぐる日本と清の葛藤

　1876年に江華島条約が結ばれると、朝鮮をめぐって日本と清の間に葛藤が生じました。1882年、朝鮮では旧式軍隊の兵士と下層民衆とが近代化政策に反発

して反乱を起こしました。日本公使館も襲撃されましたが、公使らは自ら公使館に火を放ち、そのすきに脱出しました。

　清は朝鮮政府の要請で軍隊を派遣して事態を収めました。その後も清は軍隊を退かずにそのまま駐屯させ、朝鮮の内政に干渉しはじめました。日本もまた自国の外交官を保護するという名分で、ソウルに軍隊を駐屯させました。

　一方、清の内政干渉が強まり、改革がなかなか進まなくなってくると、金玉均、朴泳孝ら、朝鮮の開化派の官僚たちは次第に危機感をつのらせました。彼らは武力によってでも政権を取り、改革を推進しようとしたのです。1884年、彼らはついに日本公使館と日本軍隊の助けを借りて政権を取りました。しかし清の軍隊の介入によって3日で失敗に終わりました。この事件を甲申政変といいます。政変は14カ条の改革政綱からもわかるように、朝鮮の近代的な改革を試みた運動でした。

■甲申政変の政綱の一部
　1条　大院君を即時に帰国させ、清に朝貢する虚礼の行事を廃止すること。
　2条　人民平等の権利を制定し、能力に応じて官吏を登用すること。
　14条　政府6曹のほかすべての不必要な官庁を廃止し、大臣と協議して処理すること。
（『甲申日録』より要約）

　日本と清は、まだ朝鮮で全面的に衝突する時ではないと考え、ひとまず条約を結んで軍隊を撤収させました。しかし清はひきつづき朝鮮に対する内政干渉を強め、経済的な影響力を拡大しました。日本も朝鮮での日本の利益を守り、いずれ朝鮮を獲得するために清と争うのに備えて軍事力を強化していきました。日本はついに1894年、日清戦争を引き起こすことになります。

▲甲申政変の主役たち（左から朴泳孝、徐光範、徐載弼、金玉均）

第Ⅰ章　2節

東アジアを巻き込んだ戦争
2. 日清戦争

日本は明治維新後、その目を海外へと転じ、やがて清朝に対して戦争を起こしました。この戦争は、どのように引き起こされ、どのような結果をもたらしたのでしょうか。

▼日清戦争とその後の日本軍の台湾への進攻図（施玉森『甲午戦争蹟述論』〈雛忠会館出版、1998年〉より）

戦争の勃発と朝鮮

1894年春、朝鮮で、官吏の腐敗と農民への重税に反発した農民蜂起が起こりました（→36ページ）。

鎮圧に手を焼いた朝鮮政府は、6月初め、緊急に清朝の政府に対して援軍の派遣を要請しました。以前から戦争を準備していた日本は、この機に乗じて朝鮮に軍隊を送り、清国軍との衝突を引き起こし、清国の勢力を追い出して朝鮮を支配しようと考えました。

このような意図があったので、朝鮮の情勢が落ち着いた後も日本軍は撤退するどころか、逆に7月23日早朝、朝鮮王宮に攻め込んで占領し、国王・高宗と王妃の閔妃を拘禁しました。日本は新しく構成された親日政府に、朝鮮の"自主独立"を宣布して中国から離脱するように脅迫し、中国と朝鮮の間でそれまで結んでいた条約を破棄することを宣言させました。

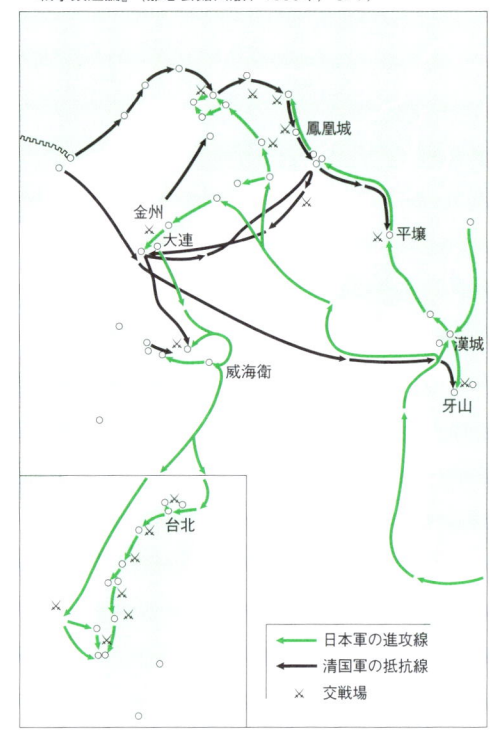

7月25日、日本の艦隊は、黄海で清国の軍艦と清国の兵隊を乗せた輸送船を攻撃して、日清戦争の火ぶたを切りました。その後、日本の陸軍は平壌を防衛する清国の軍隊を攻撃して陸戦も始めました。戦場は中国の遼東半島へと移りましたが、軍備不足と戦意低下などが重なり、清国軍は海でも陸でも敗北しました。

第Ⅰ章　開港と近代化

旅順虐殺と下関条約

　戦争中、日本軍は大連・旅順に侵攻しました。そのさい、旅順では非戦闘員である市民に対する虐殺事件を引き起こしました。日本軍の暴行は、国際世論の激しい非難を受けました。

　1895年1月、日本軍が山東に侵攻し、威海衛軍港を陥落させると、北洋艦隊は壊滅しました。清朝の政府は、李鴻章を代表として日本へ派遣し、講和の交渉を行なわせ、1895年4月、下関条約に調印しました。

　■下関条約の主な内容
　1．中国は朝鮮を独立国と認める。
　2．中国は、遼東半島、台湾、澎湖諸島を日本に割譲する。
　3．日本軍費の賠償金2億テール（約3億1千万円）を支払う。
　4．沙市・重慶・蘇州・杭州を通商港として開港し、日本の汽船の入港を認める。

日清戦争後の三国関係

　下関条約によって日本はこのように中国から多くの権益を獲得したのですが、ロシア・フランス・ドイツは日本が多くの権益を獲得することを望まず、遼東半島の割譲に強く反対しました。三国の干渉によって、清朝の政府は遼東半島を取り戻したものの、3000万テール（約4500万円）の銀を代償として日本に支払いました。

　こうして中国は、台湾を割譲させられ、多くの港を開かされました。また年間の財政収入の約3倍にも当たる巨額の賠償金を支払うため、清朝の政府は外国からの重い負債を背負うことになりました。その後、列強は中国をめぐる激しい争奪戦を始めます。

　一方、日本は、この戦争で一躍アジアの強国にのしあがり、列強の仲間入りを始めました。しかしまた、対外侵略を急いだため西洋列強の不安を招くことになります。

　1895年10月、朝鮮駐在の日本公使が閔妃（明成皇后）を殺害する事件を引き起こしました。朝鮮国王はロシア公使館に避難し、朝鮮に対するロシアの影響力が拡大しました。民衆は次々と反日蜂起を起こし、日本の侵略に大きな打撃を与えました。しかし、朝鮮政府の懐柔政策によって瓦壊させられたり、政府軍と日本軍によって鎮圧されたりしました。

▶日本軍が占領した旅順の海軍の役所

第Ⅰ章 2節

東アジアを巻き込んだ戦争
3. 日露戦争

> 1904年2月から翌年7月にかけて、日本はロシアと戦争をしました。この戦争の目的は何だったのでしょうか、戦争は東アジアの3国にとってどのような意味をもったのでしょうか。

戦争の真のねらいは何だったのか

　これは日露戦争の地図です。戦場となったのはどこでしょうか。

　戦争をした場所は日本でもロシアでもなく、韓国と「満州」（中国東北地方）でした。ここにこの戦争の性格がよくあらわれています。

　では、なぜ日本はロシアとの戦争に踏み切ったのでしょうか。外務大臣・小村寿太郎の主張を読んでみましょう。開戦の半年ほど前のものです。

日露戦争の戦場となったのは中国東北地方と韓国だった

> 　韓国はちょうど鋭い刃物のように大陸から日本の中心部に向かって突き出している半島であり、その先端は対馬とほんの少ししか離れていない。もし、他の強国がこの半島を占領するようになったら、日本の安全が脅かされる。日本はこのようなことを決して認められない。これを予防することは日本の昔からの政策だ。（1903年の意見書からの要約）

　当時、日本そのものがロシアに攻められる危険性はありませんでした。しかし小村は、ロシアが韓国を占領したら危ない、だから、その前に韓国を支配しなければならないと主張しています。小村にとってこの戦争は、韓国に対する支配と深くかかわっていました。

第Ⅰ章　開港と近代化

日本は韓国をどうしようとしたのか

日露戦争中の1904年5月、日本政府は次のように決定しました。

> 日本は韓国に対して、政治上・軍事上、保護の実権をおさめ、経済上、ますます利権の発展をはかる。（閣議決定からの要約）

日本の軍隊を韓国内に駐屯させること、韓国の外交・財政を日本の監督下に置くこと、鉄道・港などの交通機関をにぎり、郵便・電信・電話などの通信機関をにぎること、農業・林業・鉱業・漁業などに日本人を進出させ、権限を拡大していくこと——を日本政府は方針として固めたのです。ロシアと戦争しながら、他方で日本は韓国に対する支配政策をすすめていきました。

日露戦争下の韓国と中国

日本軍は韓国の土地を鉄道用地や軍用地として取り上げ、人・馬・食糧などを戦争のために供出させました。当然、韓国の人々は反発を強めました。1904年9月には京釜鉄道（ソウル―釜山）や京義鉄道（ソウル―新義州）の建設への軍役夫の徴発をめぐって、それぞれ数千人が立ち上がり、日本側と衝突しました。また、電信線の切断や鉄道建設の妨害などが各地でしきりに起こりました。これに対して日本軍は取り締まりを強め、抵抗の動きを弾圧しました。

一方、日露両軍は中国の現地で私財や食糧を取り上げながら戦争をすすめました。戦争のため中国の村では人家が焼かれ、家畜を奪われ農作物を荒されました。各地から奉天（現在の瀋陽）に逃げてきた避難民は何万人にもなったといいます。

▲日露戦争下、鉄道建設を妨害した韓国の人々を銃殺する日本軍（博文館『韓国写真帖』〈1905年6月20日発行〉より）

帝国主義を強める日本

戦争は日本の民衆にも大きな負担を強いるものでした※。しかし、ロシアとの戦争に勝った日本は、領土や勢力範囲を広げようとする帝国主義の傾向をいっそう強めていきました。韓国を支配することをロシアに認めさせただけでなく、アメリカ・イギリスとも取り引きして韓国支配の承認を得、韓国を植民地にする足場をかためました。ロシアにかわって「満州」の旅順・大連を支配する権限などを手に入れ、南満州鉄道を経営して、中国東北地方に侵出していきました。日本の国内では、世界の「一等国」だという意識も強まりました。

※日露戦争のため日本の民衆は兵士として大量動員され、また重い税の負担を強いられた。動員された兵士は108万人をこえ、8万人以上が戦死、38万人以上が負傷した。

> コラム　**福沢諭吉（1834〜1901）──侵略を合理化した「文明論」**

　近代の最初、日本人に世界の様子を伝えたのは、使節団の一員や留学生として欧米を体験してきた知識人たちでした。その代表が福沢諭吉です。彼は1875年に刊行した『文明論之概略』で、西洋は文明、アジアは半開、アフリカは野蛮だと書き、文明は野蛮から半開、半開から文明へとすすむのだから、日本は西洋を手本に文明化をはかるべきだと強調しました。1881年には、日本はアジアの文明の中心、東洋のリーダーだから、アジアを保護しなければならない、朝鮮が文明化を受け入れなければ、強制的に文明化して、西洋の進出を食い止めなければならないと主張しています。

　しかし、朝鮮の甲申政変で開化派のクーデターが失敗に終わると、1885年、「脱亜論」という有名な論説を書きます。今後はアジアの文明化をすすめるのではなく、アジアとは縁を切って、西洋諸国と同じような仕方でアジアの支配をすすめていこうというのです。そしてその10年後、日清戦争が起こると、これは文明（日本）と野蛮（中国）の戦いだと書きます。「文明」に対する見方が、福沢のアジアに対する視線を大きく左右していたのです。それは、近代日本のアジアに対する見方でもありました。

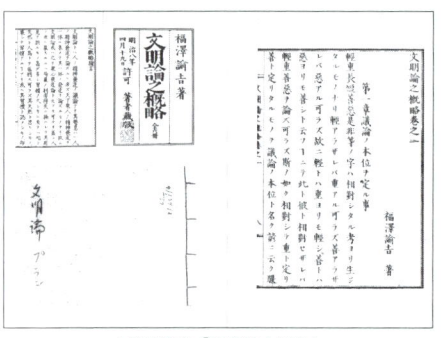

▲福沢諭吉『文明論之概略』

> コラム　**金玉均（キムオッキュン）（1851〜1894）──甲申政変の指導者**

　金玉均は1880〜90年代に活躍した朝鮮の代表的な改革活動家です。金玉均は、青年時代から、門戸開放を主張する開化思想の影響を受けました。1881年に日本を初めて訪問した金玉均は、明治維新以降に発展した日本の姿を見て強く感銘を受けました。そこで、朝鮮も西洋の近代文物を受け入れ、改革しなければならないと思ったのです。

　1884年の甲申政変のときは、「門閥を廃止して人民平等の権利を制定しよう」「腐敗した役人を処罰して政治を改革しよう」と主張しました。政変が失敗した後に日本へ亡命した金玉均は、引き続き朝鮮の改革を主張しました。時には、西洋列強との交流に力をつくし、内政改革をしなければならないと主張する上書を朝鮮国王へ送ったりもしました。

第Ⅰ章　開港と近代化

◀金玉均

　金玉均は、改革のためには外国勢力の助けが必要だと思っていました。亡命後、日本の協力を受けることができなかった金玉均は、次に清の権力者である李鴻章に助けを求めようと、1894年、中国の上海に渡りました。しかし上海に一緒に行った朝鮮人に暗殺されてしまいました。かりに李鴻章に会ったとしても、李は金玉均の思ったとおりに手伝ってくれたでしょうか。

コラム　李鴻章（1823〜1901）——洋務運動の指導者

　清朝末期の重要な政治家、外交家です。直隷総督と北洋大臣を25年間にわたって兼任し、清朝政府の内政、外交、経済、軍事などの一連の重大な政治に関わりました。李鴻章は、西洋の列強および日本などと交渉した経験から、比較的早くに西洋の技術と軍事を学ぶことの重要性を認識し、洋務派の代表的人物の一人となり、最も実力をそなえた洋務派集団を作り上げました。

　彼は、「海防論」を書いて近代的な海軍の建設を積極的に主張し、北洋艦隊の創始者となりました。また、中国が列強に包囲された国際環境において、「夷をもって夷を制する（外国を利用して他の外国を抑える）」という外交手段を使って、中国が西洋のように富強となるために、長らく平和が維持されるべきだと考えました。

　日清戦争後に日本の圧力を感じとると、彼の「夷をもって夷を制する」という考え方は、「列強と結びつく」という考えに変化しました。その最初の外交原則が「ロシアと結んで日本を拒む」でした。しかし、中国東北地方を侵略しようとするロシアの野心が強烈であることが明らかになると、こんどは他の列強と結んでロシアを抑えるという外交に転換しました。

　彼は生涯にわたり、巧みな外交的手腕を見せながら、多くの重要な外交交渉を処理しました。しかし、多くの不平等条約は彼の手によって調印されたものです。

李鴻章▶

3 国の改革運動
1. 日本——自由民権運動

> 日本の新政府は近代化のための改革をおし進めました。しかし、政治の実権をにぎっていたのはごく一部の政治家たちでした。こうした状態に対して、国民がどのような行動を起こしたのか、見てみましょう。また、アジアとの関係も考えてみましょう。

民権と自由——政治を国民に

> ちょっとみなさんに申し上げます。あなたたちは皆、同じように一つの大きな宝をお持ちです。この大きな宝とは何でしょうか。お金のなる木か、金か、銀か、ダイヤモンドか。いやいやそんなものではない。もっと尊い一つの宝があります。それが自由の権です。幸福も安楽も、民権を張り、自由を伸ばさなければ手に入らないのです。(『民権自由論』からの要約)

1879年、植木枝盛という人が書いた本の最初の部分です。彼は国の政治に参加することの大切さ、憲法の大切さを訴えました。自主自由と憲法があってこそ、国は栄え、安全だというのです。

彼がこのように呼びかけた頃から、国会を開けという声は日増しに高まっていきました。各地の代表は、署名や意見書をもって東京に集まり、政府に国会を開くように迫りました。演説会がさかんに開かれ、多くの新聞は政府をきびしく批判しました。

各地で憲法案をつくろうとする運動もひろがりました。民衆が学習・討論を重ねて起草した案など、現在、当時つくられた70点ほどの憲法案が確認されています。そのなかの一つ、植木枝盛がつくった憲法案では、国民の権利をつぎのように書いています。

▲植木枝盛

> ・日本人民は思想の自由をもつ。・日本人民は自由に集会する権利をもつ。
> ・日本人民はすべての不法・不当な行為に対して抵抗することができる。
> ・政府が憲法にそむいて人民の自由権利をおかしたときは、日本人民はこれを倒して新しい政府を建設することができる。(「日本国国憲案」からの要約)

こうした憲法案の基礎には、人々が国をつくったのは、自分たちの権利や自由を守り、幸せを実現するためだという考えがありました。

このように自由民権運動が大きく高まるなかで、1881年、政府はついに10年後には国会を開くと約束せざるを得なくなりました。しかし、憲法は政府だけでつくると宣言し、運動に対する取り締まりを強めていきました。運動の側では、政党をつくるなどして政府に対抗しましたが、次第に力が弱まっていきました。

自由民権運動の行きづまりと変質

　自由民権運動は、日本を自由と人権の国にしようとする運動でしたが、日本国内の改革運動が次第に行きづまりを見せるようになると、その目を国外に向け、日本が外国に勢力を拡大していくことを主張するようになりました。1884年に朝鮮で甲申政変（→25ページ）が起こると、民権運動側の新聞は清国を強く非難し、日本は清国と戦うべきだなどと、強硬論を主張しました。

　翌1885年には、武器をたずさえて朝鮮に渡り、朝鮮で政治の実権をにぎっている勢力を殺害して清国との関係を断ち切らせ、それをきっかけに起こるはずの清国と日本との対立を利用して、日本国内で革命を実現しようという自由民権家たちの計画が、事前に発覚するという事件さえ起きています（大阪事件）。

大日本帝国憲法の成立

◀「憲法草創之処」（神奈川県横浜市）。伊藤博文は2人の秘書官とともにここにあった旅館にこもり、極秘のうちに大日本帝国憲法の草案を作成した。

　政府は国民に秘密にして憲法をつくる作業をすすめ、1889年、天皇が定めた憲法として、大日本帝国憲法を発布しました。これは、君主の権限が強いプロシア（ドイツ）の憲法などを手本にしたもので、植木らが思い描いた憲法とはまったく異質のものでした。天皇が政治・軍事の最高権力者であると定め、国民の自由と権利は部分的にしか認めていませんでした。こうして体制を固めた天皇の政府のもと、日本はいよいよアジアへの膨張の道を本格的に歩みはじめます。

3 国の改革運動
2. 中国——清朝の改革と義和団運動

> 日清戦争後、中国は戦争賠償金という大きな重荷を背負うことになりました。そのうえ西洋列強は、次々と中国に資本を投下して、鉄道建設の権利や鉱山開発の権利を強引に奪い、力ずくで租界を占領し、中国における勢力範囲の分割を行ないました。中国は国土をばらばらにされ、国が崩壊する危機に直面しました。このような危機に対して、中国社会の各階層はどのように対応したのでしょうか。

戊戌の変法

　日清戦争後、康有為を中心とする知識人たちは、清朝の光緒帝に下関条約の調印に反対する建白書（意見書）を上奏しました。その後、梁啓超などの維新派（改革派）の知識人は団体を組織し、新聞を発行して、上から政治と経済の変革をすすめることを主張しました。

　ドイツに山東半島の膠州湾を占領され、ロシアに旅順・大連を強制的に租借（ある国が他国の領土の一部を借りて統治権を行使すること）されると、彼らはさらに「国を救い生存を図る」というスローガンを掲げました。光緒帝は維新派の主張を受け入れ、1898年に詔書（皇帝の文書）を発布して「新政」の実施を宣言しました。新政の内容は、政治・経済制度や文化などの各分野にわたりました。この年が干支の戊戌の年であったので、「戊戌の変法」と呼ばれています。

　変法により、維新派がすでにはっきりした政治思想を持った政治勢力となっていることが明らかになったので、清朝の満族、漢族の特権貴族たちは恐怖におちいりました。慈禧太后（西太后）が率いる頑固派（保守派）は、改革によって自分たちの利益がそこなわれることを心配して、変法の改革の弾圧をはかり、光緒帝を幽閉し、譚嗣同ら6名の志士を処刑しました。康有為や梁啓超は日本に亡命して難を逃れました。戊戌の変法は、わずか103日間で挫折したのです。

■戊戌の変法によって実施された新政の主な内容
- 多すぎる官僚の削減、大衆の声を聞きとる。
- 農業・工業・商業の保護、財政の改革。
- 徴兵制の実施、新式軍隊の訓練。
- 学校の開設、中国と西洋の学問を学ばせる。
- 新聞社の創設、翻訳所の設置、留学を奨励する。

義和団運動と八カ国連合軍の中国侵入

　キリスト教の布教活動とともに西洋列強の中国に対する侵略が拡大すると、中国の社会風習や慣習などとの摩擦を引き起こすようになりました。傲慢で思い上がった宣教師に対する中国の民衆の反感・反発が激しくなり、反「キリスト教」の闘争が各地で起こりました。1898年秋、山東の民衆は、外国人とキリスト教に反対する義和団を組織し、「扶清滅洋（清朝を扶けて西洋を滅ぼす）」を旗印にかかげ、各地の教会を襲撃しました。

第Ⅰ章 開港と近代化

◀北京議定書（辛丑条約）調印のさいの列強各国の公使たちと清国政府代表の李鴻章（前列右から2人目）

　義和団運動は、政治の中心地である北京・天津地方へとしだいに広まっていきました。清朝の政府は最初、義和団の力を利用して外国に圧力を加えようと考え、軍隊を派遣して義和団運動に参加させ、いっしょに教会を焼き払うことまでしました。北京の外国公使館区域が義和団に包囲され、外国人宣教師、一部の中国人信者たちが攻撃されると、列強は本国政府に救援を要請しました。

　1900年6月、イギリス、ドイツ、ロシア、フランス、アメリカ、日本、イタリア、オーストリアは八カ国連合軍を編成し、北京を占領しました。出兵した軍隊の中でもっとも多かったのが日本軍でした。八カ国連合軍が北京に迫ってくると、清朝の政府は北京から逃げ出しただけでなく、義和団を掃討せよとの命令まで出したため、列強に対する戦いは失敗しました。

　八カ国連合軍は北京を占領後、城内で放火、殺害、略奪を行ない、膨大な財産を奪い取りました。また清朝の政府に圧力をかけて北京議定書（この年の干支をとって辛丑条約とも呼ばれる）を調印させました。この条約の結果、中国は列強に4億5000万テールの賠償金を支払い、北京に列強の軍隊で守られた外国公使館区域を設定すること、さらに各列強が中国国内の多くの地域に軍隊を駐屯させる権利を認めさせられたのです。北京議定書は中国にはとても過酷なものでした。

清朝の「新政」

　20世紀はじめ、清朝の統治者たちもついに改革を迫る国内外の強い圧力を感じるようになり、統治の維持のために「新政」の実施を決定しました。1901年から始められた新政は、戊戌の変法を基礎にして、さらに一歩、改革を進めたものでした。

　改革の主な内容は次のようなものでした。―①兵部を陸軍部と改め、巨額の予算を投じて旧軍隊を改造し、西洋式の軍隊建設の理論・原則に基づいた「新軍」を編成・訓練する。②商部を設置して商業の振興と工業の奨励を行ない、個人経営による資本主義の自由な発展を認め、奨励する。民族資本家の政治的・社会的地位を高める。③科挙制の廃止、学校の設立、留学生の派遣。西洋の自然科学と政治・経済学を学び、広めることを社会的に公認する。④官制の改革、官僚の整理。

　こうした新政の改革のなかには、民主主義革命思想と文化の広がり、ならびに民族資本の発展に役立つものがありました。そのため辛亥革命（→60ページ）の到来に結びつき、清朝の最終的な崩壊を早めました。

第Ⅰ章 3節

3 国の改革運動
3. 朝鮮——農民戦争と独立協会運動

> 19世紀の後半、朝鮮社会には各種の腐敗と弊害が積み重なっていました。外からは帝国主義列強の干渉がますます激しくなってきました。朝鮮の人々はこうした危機状況にどのように対処したのでしょうか。

農民の声：1894年農民戦争

　1894年、朝鮮半島南西部の全羅道（チョルラド）で大規模な農民反乱が起きました。全琫準（チョンボンジュン）、金開南（キムゲナム）、孫化中（ソンファジュン）ら農民軍のリーダーは、宗教組織である東学を利用して勢力を拡大しました※1。東学はすべての人が天のように貴重だという思想をもち、平等な新しい世界への希望を伝えており、多くの信徒を集めていました。

　1894年4月、全琫準らは農民を結集して反乱を起こしました。朝鮮政府は軍隊を派遣しましたが、農民軍は全羅道をおさえ、全羅道の中心都市である全州（チョンジュ）を占領しました。朝鮮政府の要請により清国が出兵すると、日本も待っていたかのように軍隊を送りました。外国の軍事的な干渉を恐れた朝鮮政府と農民軍は、戦うことをやめ、共に政治の腐敗をただそうと約束しました。

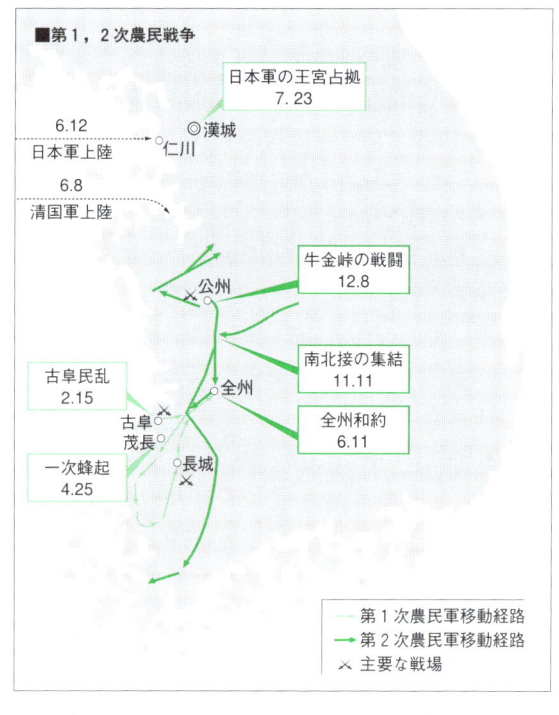

■第1，2次農民戦争

- 日本軍の王宮占拠 7.23
- 6.12 日本軍上陸 → 仁川
- 6.8 清国軍上陸
- 漢城
- 公州
- 牛金峠の戦闘 12.8
- 南北接の集結 11.11
- 全州和約 6.11
- 古阜民乱 2.15
- 古阜／茂長
- 全州
- 一次蜂起 4.25
- 長城

凡例：
- 第1次農民軍移動経路
- 第2次農民軍移動経路
- × 主要な戦場

　農民軍は自ら全羅道と忠清道（チュンチョン）一帯に執綱所（シッコウショ）※2を設置して、改革をはじめました。腐敗した役人や悪名高い両班（ヤンバン）を処罰し、賤民（せんみん）の身分を解放し、不公平な租税をただしました。

　ところが、ソウルに入って来た日本軍は7月に朝鮮王宮を占領、国王をとりこ

※1　東学：1860年に崔済愚（チェ・ジェウ）がはじめた朝鮮の民衆宗教。西洋諸国の侵略に対抗し、東（東洋）の道を立てるという意味で「人がまさに天である（人乃天）」という万民平等の理念をうちたてた。

第Ⅰ章　開港と近代化

にすると、清国軍を攻撃しはじめました。日清戦争のはじまりです。

　政府内の開化派官僚は、この機会に権力を奪いました。彼らは農民の要求を一部受け入れ、身分制度や科挙制度を廃止し、徴税制度を改革するなど、さまざまな近代的改革を推進しました（甲午改革）。しかし日本の干渉がひどくなり、これらの改革はまともに実行されませんでした。

　一方、農民軍は日本を追い出すために再び立ち上がりました。今度は、慶尚道、江原道、黄海道など全国各地で蜂起が起こりました。東学教団も加勢しました。11月、ソウルに向かって進撃した農民軍は、日本軍および朝鮮の官軍と何度も戦いました。しかし、近代的な兵器で武装した日本軍にはかなわず、敗れてしまいました。このとき犠牲となった農民軍は数万名と推定されています。

大韓帝国と独立協会の改革運動

　朝鮮政府は、1897年に国号を「大韓帝国」に変え、自主的な改革を推進しました。大韓帝国政府は各種の学校を建て、軍隊を養成し、商工業を振興させ、また全国にわたり土地所有権を確認して証書を発行しました。

　民間でも社会改革を要求する声が高まりました。1896年、開化派の官僚と知識人たちは独立協会をつくって独立門を建て、『独立新聞』を発刊しました。

　1898年、独立協会とソウルの市民は何度も集会を開き、外国が利権を奪っていくのを糾弾し、政府に財政改革と人民の基本権の拡大を要求しました。彼らは議会を設置して政治に参加しようと考えたのです。

■1898年、万民共同会が政府に要求した改革の条項―献議6条
1．外国人に依存せず、官民が心を一つにし、力を合わせて皇帝専制権をかためること。
2．外国との利権に関する契約と条約は、各大臣と中枢院議長が共に捺印して施行すること。
3．国家財政は度支部ですべて管理し、予算と決算を国民に公表すること。
4．重大犯罪は裁判を公開し、被告の人権を尊重すること。
5．高級官吏を任命するときは、政府にその意向を問い、多数意見に従うこと。
6．定められた規定を実践すること。

　しかし大韓帝国政府は彼らの要求を受け入れず、独立協会を解散させてしまいました。それ以降、大韓帝国政府の改革は皇室中心の改革にとどまり、もはや大多数の国民の支持を得ることができなくなっていったのです。

独立門の写真 ▶

※2　執綱所：1894年の農民戦争の時に農民がつくった各地方を単位とする自治機関。農民軍の中から選ばれた「執綱」が、地方官である守令にかわって、農民と協議して様々な問題を処理した。

コラム　中江兆民(1847〜1901)——日本を"民主"の国に

「東洋のルソー」と呼ばれている日本の思想家がいます。1871年から74年にかけてフランスに留学し、近代思想を学んだ中江兆民です。「兆民」とは"億兆の民"という意味から名乗ったペンネームで、民衆の立場に立とうする姿勢を示したものです。彼は帰国後、フランスの思想家ルソーの著書を儒教の用語などを用いながら漢文で訳して、民主主義と自由・平等の大切さを東洋に伝えようとしました。

▲中江兆民

兆民は1887年、『三酔人経綸問答』という本を書きました。「洋学紳士君」「東洋豪傑君」「南海先生」という三人の男の人が酒を飲みながら日本の進路について議論しあうという想像上の話です。紳士君は、日本を自由・平等で平和な理想的な民主主義の国にすべきだ、軍隊をなくし、敵が攻めてきても非武装で抵抗すべきだと主張します。これに対して豪傑君は、それは夢物語だと批判します。凶暴な国が軍隊をなくしたのにつけこんで攻めてきたらどうするのだ、軍備をたくわえ、経済力をつけ、大国になるべきだ、中国大陸を侵略すべきだ。これが豪傑君の主張です。

鋭く対立する二人の議論には、当時だけでなく、その後の日本の進路や、現在の日本のあり方を考える場合にも重要な問題が含まれているように思えます。

コラム　康有為(1858〜1927)——改革への期待と挫折

康有為は、近代中国において、変法維新(政治と社会の改革)を主張した最初の人物です。彼は広東省の南海県に生まれ、香港や上海を訪れて、西洋の都市文明を目の当たりにしてから、西洋の書物を熱心に読むようになり、変法維新の思想を抱くようになりました。

下関条約が調印されると、康有為は各省の1300名余りの科挙試験に参加した知識人とともに上奏を行ない(→34ページ)、皇帝がただちに変法の詔書を発布して、西洋に学び、政治を改革し、学校を設立し、商工業の発展をはかるなどの改革

◀康有為

を実行することを要求しました。康有為はロシアと日本の近代的改革についても、その経過を文章にして皇帝に上奏していました。それより先、光緒帝(こうしょてい)も李鴻章(りこうしょう)などの大臣に康有為の意見を聞くように命じていました。康有為はまた、梁啓超(りょうけいちょう)などと共同して新聞を創刊し、「強学会」という団体を結成して維新派の勢力を大きくしました。

しかし康有為は、戊戌(ぼじゅつ)の変法(→34ページ)が失敗して日本に亡命した後、代表的な保皇(ほこう)派(立憲君主制を主張)になりました。辛亥(しんがい)革命の運動がはじまると、彼は改良主義的な改革の立場をかたくなに守り、革命派に対抗しました。

コラム　東学農民戦争のリーダーたち——鳥よ鳥よ青い鳥よ

東学農民戦争を指導した代表的なリーダーは、全琫準(チョンボンジュン)(1855-1895)、金開南(キムゲナム)(1853-1894)、孫化中(ソンファジュン)(1861-1895)です。彼らは隣り合った地域で生まれ、農民と同様の状況におかれていた田舎(いなか)の両班(ヤンバン)でした。彼らは腐敗した社会に不満を抱き、外国勢力の侵奪により危機にひんした国を憂えました。自分の思いを広げるために東学組織に加わり、その組織の力もかりて革命を起こすことを夢見ました。1894年、彼らはついに自分たちの志を果たそうと蜂起しました。社会的な差別と不正・腐敗をなくし、農民が平安に暮らすことができる世界をめざしていました。

当時の朝鮮は、日本の侵略によって危機におちいっていました。総大将だった全琫準はすべての勢力と連合して日本に対抗しなければならないと訴えました。しかし蜂起した農民軍は戦いに負け、農民軍のリーダーも志を果たすことができないまま亡くなってしまいました。民衆は彼らのなし得なかった夢を残念がり、「鳥よ、鳥よ、青い鳥よ」という歌をつくって歌いはじめました。その歌は全国で歌い継がれ、今日まで伝わっています。

　　鳥よ鳥よ青い鳥よ
　　緑豆(ノクトゥ)の畑におりたつな
　　緑豆の花が落ちたら
　　清泡(チョンポ)※売りが泣いてゆく

全琫準は小柄(こがら)で、「緑豆将軍」という愛称で呼ばれました。この歌は、農民軍の抵抗が失敗したのを民衆が悲しんでいる歌だと解釈されています。

※緑豆でつくった食べもの

第Ⅰ章　4節

3 国の民衆生活と文化
1. 朝鮮社会の変化と民衆

> 朝鮮は19世紀後半から西欧文化を受容しはじめました。外国の侵略と干渉の中で成立した朝鮮の近代化は、民衆の生活にどのような変化をもたらしたのでしょうか。

太陽暦が施行される

　朝鮮政府は、1895年の陰暦11月17日を1896年の陽暦1月1日と宣言しました。太陽暦を公式に採用したのです。同時に、月・火・水・木・金・土・日という日本式に翻訳された7曜日制も採用されました。政府が陽暦を唯一の暦法として使うことにはしたのですが、それまでの陰暦は消えませんでした。当時、多くの朝鮮人は、祭祀（法事）の日を決めるときに、「陽暦なんか知らないのに、亡くなった先祖の霊魂が、どこで陽暦を知って訪ねてくるのか」と、陰暦にこだわったのです。暦の改定後1年もたたないうちに、政府も王室の誕生日や祭祀の日のような儀礼の日には陰暦を使うようになりました。もちろん行政上の公文書では陽暦を使っていました。

　日本は朝鮮を支配していく過程で陽暦を使わせるようにしました。しかし人々は相変わらず日常生活では主に陰暦を使い、伝統を守っていました。

▲1908年9月の暦
陰暦を基本としているが、下の方では陽暦も表示した明時暦。政府はこのほかに陽暦を基本として陰暦を表示した暦もともに発行していた。

電車と汽車が走る

　政府の主導下で電気施設が導入され、1887年に王宮内に電灯がともりました。1890年代後半、アメリカ人と共同で漢城電気会社をつくり、ソウルに電車が開通しました。当時、客車は木の椅子で屋根もなく、雨が降れば傘をささなければなりませんでしたし、冬は寒い風に当たりながら乗りました。それでも電車は

40

珍しい見せ物として人気がありました。

　一方、大小の事件も相次いで起こりました。電車が開通して10日後、5歳の子供をひいた日本人の車掌が逃げたため、それに怒った群衆が電車を燃やしてしまいました。電車のせいで生計に打撃を受けた人力車の車引きたちが、組織的に電車の運行を邪魔したこともありました。

▲1900年代初め、鍾路（チョンノ）の停留場で乗客が電車に乗るところ。

　帝国主義列強は、朝鮮に鉄道を敷設する権利を得ようと激しく競い合いました。その結果、1896年にアメリカとフランスが京仁線（ソウル―仁川）と京義線（ソウル―義州）の敷設権を、1898年に日本が京釜線（ソウル―釜山）の敷設権を取得しました。その後、日本は京仁線と京義線の敷設権も獲得しました。

　1899年9月、日本の会社は朝鮮で最初にソウルと仁川の間に鉄道を開通させました。当時の汽車の速度はたかだか時速20～30キロメートルにすぎませんでしたが、それでも見物に来た人々には「飛ぶ鳥でもついていけないくらい」速く感じられました。しかし民衆にとって汽車賃は大きな負担だったので、大部分の人々は相変わらず歩いていました。貨物の運搬も伝統的な水運を利用していたため、初期の営業実績は赤字をまぬがれることができなかったといいます。

新聞と言論統制

　1896年、最初の民間紙である『独立新聞』が創刊されました。

> 現在7～8歳の男女は、次々に建てられている学校で勉強することを望めるが、20～30歳以上の人々は、これまで学べなかった新しい学問を学ぶことも、教えることもむずかしい。新聞でなければ、政府と民衆が互いの状況を知りあうことができないだろう。新聞を通して風俗を正し、外国の情報を知り、商業、工業、医学、衛生に関するさまざまなことがらを知ることができる。開明に重要な貢献をするという点で、どうして学校と異なるだろうか。
> （『独立新聞』1899年4月17日付、要約）

▲"レンガ新聞"（1906年3月8日付の『皇城新聞』。伊藤統監の入国関連の論説が全部削除されている。）

　このように『独立新聞』は、民衆に新学問を教え、情勢の変化を伝えようとしました。交通がそれほど発達していなかったため新聞の配達はむずかしく、購読料もかなり高かったものの、読者層は広がっていきました。新聞1部が配達されると85人が回し読みしたという記録があるほどでした。特に以前は漢文だった新聞と違って、記事が純ハングル文だったため、女性を含む民衆が簡単に読めました。また、朝鮮に来ている外国人を対象にした英語版も作られました。

　1898年以降、発行される新聞の種類が増えていきました。しかし1905年に日露戦争で勝利した日本は、朝鮮への干渉を強め、新聞には事前検閲を実施しました。問題となる記事を削除しろという命令を受けた新聞社は、その欄に他の記事を入れませんでした。その代わり、上の写真のようにその記事欄の活字をひっくり返してレンガ模様に印刷することで命令に抵抗を示したりしました。

■1907年7月公布の新聞紙法の一部
第10条　新聞紙は毎回発行に先立ち、内部（内務省）及びその管轄官庁に2部ずつ納めなければならない。
第21条　内部大臣は、新聞紙が安寧秩序を妨害、風俗を乱すと認められるときは、その発売頒布を禁止し、押収して発行を停止または禁止することができる。

　日本は言論を組織的に統制するため、韓国政府に新聞紙法を公布させました。違反した新聞は押収や発売禁止、停刊処分にされました。ついに1910年、日本

第Ⅰ章　開港と近代化

は総督府の機関紙だけを残し、それ以外の新聞を強制的に廃刊させてしまいました。

学校で民族意識にめざめる

　朝鮮では1880年代の初めから近代的な教育が施されるようになり、学校が建てられました。開港場だった元山(ウォンサン)の住民は日本人を相手にするために、子どもに西洋の学問を教えました。政府も英語や算術などの洋式教育を行なう学校を建てました。外国の宣教師もキリスト教普及のために学校を建て、聖書や新学問を教えました。

　1894年の甲午(こうご)改革で近代的な教育制度が整備され、政府主導で小学校・中学校・師範学校・外国語学校・医学校など、多くの種類の学校が建てられました。民間人も各地に学校を建て、政府はこれを支援しました。特に啓蒙運動家は、教育が国の実力をつちかうのに重要だと考え、学校を建てることに強い関心を示しました。私立学校は自主的に教科書を作り、国語や国史のような科目を強調して教え、学生の民族精神を育てました。

　学生は新聞を読み、開化問題について討論したり、列強の利権収奪を糾弾(きゅうだん)する講演会に参加したりしました。西洋の曲調に合わせて作った唱歌を歌い、体操をし、軍隊式の訓練を受けたりもしました。初期の女学校は、女性の社会進出を嫌う伝統的な慣習のため、学生を募集するのが困難なこともありました。そこで学費や寄宿舎の費用を無料にし、学生を集めたりもしました。女学校の数は徐々に増えていきました。女性も男性と同等の教育を受けなければならず、民族の運命を背負った児童の教育が女性の手にかかっ

▲平壌・大成（デソン）学校の建物と学生

ているという自覚が広まったからです。しかし日本の支配体制が確立されていくにつれて、こうした民族精神を呼び起こす私立学校は統制を受けはじめました。

第Ⅰ章 4節

3 国の民衆生活と文化
2. 中国社会の変化と民衆

> 西洋列強勢力の侵入にともない、西洋社会と文化の影響が中国社会にも入ってきて、中国と西洋の文化の交差と融合がすすみました。それが中国民衆の生活と文化にどのような変化をもたらしたのかを、見てみましょう。

通商都市の勃興と繁栄

　中国が開港して以降、通商都市はしだいに国内と外国との商業・貿易の中心になり、日増しに繁栄していきました。都市の中には西洋商人が居住する租界が設定され、中国商人、西洋商人の商館が建ち並び、内外の大勢の商人が集まり、周辺地区の商人や民衆が大量に流れ込んできました。上海や天津、武漢などの中心都市は、地の利の良さから急速な発展をとげ、19世紀末には人口はすでに数十万に達しており、上海の人口は百万人を超えていました。

　通商都市の市民生活も豊かになり、茶館、劇場、酒場、アヘン館から妓楼（遊女をおいて客を遊ばせる店）などがいたる所に出現しました。上海だけでもこうした娯楽商売の店は数千軒を超えていました。都市化や商業化による人々の移動と交流、消費生活やレジャーを楽しむ生活は、中国で最も早く近代的な市民層の形成をうながしました。

西洋文化の伝播と教育改革

　宣教師たちは中国で布教するために、教会や学校を建てました。また一部の都市では翻訳書の出版社を設立しました。彼らの布教活動は抵抗を受けましたが、西洋の近代科学技術や文化もこのような布教活動を通じて伝わっていきました。洋務派官僚は、北京に外国の言語・文字と西洋の学問を教える同文館を創設しました。上海、広州、天津、福州、南京、武漢などに外国語や造船、電信、鉱山などの技術を教える実業学校を次々と開校しました。海軍や陸軍の軍官学校では、中国で最初に西洋の学問や外交、技術や軍事を学んだ人材を育成しました。1898年、北京に京師大学堂が創設されました。中国で最初に西洋の近代教育制度を導入した国立大学で、現在の北京大学の前身です。

　西洋の学問や技術を身につけた人材を早く育てるため、清朝は1870年代から海外に留学生を派遣するようになりました。彼らは数年の留学後に帰国すると、その多くが新しい事業の有能な人材となりました。中国近代鉄道の建設に大き

な貢献をした詹天佑は、その一人です。清朝政府は1876年から、多くの青年、学生をヨーロッパに派遣して軍事や船舶の技術を学ばせました。その中には、のちにすぐれた思想家・翻訳家となった厳復、卓越した海軍の指揮官となった劉歩蟾らがいます。

▲1898年に創立された京師大学堂

　清朝は新政の実施を余儀なくされてから、全国に学制を統一した新しい学校を設立することを定めました。それは、蒙学（幼児の塾）、小学、中学から大学までの教育課程を編成し、外国の学制を参考にして教学科目を設定したものでした。1909年には、全国に各種の学校が6万カ所、そのうち大学や専門高等学校および各種師範学校は540校にのぼりました。全国の学生総数は160万人を超えました。こうして中国は近代国民教育の新体制を確立し、中国民衆は正規の制度を通じて新しい教育を受けるようになったのです。

　この間、留学熱が大きな高まりを見せました。清朝が滅亡する前の10年間に留学した人数は2万人を超え、その90％以上は日本への留学生でした。こうした留学生の中から、政治や軍事、実業、文化などの分野で多くの優秀な人材が輩出しました。中国の近代史において欠かすことのできない人物である、蔡鍔、魯迅、陳独秀、李大釗、蔣介石、周恩来などは、いずれも日本に留学した経歴を持っています。

■洋務学校の設置を主張する官僚の主張
　日本の新聞記事によれば、日本には現在、汽船などの各種の機械を操縦できる人材は数千人おり、化学、鉱学、機械製造に精通した人材はそれぞれ数百人もいる。我が国の土地と人口は日本の十倍はあるにもかかわらず、西洋式学校で養成している人材は日本の半分にも及ばない。将来、もし海軍に有事があれば、人材は不足する。（鄭観応『試験』1884年、より）

近代新聞と社会世論の成長

　19世紀の後半になると、中国国内では主に商業情報や社会ニュース、内外の時事問題などの内容を記事にし、一般の人々を対象とする近代新聞が出現しま

した。最も早い中国語の新聞は、中国に滞在した外国人によって創刊されました。これらの新聞は、主に外国人の中国における利益を反映した報道をしましたが、中国人の読者を引きつけるために中国商人や市民に役立つ商業情報や社会ニュース、西洋の知識および中国人の投稿記事なども載せました。

　イギリス商人のメイジャー兄弟が創刊した『申報』は、中国人の文筆家を主筆に招き、主に中国人の紳士や商人の論説を掲載し、中国市民の世論を反映するようにしました。1870年代から日露戦争前まで、読者は最大となり、中国人から最も歓迎される中国語新聞になりました。

　この頃、中国人もヨーロッパ人にならって自分たちで新聞を発行するようになりました。1858年、香港で中国人が発行した最初の近代新聞、『中外新報』が創刊されました。日清戦争の後、維新派の人士は前後して各地で数十の新聞を創刊すると、「不滅の変法」を主張して維新思想を宣伝し、改革の方法を提案しました。維新を唱導する政治評論の記事が盛んに掲載されると、かつてない規模で維新の世論が形成されました。それは多くの市民に広範な影響をおよぼし、民衆思想を強める啓蒙運動になっていきました。ある評論は「私のような愚かな者でも、このような文章を読めば、発憤して奮い立ち、涙をこらえることができなくなるのだ」と記していました。

汽船・汽車

　1860年代以降、ヨーロッパ商人と中国の官庁は、前後して汽船会社を創設して汽船を購入し、商人や市民の貨物と乗客の輸送を請け負いました。人々は遠くに旅行する際に、快適で速い汽船に乗ることができるようになり、以前と比べて旅行のつらさがずっと減少しました。

　鉄道もほどなく中国に伝えられました。1865年、イギリス人が北京で500メートルほどの小鉄道を敷設して、小さな列車を試走させました。ところがある者はこれを「怪物」と思い、そのうわさとデマが広まって人々が動揺したので、官庁は鉄道の撤去を命じました。1876年、イギリス商人が上海で呉淞鉄道を建設しました。建設後、正式に乗客を乗せて運営したところ、上海の商人や市民に歓迎され、開通一年にして16万人が利用しました。ところがこの鉄道も、一年余り後に清朝政府の命令によって買い上げられ、撤去されてしまいました。

　1880年代に入り、清朝はついに鉄道の建設に着手しました。1881年、唐山から胥各庄まで9キロの鉄道が開通しました。その後、天津まで延長され、津沽鉄道と呼ばれました。1905年、清朝政府は詹天佑に命じて北京から張家口まで180キロにおよぶ鉄道を建設させました。この路線には、幾重にも連なる山があり工事は困難をきわめました。詹天佑は、何度も現地調査を行ない、傾斜が

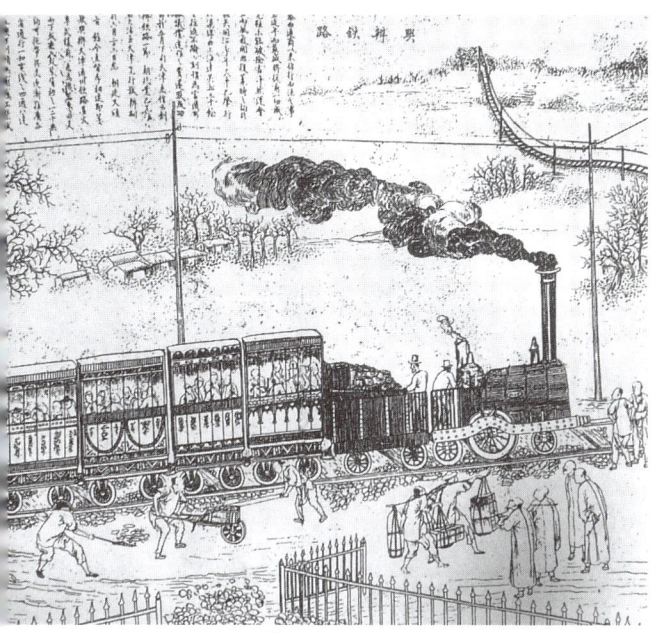

最も大きい場所は「人」の字にスイッチ・バックする線路を敷設して、前後に2台の機関車をつけて牽引しました。1909年8月、中国人自身の設計・施工による最初の鉄道である京張鉄道（北京—張家口）がついに開通したのです。

　汽船と汽車は、人々の距離空間を大きく縮め、人の往来や商品の流通をうながしました。人々の活動空間と視野は大きく広げられ、思想や観念もさらに開放的になりました。

▲建設される鉄道線路（『点石齋画報』）

時計・電灯

　西洋の商品の流入とともに、さまざまな種類の時計が中国に輸入され、中国人に購入されて、使われるようになりました。通商都市では、時計が一般の商人や人々の日常生活用品になっていきました。人々はそれまでの太陽にたよって時間を判断する伝統的な習慣をやめて、時計を使って時間を計るようになっていきました。また、正確な時間とスケジュールによって効率的に日常活動をすすめていくようになっていきました。

　1860年代以後、上海などの通商都市には、ガス管を使って灯をともすガス灯が出現しました。一部の繁華街や娯楽施設は、ガス灯によって夜でも昼間のように明るかったため、人々は「不夜城」と呼びました。1882年には上海に電灯が登場し、ガス灯よりもさらに明るく、また神秘的であり、安全で便利になりました。電灯で街をライトアップすることは、またたく間に上海市民の娯楽の一つになりました。新しい照明用具は、人々の夜の過ごし方をも変えました。上海のような娯楽施設の集まるところでは、夜になると商人や市民が明るい街灯の下や室内の照明の下でレジャーを楽しみ、社交を楽しむなど、太陽の昇り沈みによって制限されてきた、朝起きて夜寝るという日常活動の習慣を変化させていきました。

第Ⅰ章 4節

3 国の民衆生活と文化
3. 日本社会の変化と民衆

> 新しい時代とともに西洋の文明が日本の社会に入ってきました。その結果、人々の暮らしはどのように変わっていったのでしょうか。
> また、それは政府の政策とどのようにかかわっていたのでしょうか。

時の流れが変わる

　1872年、新政府は月の運行をもとにしたこれまでの暦（太陰暦）をやめ、西洋諸国と同じく、太陽の運行を基準とする太陽暦に切り替えることを明らかにしました。また、1日を24時間、1週間を7日としました。全国共通の時間です。人々の生活の基盤となる暦や時間の区切り方が大きく変わることになりました。

　これまで庶民は、中国から伝わった節供（3月3日、5月5日、7月7日など）を一年間の大切な行事の日としていましたが、新政府はこれに代わって天皇や天皇家の行事を中心とする新しい祝日を定めて、国民に祝うことを求めました。神武天皇（神話上の最初の天皇）が即位したとされる日や、天皇の誕生日がその代表です。

　しかし、旧いとされた暦やそれにもとづく行事は、農作業の仕方や風習と深く結びついていたため、地域によってはその後も長く残ることになりました。

鉄道と人の移動

　1872年、首都・東京の新橋と港のある横浜の間に日本で最初の鉄道が開通しました。それまで歩いて約10時間かかった距離は53分に短縮されました。人々は速さと便利さに驚きながら利用しました。

　その後、鉄道の建設は資金難からなかなか進まなかったのですが、政治や軍事の面からも重要だという考えが強く

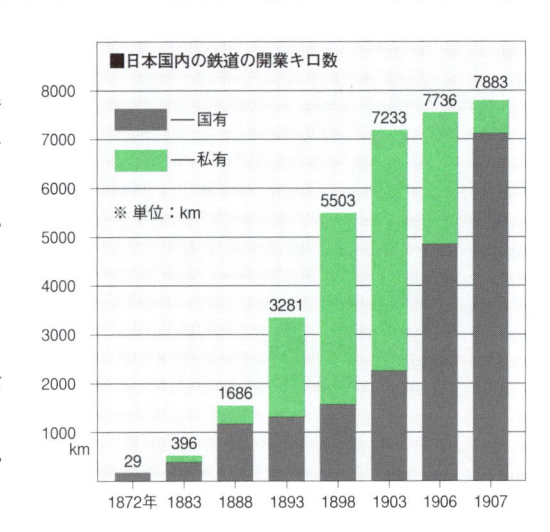

■日本国内の鉄道の開業キロ数
※単位：km

年	1872	1883	1888	1893	1898	1903	1906	1907
合計	29	396	1686	3281	5503	7233	7736	7883

（国有・私有の内訳）

なり、1880年代以降、日本の各地に鉄道が敷かれていきました。

こうして、鉄道という新しい交通手段が陸上輸送の主役となり、遠く離れた国内の各地を結び、産業や生活の空間を大きく広げてゆきました。

整備された鉄道網は、軍事輸送のためにも大いに活用され、日清戦争や日露戦争の時には、日本各地から兵隊が広島県の軍港に輸送され、そこから戦地に送りだされていきました。

新聞の時代

日本では、17世紀の初めころから、何か事件が起きたとき、文字と絵でニュースを伝える一枚刷のビラが売られていました。瓦版といいます。これとは別に、定期的に情報を伝える近代的な新聞が日本で発行されたのは、開港後、横浜の居留地に住む外国人が発行した外国語の新聞が最初です。

やがて日本人も新聞を発行するようになりました。1871年には最初の日刊新聞が創刊され、その後、新聞の発行があいつぎ、各地方でもさまざまな地方新聞が発行されていきました。新聞が定期的に情報を多くの読者に届ける時代が始まったのです。新聞が発行され、影響力をもつのは、文字を読むことができる多くの人々、新しい情報を求めようとする人々がいたからです。

最初、新聞は政府の援助を受けたりしていましたが、やがて政府批判の論説を掲げ、自由民権運動を推し進めようとする傾向を強めていきました（→32ページ）。これに対して政府は、新聞を取り締まるための法律をつくり、多くの記者を投獄したり、新聞の発行を禁止したりしました。

政治・言論を中心とする新聞の主な読者は、旧武士や知識人たちでした。これに対して、事件・うわさや小説など、庶民の娯楽や関心にこたえようとする新聞もありました。その代表が『読売新聞』（1874年創刊）と『朝日新聞』（1879年創刊）です。1880年頃、発行部数が第一位だったのは『読売新聞』で、2万部前後でした。

その後、新聞は次第に報道を中心とするようになり、とくに日清戦争・日露戦争では新聞報道が威力を発揮しました。新聞が人々

▲東京日日新聞編集室の光景（ビゴー画）

の知識や情報、意識や認識のあり方を大きく左右するようになっていったのです。

学校のある人生

> 人は学ばなければならない。村のなかに学ばない家がないように、家のなかに学ばない人がいないようにしなければならない。親は必ず子どもを学校に通わせて学ばせなければならない。(「学制」公布のさいの通達の要約)

これは、1872年の政府の命令です。日本の子どもたちへの教育は、それまでは義務ではなく、また、教育の仕方も身分などによって違っていました。武士の子ども（男子）は武士のために作られた学校で学び、庶民の子どもはお寺など、個人が開いた塾で、読み方・書き方や計算の仕方を習っていました。しかし、新しい時代になって、政府は身分の区別、男女の区別なく、すべての子どもに教育を受けさせるように、親たちに命令したのです。

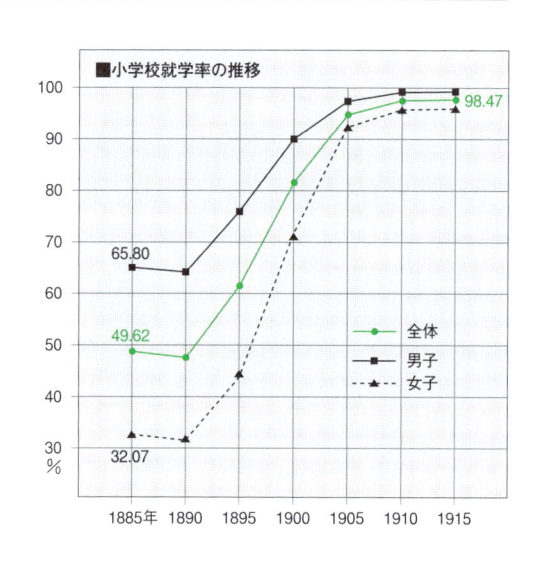

■小学校就学率の推移

　各地の村や町には学校がつくられていきました。6歳になったら小学校に入学し、毎日、朝、決まった時間に登校して、教室で時間割にそってさまざまな教科を勉強する方式が、全国に広がりました。

　しかし、政府の命令にもかかわらず、なかなかすべての子どもが学校に通うようにはなりませんでした。とくに女子の就学率は、ずっと低い状態がつづきました。当時、子どもたちは家の仕事や子守などを受け持つ貴重な働き手だったからです。また、学校の建設費や授業料は民衆が負担することになっていたため、学校に対する反発も強くありました。ですから、小学校の就学率が90％をこえるのは、日清戦争後の1900年代に入ってからのことです。これは、授業料が無料になったこととも関係しています。

　こうして、次第に学校制度・資格制度が整えられ、それにともなって進学試験や資格試験が重要な意味を持つようになっていきました。人々の生活にとっ

◀明治初年の教室のようす（『小学入門教授図解・第七』より）

て、人の一生にとって、学校は欠かせないものになっていったのです。子どもたちは学校で新しい知識やものの考え方を身につけていきました。

教育と国家

　しかしまた、政府の考えを国民に浸透させていくために学校ほど効率的な仕組みはありませんでした。全国すべての地域に小学校がつくられ、子どもたちはすべて小学校に入学して、最低4年間（1908年からは6年間）必ずここで勉強するからです。

　1890年、政府は「天皇が国民に与える言葉」として「教育勅語」を定めました。その前半では、父母に孝行し、兄弟仲良く、友達を信頼し、といった道徳の項目をあげていますが、後半では一転して、「国家が危急の時には、勇気をふるい、一身を捧げて国家のために働き、天皇家の繁栄をたすけなければならない」と説いています。

　天皇に忠義を尽くし、自分を犠牲にしても天皇を中心とする国家に尽くす子どもをつくることを、教育の基本にしたのです。

　翌年には、祝日に学校で行なう儀式の仕方を決めました。全国の学校には教育勅語の写しと天皇の写真が配られてゆきました。祝祭日には子どもたちは学校での儀式に出席し、天皇の肖像写真に深々とおじぎをし、教育勅語が読み上げられるのを頭をたれて聞き、「君が代」などの歌をうたうのです。

　こうして、日本社会のなかに、天皇中心、国家中心の考え方がしみ込んでいくようになりました。

コラム　近現代史のなかの漢字

　日本・中国・韓国が共通して用いている文字は漢字です。漢字はエジプトのヒエログリフなどとならぶ古い文字ですが、古い漢字がそのまま使われているわけではありません。現在の漢字は、各国の近現代史のなかで新しくつくりだされたものです。

　古代から現代まで、歴史を通じて漢字が広まるためには、少なくとも３つの大きな壁を越える必要がありました。①日本語と韓国語は、中国語とはまったく違うことばであること、②古典と近現代のことばには大きな違いがあること、③多くの人が文字を読み書きできるためには、漢字は数が多く複雑すぎること、という壁です。

　資料の１～４を見てください。見かけはまったく違いますが、実はこれらはすべて東アジア共通の古典である『論語』の最初の部分です。

　資料１は、もともとの『論語』の原文です。これを原型と考えて、他の３つを見比べてみましょう。

　資料２は、現代の中国語に訳された『論語』です。これには３つの特徴があります。現代中国語の話し言葉に合わせた白話文という文章になっていること、漢字の画数を減らした簡体字という字体で書かれていること、横書きであること、です。

子曰學而時習之不亦説乎有朋自遠方來不亦樂乎人不知而不慍不亦君子乎

▲資料１
中国・清代の木版『論語』

　中国では、清の末に書き言葉を改革しようという主張がありましたが、1910年代の白話文運動でそれはいっそうはっきりし、五・四運動などを経て拡大していきました。また、文字の改革も徐々に進んでいましたが、改革が本格化するのは中華人民共和国の建国後のことです。1950年代には簡体字が導入されることになりました。なお、台湾でも白話文を使っていますが、文字は古くからのものを用いており、縦書きが一般的です。

　資料３は、現代の日本語に訳された『論語』です。もとの漢字を略した常用漢字が用いられていること、漢字と仮名が混じっていることが大きな特徴です。日本の仮名は漢字を変形させてできた文字で、漢文の他にも、仮名と漢字を組み合わせた独自の書きことばが用いられてきました。

　19世紀の半ば以降、欧米との接触が拡大するにつれて、漢字を廃止しようとか、仮名だけ使おうといった運動が起きてきました。また、19世紀末

先生说：
"学习而能经常地复习，
不也是很愉快的事吗？
有朋友从远方来，
不也是很快乐的事吗？
别人对自己不理解
而不怨恨，
不是君子的胸怀吗？"

▲資料2
現代中国語による『論語』

先生がいわれた、「学んでは適当な時期におさらいする、いかにも心嬉しいことだね。だれか友だちが遠い所からたずねて来る、いかにも楽しいことだね。人が分かってくれなくとも気にかけない、いかにも君子だね。」

▲資料3
現代日本語による『論語』
（金谷治訳）

공자가 말씀하시길,
"배우고 나서 때때로 익히면 기쁘지 않겠는가. 벗이 먼 곳으로부터 찾아온다면 또한 즐겁지 않겠는가. 남들이 알아주지 않아도 서운해 하지 않는다면, 또한 군자가 아니겠는가."

▲資料4
現代韓国語による『論語』
（李離和訳）

からは、書きことばを話しことばに近づけようとする運動も起こりました。しかし、実際に当用（常用）漢字がつくられ、漢字の数が制限され、仮名の使い方が現代のことばに近づけられたのは、第二次世界大戦後、連合軍に占領された時のことです。

　資料4は、現代の韓国語に訳された『論語』です。ハングルという文字が使われており、横書きである点に特徴があります。ハングルは15世紀に発明された文字です。ただし、ハングルが発明された後も、書きことばとしては漢文が大部分で、ハングルは補助的に使われていたに過ぎませんでした。しかし、19世紀末以降、ハングルが「国文」として位置づけられ、ハングルと漢字を混ぜて使う「国漢文」が広まりはじめました。

　ハングルは、日本による韓国併合後、日本語が「国語」とされるなかでも、出版物や夜学運動などを通じて文字として普及しました。1945年8月の解放後、日本語をなくすだけでなく、漢字を撤廃してハングルだけを用いようとする運動が急速に広まり、横書きもそれとともに増えました。現在、韓国では、漢字もなくなってはいませんが、ハングルの横書き文が主流となっています。なお、北朝鮮はハングルだけを使用することにしています。

　このように、現在、東アジアで使われている文字は、古典的な漢字・漢文を基礎としながらも、各国の近現代史のなかで新たにつくりだされてきたものです。文字の歴史を学びながら、今後、漢字がどうなっていくのかを考えてみるのも面白いでしょう。

第Ⅰ章 《まとめ》

　第Ⅰ章では、19世紀半ばから20世紀初めにかけての歴史を学びました。次の4つの点がこの章の主題でした。

（1）迫ってきた欧米列強の圧力に、中国・日本・韓国はどう対応したのでしょうか。中国はイギリスとの戦争に敗れて港を開きました。日本はアメリカに迫られて開国しました。朝鮮は日本の新政府の圧力で開港しました。

（2）日本が進める政策によって、東アジアの国際関係はどう変動したのでしょうか。日本は朝鮮支配をめぐって中国と対立し、日清戦争を起こしました。敗れた中国では、西洋列強の侵略が強まっていきました。勝利した日本は、朝鮮支配をさらに強めようとしてロシアと対立し、日露戦争を起こしました。

（3）日本・中国・韓国では、近代化をめぐってどのような改革運動が起こったのでしょうか。日本の自由民権運動は、国会の開設、憲法の制定を求めて政府と対抗しました。中国では日清戦争後、政治の改革を求める運動が起こりました。一方、民衆は西洋の支配に対する反発から蜂起しました。朝鮮でも農民は政治の改革を求めて蜂起し、また、甲申政変、甲午改革、独立協会運動など、政治の近代化を求める運動が起こりました。

（4）近代化は民衆の生活をどう変えたのでしょうか。生活の仕方や価値観が変わり、民衆は新しい知識や能力を手に入れました。しかし、伝統的な生活や習慣との矛盾も起こりました。日本では政府が急激な近代化を推し進めたため、上からの強制という性格をもちました。中国や朝鮮の場合、近代化は西洋諸国や日本の干渉とも結びつく複雑な問題をはらみました。

　次の第Ⅱ章では、3国がその後、どう変動していくのかを見てゆきます。

第Ⅱ章 日本帝国主義の膨張と中韓両国の抵抗

　明治維新によって新しい国家をつくった日本は、軍隊を送って東アジアを侵略しました。1895年に日清戦争に勝利すると、台湾を植民地としました。
　1905年に日露戦争に勝利したのちには、韓国を保護国にし、大連と旅順、サハリン（樺太）の南部地域を支配しつつ、大陸侵略をさらに加速しました。
　1910年には韓国を日本の完全な植民地としました。
　第Ⅱ章では、日本が台湾をどのように支配したのか、そして1931年に満州事変を起こす時期までを対象に、日本が朝鮮において実施した支配政策がどのようなものであったのか、を明らかにします。
　第一次世界大戦前後における中国問題をめぐる日本と国際社会の動向も叙述します。
　さらに、日本の侵略に対して朝鮮人や中国人がどのように対応したのか、さまざまな運動や人物を通して、それらの主体的な努力を紹介します。その中には、同じ民族だけではなく、異なる民族の間での連帯を模索した動きも含まれています。
　侵略・収奪と抵抗の渦中にあっても、西洋文明が波涛のように押し寄せてきました。西洋の資本主義の影響を受けて、産業化も進展していきました。
　このような変化が、人々の考え方や行動をどのように変えていったのかを見てゆきます。とくに前近代的な枠に閉じ込められていた女性たちの生き方に起こった変化がどのようなものであったのかに注目します。

第Ⅱ章 1節

第一次世界大戦前後の東アジア
1. 日本の韓国併合と朝鮮人の抵抗

> 日本はイギリスとアメリカの支持を受けて、1905年に日露戦争に勝利しました。余勢を駆って日本は韓国を保護国とし、さらに5年後の1910年には、総督府を設置して韓国を完全な植民地としました。朝鮮人は、こうした事態に際してどのように抵抗したのでしょうか。

日本が韓国を支配する

　1904年2月に日露戦争が始まる直前、大韓帝国は局外中立を宣言しました。しかし日本政府は、戦争が起こってから15日後、韓国政府に圧力をかけて日本軍が韓国において必要とする地域を自由に使用できるようにしました。

　日本は、戦争が有利に展開すると、第一次日韓協約を強要して、韓国政府の財政と外交の部署に日本が推薦した人物を顧問として採用させました。顧問たちは、たんに韓国の行政に関して諮問を受けるだけでなく、実権を握って内外政に干渉しました。

　日本は1905年、日露戦争に勝利した直後、大韓帝国に第二次日韓協約（乙巳条約）を強要して韓国の外交権を奪い、統監府を設置しました。統監は条約に規定された外交権だけでなく、事実上、韓国の内政も握っていきました。

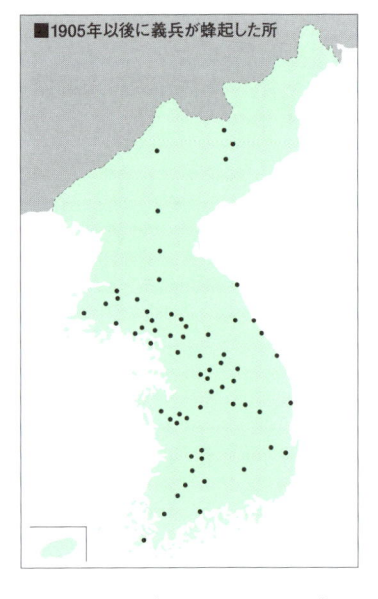

　1907年には統監が韓国の内政を握ることをはっきり定めて、各部署の次官に日本人を任命させました。つづいて韓国軍隊を解散させ、司法権と警察権さえ手に入れました。言論の口をふさぎ、集会と結社の自由も奪ってしまいました。

義兵による抗日闘争

　国が奪われてゆくという危機感が高まるにつれて、韓国の人たちはさまざまな方法で日本の侵略に立ち向かい勇敢にたたかいました。前職・現職の位の高い官吏たちは、強制的に結ばされた乙巳条約の破棄を主張する上訴を行ない、

■1905年以後に義兵が蜂起した所

中には抗議の自殺をした官吏もいました。韓国皇帝は、1907年にオランダのハーグで開かれた万国平和会議に特使を送って、この条約が不当であることを訴えようとしました。王宮前にはソウル市民数千名が集まって条約破棄を要求し、商人たちは商店の戸を閉めて抗議しました。

国を守るためにはまず実力を養わなければならない、と考える人々も増えてゆきました。彼らは、全国各地に学校を建て、朝鮮語教育にいっそう力を注ぎ、産業を振興しようという運動を起こしました。

それにもまして、何よりも日本を困らせたのは、全国あちこちで「討倭」を叫んで立ち上がった義兵たちでした。左ページの地図と下の日本軍が作成した資料からわかるように、1908年の春からは韓国全土で、日本を今すぐにでも追いだそうとするほどに、義兵が激しく立ち上がりました。

> 1908年7月から翌年6月にいたる1年間は、毎月衝突する暴徒の総数が終始3千名前後であり、賊勢はほとんど固定している状況を示している。しかも彼らの行動は、年月を経るにしたがってますます巧妙を極め、諜報勤務や警戒法などは巧妙の度を増し、行動はますます敏捷になって、時には私たち討伐隊に対してかえって愚弄するような態度に出る時もある。その勢力には消長があるとはいえ、なお侮ってはならない。いつになったら平定できるかが憂慮されている。(朝鮮駐箚軍司令部編『朝鮮暴徒討伐誌』〈1913年〉より)

この義兵闘争には、下のグラフに見るように各界各層から参加しました。日本が韓国軍隊を解散させると、多くの軍人も義兵に加わりました。

日本は、義兵を完全に鎮圧することなしに韓国を植民地にすることはできないと考えて、大規模な軍事作戦を断行しました。まず、朝鮮半島中部と東南部地方の義兵を制圧した日本は、1909年9月からの2カ月の間、朝鮮半島の西南部地方の海岸を完全に封鎖した後、まるでくしで梳くように「南韓大討伐作戦」を実施しました。日本側の記録によると、1910年までに日本軍が虐殺した義兵数は1万7,688名、負傷者は3,706名に上りました。

容赦ない軍事作戦によって義兵の抗戦を制圧したと判断した日本は、1910年8月22日、韓国を強制的に併合しました。

■義兵将の身分・職業別の割合（数字は実数）

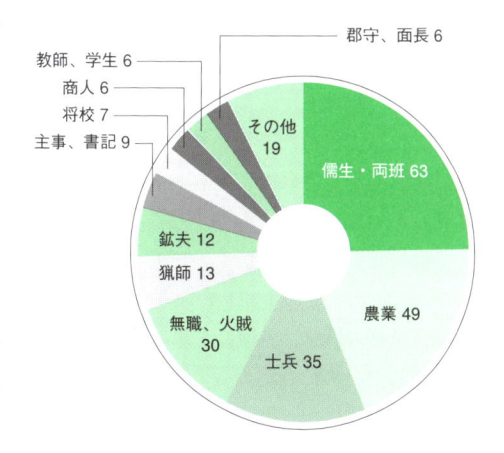

- 郡守、面長 6
- 教師、学生 6
- 商人 6
- 将校 7
- 主事、書記 9
- その他 19
- 儒生・両班 63
- 鉱夫 12
- 猟師 13
- 無職、火賊 30
- 士兵 35
- 農業 49

第Ⅱ章
1節

第一次世界大戦前後の東アジア
2. 日本の台湾に対する植民地支配

> 日本は日清戦争の後、台湾を植民地とし、以後50年にわたる植民地支配を行ないました。日本が台湾を征服、統治した経験は、日本の朝鮮に対する植民地支配や満州（中国東北地方）の占領に生かされました。では、日本は台湾でどのように植民地支配を行なったのでしょうか。

日本の台湾侵略と台湾民衆の抵抗

　日本軍は、北洋艦隊に勝利した後の1895年3月、台湾の門戸である澎湖諸島を占領し、5月には台湾に上陸しました。台北の官僚や有力者たちはすぐさま逃げてしまいましたが、台湾の中部・南部の人民は、あくまで抵抗しました。日本軍の侵攻を阻むための戦いが各地で展開されました。11月になって日本軍は台湾をほぼ占領しましたが、地方では依然として抵抗運動が続けられました。

▲台湾塩寮にある抗日記念碑

　日本は台湾を占領すると、総督府を設置して統治を始めました。1895年から1919年まで7代、24年間にわたり、台湾総督に大将ないし中将の軍人が就任したのは、武力で抗日武装勢力を鎮圧するためでした。総督府は、台湾全島に警察署を設置して、警察支配の体制を拡充、強化しました。警察官の数はおよそ住民160人に1人の割合といわれ、抗日勢力に対して容赦ない弾圧をくわえました。一方で、日本軍は買収して降伏させた台湾人を利用して、日本の台湾統治に協力させました。

経済の略奪

　台湾総督府はまず大規模な土地調査事業を行ない、広大な山林を無償で植民地当局の所有にして、それを安い価格あるいはただで日本の退職官吏や資本家に支給しました。新しく制定された土地税や各種の徴税制度は、税収の大部分を貧しい民衆に負担させるという不合理なものでした。はなはだしい場合は、台湾の農民が日本の農民と同じ面積で同じ作物をつくっても、台湾の農民の収入は税制度のために、台湾居住の日本の農民の3分の1にしかなりませんでした。

　総督府は台湾を、本国に大量の食糧と砂糖を供給する生産基地にする方針を決定し、この目的のために台湾の人々からしぼり取った財政収入を使いました。工業生産に充分な電力を提供するために発電所を建設し、農産物と副業産品を日本国内に輸出でき

るように、港と波止場を拡張し、港内の浚渫（海底の土砂をさらうこと）を行ないました。

日本の資本家たちも次々と台湾に入り込み、砂糖、樟脳（クスノキの根や枝から取る医薬品等の原料）、製塩、タバコなどの重要産業はみな、日本の三井、三菱などの財閥が独占しました。総督府は、アヘンを取り締まるためにアヘン専売制度を実施し、台湾占領の初期にはその収入が台湾総督府の重要な収入源となりました。日本は台湾の貿易をコントロールして、台湾を日本商品の市場に変えていきました。

植民地統治期に、日本から多くの官僚や警察官が派遣され、膨大な商工業者が台湾に渡ってきました。台湾の日本人は、1905年の6万人から、第一次世界大戦後には18万人にふえ、1927年には20万人に達しました。

差別教育と同化政策の強制

日本は台湾できびしい植民地差別教育を行ない、日本人、台湾人、先住民をそれぞれ違う学校で学ばせました。日本人の生徒が学ぶ学校は、教師の質や設備が整っていましたが、台湾の生徒が学ぶ学校はいずれも劣り、先住民の子どもたちの場合は学校施設ではなく、警察が教育にかかわりました。レベルが高い中学には、ふつう台湾の学生を入学させませんでした。

総督府は、台湾民衆を日本に同化させる手段に教育を利用しました。台湾人の学校でも、授業はすべて日本語で行なわれ、中国語を使うことは禁じられました。1922年には、形式的に日本人と台湾人の共学制を実施しましたが、入学、進学試験は日本語と決められていました。カリキュラムは、台湾の学生に天皇および日本に忠誠を尽くす思想を意識的に注入するようになっていました。

日中戦争を始めた後は、総督府は台湾で「皇民化運動」を推進して、各家の先祖の位牌や墓碑を日本式に改めるように強制し、日本が新設した「台湾神社」などへの参拝を強要しました。台湾の伝統的な芝居や音楽を禁止して、日本の軍歌や歌謡曲を歌わせ、「皇民」となるように宣伝する劇を観させました。

1940年、台湾総督府は「改姓名運動」を推し進め、台湾人に日本式の姓名を使うよう強要しました。アジア太平洋戦争が始まると、日本は「皇民奉公会」をつくらせ、家ごとに「戦時労働奉仕」に参加させ、戦時公債を買わせ、戦時物資を納めさせたりしました。

さらに軍事教育を強化して、台湾の成年男子を徴兵して日本の軍隊に編入して戦場に送りこみ、多くを侵略戦争の犠牲者にしました。

台湾は、日本がアジア、太平洋地域にむけて侵略戦争を開始する踏み台ならびに兵員の供給基地にされたのです。

▲台北の台湾神社〈戚嘉林『台湾史』〈台湾・農学社、1998〉より〉

第Ⅱ章 1節　第一次世界大戦前後の東アジア
3. 辛亥革命と中華民国の成立

> 孫文が指導した辛亥革命は、2000年余りも続いた封建専制政治をくつがえし、アジアで最初の共和制の国家を成立させました。専制制度はどのようにして滅んだのでしょうか。

革命派の清朝統治に反対するたたかい

　20世紀初め、中国は帝国主義の侵略のために何度も領土の一部を割り取られ、賠償金を支払わされるという民族的屈辱を味わいました。こうした状況を変えるため、中国社会には異なる政治主張をもつグループが現れました。一つは、皇帝の下に議会政治を実施することを主張した「立憲派」や「改良派」に属するグループです。彼らは、日本が日露戦争に勝利したことを高く評価して、日本のような立憲君主制が君主制よりも優れていると考えました。もう一つは、武力（軍隊）で清朝を倒し、国民主権の共和制国家を打ち立てることを主張した「革命派」に属するグループで、その代表が孫文でした。

　立憲派は、清朝の行なった「新政」（→35ページ）の機会を利用して勢力を拡大し、各省に省議会あるいは諮議局を創設して、国会の開設と責任内閣制の設立を求める運動をおし進めました。革命派は、清朝を武力闘争によって倒すことを決め、1894年、孫文らがハワイのホノルルで革命組織を立ち上げると、各地に革命組織が相次いで成立しました。1905年、

▲革命軍は1911年10月11日、湖広総督署を占領

孫文の呼びかけで革命団体が東京に集まって大会を開き、中国同盟会を結成しました。中国同盟会は革命派を組織して機関誌『民報』などで論陣を張り、中国の前途について、革命か改良か、国家体制、政治体制をどうするかなどについて改良派と大々的に論争を繰りひろげました。

　同時に、革命派は華南（中国南部）を中心にして一連の反清武装蜂起をはじめ、華中（中国中部）から東北地方（満州）にまで広げました。女性革命家として名高い秋瑾は、浙江省の紹興で反清闘争を起こしました。これらの蜂起は、いずれも失敗に終わりましたが、中国の人々の間に民主革命の思想を広め、国内の状況は積まれた枯れ草のように、わずかな火でもいったん革命の火がつけば、たちまち全国へ燃え広がるようになっていったのです。

■中国同盟会の革命綱領──・満族王朝を追い出す　・中華民族を回復する
　・中華民国を樹立する　・土地の所有権を平等にする

武昌蜂起と辛亥革命

第Ⅱ章　日本帝国主義の膨張と中韓両国の抵抗

　1911年4月、中国同盟会は革命の重点を、武漢を中心とする長江流域に移しました。同年9月には革命組織をまとめて、武装蜂起を指揮する統一した指導機関を設立しました。10月10日の夜、革命派の指導する新軍がまず兵器庫を占領し、政府軍と激しく戦ったすえに、一晩で現地の政治の中心である武昌を占領しました。つづいて武漢三鎮（武昌・漢口・漢陽）を攻め落とし、黎元洪を軍政長官とする湖北軍政権を樹立しました。武昌蜂起の後、一連の省が相次いで独立を宣言して、清朝の統治から離脱しました。まもなく独立を宣言した省は14にのぼり、全国に革命が広がりました。これが、辛亥革命です。

中華民国の成立

　辛亥革命が起こると、革命指導者の孫文は海外から急いで帰国し、臨時政府の樹立に取りかかりました。孫文は各省の代表が集まった南京会議において、中華民国臨時大総統に選ばれ、1912年の元旦にこれに就任して、中華民国の成立を宣言しました。中華民国臨時政府が成立した後、清朝の皇帝、溥儀は2月12日に退位を宣言し、ここに中国の歴史上、最後の専制王朝は滅亡したのです。

　孫文は臨時大総統に就任してから、中国を民主国家へと改造するために「中華民国臨時約法（憲法）」を制定しました。その後、清朝の内閣総理大臣だった袁世凱が、清朝皇帝を退位させることを条件にして、列強の支持のもとに孫文に代わって臨時大総統に就任しました。袁世凱は権力の座につくと、国会を解散したうえに「中華民国臨時約法」を廃止してみずから皇帝になり、帝制を復活させようとしました。しかし、辛亥革命は民主共和制の理念を国民に浸透させていたので、袁世凱は全国人民の反対を受けて、失脚しました。

　辛亥革命は、2000年余りも中国に続いた専制君主制度を終わらせました。中華民国は中国の歴史上、またアジアの歴史において最初の民主共和制国家となったのです。

▲1912年1月5日、孫文が招集した中華民国臨時政府第一回国務会議（中央が孫文）

■中華民国臨時約法（1912年3月11日）
第五条　中華民国の人民は一律に平等であり種族、階級、宗教によって区別されない。
第六条　人民は以下の自由権を享有できる。
　一　人民の身体は、法律によらなければ逮捕、拘禁、尋問、処罰することができない。
　二　人民の家宅は、法律によらなければ侵入あるいは捜索することができない。
　三　人民は財産の保有および営業の自由を有する。
　四　人民は言論、著作、出版および集会、結社の自由を有する。
　五　人民は通信の秘密の自由を有する。
　六　人民は居住、移動の自由を有する。
　七　人民は信仰の自由を有する。

第Ⅱ章 1節

第一次世界大戦前後の東アジア
4. 第一次世界大戦と日本帝国主義

> 19世紀後半以降、欧米列強は植民地や勢力圏を獲得するため世界を分割していきました。この動きを帝国主義といいます。日清・日露戦争を通じて、日本はアジアで唯一の帝国主義国となりました。第一次世界大戦はヨーロッパを主な戦場とする帝国主義戦争でしたが、日本もこれに参戦しました。その結果、東アジア3国の関係はどのように変化したのでしょうか。

日本の対独参戦と「21カ条要求」の強要

　1914年7月、バルカン半島などの再分割をめぐって対立を深めていた三国同盟（ドイツ・イタリア・オーストリア）と三国協商（イギリス・フランス・ロシア）との間で戦争が始まり、第一次世界大戦へと拡大していきました。

　大戦が始まると、日本は中国に勢力を拡大する好機ととらえ、1902年に結んだ日英同盟を理由に、ドイツに宣戦布告しました。日本軍はドイツの軍事基地がある中国の青島を占領し、山東半島におけるドイツの権益を奪い、さらに、赤道以北のドイツ領南洋諸島を無血で占領して日本の勢力下におきました。

　中国政府は、日本軍が山東半島から撤退するよう求めましたが、日本政府はそれを無視して占領をつづけ、1915年、中国に「21カ条の要求」（→78ページ）を突きつけました。韓国に対して第二次日韓協約（1905年）などを強要して支配下に置いたのと同じ方法を、中国に対してもとろうとしたのでした。

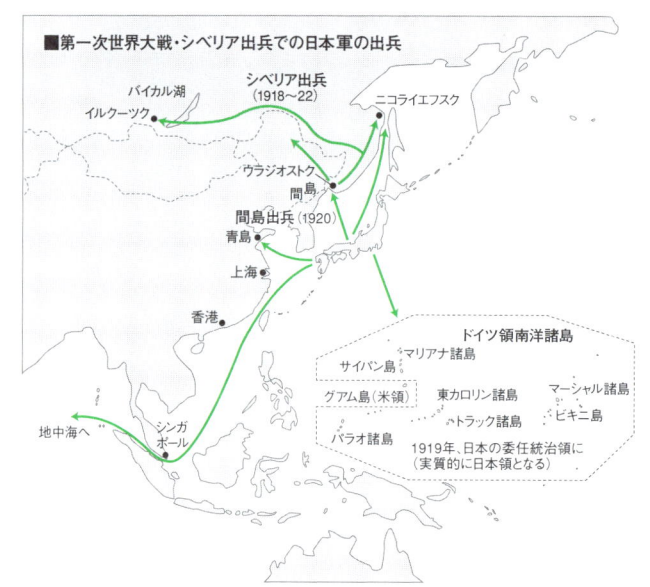

　これに対し、中国民衆は日本商品のボイコット運動をくりひろげて反対し、中国政府も抵抗しました。日本は軍隊を増派して中国の袁世凱政府に最後通牒を突きつけ、ついに「21カ条の要求」を、第5号だけをはずして受諾させました。

■第一次世界大戦・シベリア出兵での日本軍の出兵

ロシア革命とシベリア出兵

　大戦中の1917年にロシア革命が起こり、世界で最初の社会主義政権が成立しました。革命のさなかにレーニンは「平和についての布告」を発表して、帝国主義戦争への反対、無併合・無賠償・民主的平和の原則、そして民族自決の理念を強調しました。

　日本は、ロシア革命の影響が広がることを恐れたイギリス・アメリカ・フランスなどとともに、革命に対する軍事干渉を行ないました（シベリア出兵）。他国が撤兵した後も、日本軍は満州（中国東北地方）と朝鮮の安全確保を名目に、満州北部とシベリア・沿海州に1922年まで駐留し続けました。また、1920年には、朝鮮に隣接する満州の間島地方に軍隊を派遣して、朝鮮人の抗日武装独立軍などを鎮圧し、民間人を虐殺しました。

パリ講和会議と「民族自決主義」

　1918年11月に戦争が終わり、翌19年1月からパリ郊外のベルサイユ宮殿で講和会議が開かれました。大戦期にアメリカは、イギリスに代わる世界一の大国となっていました。アメリカ大統領ウィルソンは、講和会議の原則として「平和に関する14カ条の原則」を発表し、「秘密外交の廃止」「国際連盟の創設」などを提唱、「民族自決主義」を強調しました。

　この主張を歓迎した朝鮮の人々は、朝鮮独立の意志を世界に表明しようと三・一運動に立ち上がりました（→76ページ）。しかしウィルソンは、朝鮮独立請願書をたずさえてパリを訪れた大韓民国臨時政府（→168ページ）の代表に会おうともしませんでした。ウィルソンの「民族自決主義」はドイツ・オーストリア・ロシアなどの支配下にあった民族を念頭においたものであり、アジアの民族独立をうながすものではなかったのです。

　1917年に対独参戦していた中国は、山東半島のドイツの権益を返すように要求しました。しかし列強は、日本が中国政府に結ばせた「山東問題処理の交換公文」を理由に、この要求を受け入れませんでした。これに抗議して中国では五・四運動が起こりました（→79ページ）。

　1921～22年、アメリカのワシントンで列強による会議が開かれて、東アジアと太平洋地域における利害関係の調整がはかられました。この会議で、中国は治外法権の撤廃と関税自主権の回復を主張しましたが、受け入れられませんでした。日本に代償金を支払って山東半島の権益を取り戻しただけでした。朝鮮問題は、議論にさえ上りませんでした。

コラム　台湾人民の抗日武装闘争

　1895年10月、日本軍は台南を攻め落とし、台湾すべてを占領しました。しかし、11月から台湾人民は武装蜂起して、7年の長い間、抗日ゲリラ闘争を続けました。簡大獅・柯鉄虎・林少猫は「抗日三猛」と呼ばれました。辛亥革命の前後、台湾人民は積極的に革命に呼応し、十数回、武装蜂起しました。余清芳が率いる噍吧哖（現在の台南県玉井）蜂起は全島に波及し、1916年まで続きました。

　台湾総督府が土地を占領して労役につかせ、横暴な警察が故意に台湾の民衆を欺き侮ったため、1930年10月、台湾霧社一帯の高山族の人々はやむにやまれず蜂起しました。日本の守備隊の司令官は、軍隊・警察を率いてこれを弾圧し、山中深くにいる抗日民衆に対して飛行機で毒ガスをまき、多くの人々が中毒になりました。蜂起した民衆は、「死んでも屈服しない」と誓って、1か月あまり戦い続け、これによって1400人の村人が500人余に減りました。その後、総督府は首謀者として十余人を処刑し、村民を強制的に移住させました。

　翌年4月25日、日本の軍隊・警察は、親日住民を使って村民を奇襲させ、200人以上を殺害しました。その他の200人余りは、総督府によって強制的に川中島に移住させられました。第二次霧社事件です。

コラム　安重根（アンジュングン）と伊藤博文（ひろぶみ）

　伊藤博文は日本の総理大臣と初代の韓国統監（とうかん）を歴任した人物です。1909年10月26日朝9時頃、3年6カ月間の韓国統監職を退（しりぞ）いた伊藤は、中国東北地方のハルビン駅に到着しました。日本政府の特使として満州を視察し、ロシアとの関係を調整するために来たのでした。

　列車から降りて駅でロシア儀仗（ぎじょう）隊の敬礼を受けた伊藤に向けて、歓迎の群衆の中から飛び出した安重根が銃を発射しました。銃弾は伊藤に命中し、30分後、伊藤は絶命しました。義兵部隊の指導者であった安重根は、伊藤を"断罪"した理由として、明成皇后（ミョンソンファンフ）（閔妃（ミンビ））を殺害した罪、高宗（コジョン）皇帝を引退させた罪、乙巳（いつし）条約を強制的に結んだ罪など15の罪を挙げました。

　現場で逮捕された安重根は、義兵部隊の指導者として決行したので「万国公法」にもとづいて裁判を開くことを要求しました。もともとハルビンは治外法権（ちがい）が適用される地域であったため、この事件の裁判権は韓国にありました。しかし日本は、「外国にいる韓国人は日本官憲が保護する」という、1905年の乙巳条約の規定を拡大解釈して、この

▲安重根

伊藤博文 ▶

事件を日本の満州統治機関である関東都督府に任せました。安重根の行動が韓国人の独立意思を刺激して併合(へいごう)に反対する動きとなって現れることを恐れたためでした。

関東都督府地方裁判所は、安重根が要請した外国人弁護士も認めないまま、予審もなく、通訳も十分に行なわずに裁判を進行し、死刑を宣告しました。1910年3月26日午前10時、伊藤が死んでからちょうど5カ月になる日、伊藤が死んだ時刻に中国の旅順(りょじゅん)で死刑が執行されました。

コラム　日本は韓国を「強占(きょうせん)」したのか、「併合(へいごう)」したのか

国際法では、国家の代表者個人に対する強制によって結ばれた条約には法的な効力がないとされています。1905年の第二次日韓協約（乙巳(いっし)条約）は、大韓帝国の王宮を日本兵が制圧し、皇帝や閣僚が脅迫(きょうはく)的な言葉でおどされるという状況の下で結ばれたものでした。

植民地支配からの解放後、韓国政府は、「乙巳条約」は無効であり、これを前提に結ばれた1910年の「韓国併合に関する条約」もまた無効である、という立場をとってきました。

韓国では、"強制的な占領"を意味する「韓国強占」という表現が広く用いられています。これに対して日本政府は、上の二つの条約はどちらも有効であったと解釈しています。日本では、条約名にそって「韓国併合」という表現を用いることが一般的です。両国の政府の間の解釈の違いは、1965年の国交樹立に際しても解消することができませんでした（→190ページ）。

研究者の間では、1905年の条約締結が強制によるものだということについては、ほぼ共通理解が得られています。ただし、「併合」以後35年間に及んだ植民地支配が、国際法から見て合法的な状態にあったのか否かという問題に関しては、意見が異なっています。韓国の学者たちは不法と見なしていますが、日本の学者たちの間ではまだ結論が得られていません。

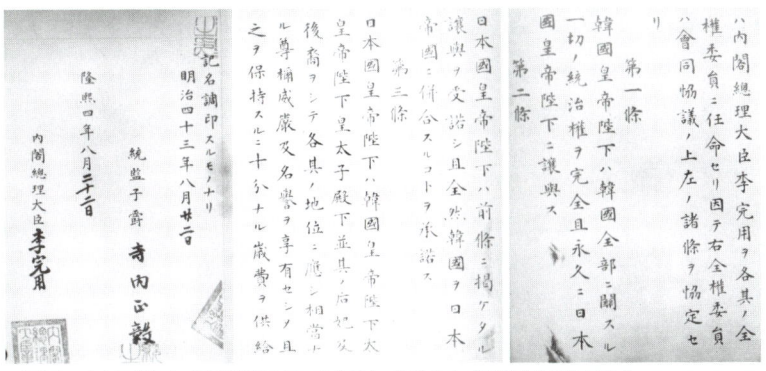

▲「統監・寺内正毅」と「内閣総理大臣・李完用」が署名した「韓国併合条約」原文

第Ⅱ章 2節 日本の朝鮮支配の強化
1. 憲兵警察統治

> 「韓国併合は韓国人が望んだものだった」。一部の日本人政治家たちが好んでする話です。この話は事実でしょうか。

朝鮮総督(そうとく)は絶対権力者だった

▶右端が朝鮮総督府。光化門のある正面から見ると、王宮・景福宮を覆い隠すように建てられた。

　日本は、韓国の国家主権を奪って、ソウル※に朝鮮総督府を設置しました。植民地支配の中心機関である朝鮮総督府の高級官吏(かんり)は大部分が日本人でした。当初は統監府(とうかんふ)の建物を使っていましたが、やがて機構と人員が増えたために、朝鮮王朝の正宮である景福宮を壊して新しい総督府の建物を建てました。

　朝鮮総督は、天皇に直属して、朝鮮を思いのままに支配できる権限を持っていました。立法、司法、行政権はもちろん、朝鮮に置かれた日本軍に対する統率権まで持っており、「朝鮮防備」に関するいっさいの権限を握っていました。そして植民地朝鮮には、日本が近代化の象徴として制定した明治憲法を適用しませんでした。日本国内の政治家の中にも、朝鮮総督に行き過ぎた権力を与えたとして、憂慮する意見があるほどでした。

出生から墓まで憲兵警察の手に

　日本は、朝鮮の主要な地域に軍隊を配置しました。義兵が活発に活動していた地域とソウルに向かう鉄道の周辺地域は、特別に警備を厳重にしました。治安は憲兵警察が主導し、一般警察も憲兵の指揮下にありました。右ページの地図から分かるように、山間の地域にいたるまで憲兵が配置されました。このように全国主要地域に配置された軍隊によって、朝鮮の人々を抑圧し、支配したのです。

　憲兵は本来、軍人を対象として規律を維持し、軍人の犯罪を取り締まる軍の

※「韓国併合」に際して、日本は首都・漢城(ソウル)の名称を京城(けいじょう)に変えた。

■軍隊および憲兵警察配置地図（1914年3月）

第Ⅱ章　日本帝国主義の膨張と中韓両国の抵抗

警察です。こうした憲兵が、植民地朝鮮では一般警察の業務まで担ったのでした。そこには朝鮮を軍隊のように統制して、一日でも早く植民地支配に便利なように社会秩序を確立しようという意図がありました。強圧的な政策を通じて朝鮮人に恐怖心を抱かせ、独立の意思をくじこうとしたのです。行政官吏だけでなく、学校の教員たちまでが制服を着てサーベル（長剣）を提げていたのもこのためです。

憲兵は、治安だけでなく戸籍事務、日本語普及、伝染病予防、降雨量測定、墓地取り締まりなど、きわめて広い分野の仕事を担当しました。まさに、朝鮮人は、生まれた瞬間から墓に入るまで、憲兵警察の監視と統制から抜け出ることができなかったのです。

笞刑の復活

憲兵警察は、正式の裁判を経ることなしに朝鮮人を処罰する権限を持っていました。朝鮮人を鞭でたたく「笞刑」を加えることもできました。監獄に入れておくよりも費用が少なくてすみ、処罰の効果はより高いと考えたためでした。

■朝鮮総督府機構図（1910年代）

笞刑は、前近代的な刑罰であるとして、朝鮮政府が甲午改革のときに廃止したものでした。ところが日本は、この笞刑を復活させたのです。それも、いっそう無慈悲なかたちで、朝鮮人だけに適用したのでした。次の文章からは、笞刑を受けた朝鮮人の様子を想像することができます。

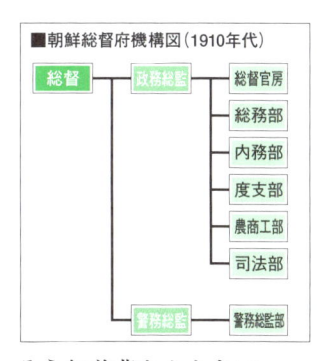

> 日本人が作った、罪人を審問するときに用いる刑具である刑板とムチは、朝鮮王朝が自国民を統治するために作った昔からの笞刑とは、その性格と内容が完全に異なっている。日本人が作った刑板は、うつ伏せに寝るようになっていて、陰部が当たる部分に穴があいており、両腕は十字の板に縛られ、足と腰も刑板にかたく縛られるようになっていた。牛の陰茎で作られたムチの先には鉛が着けられており、鉛が肉の中に入り込んで、肉片が飛び出し血が飛び散った。（文定昌『軍国日本朝鮮強占36年史』から）

第Ⅱ章 2節

日本の朝鮮支配の強化
2.「文化政治」の実像

憲兵を前面に押し立てて朝鮮人を支配してきた日本は、三・一運動が起こると、統治の方法を変えてゆきました。銃とサーベルに代えて、「文化」を掲げました。「文化政治」は、憲兵警察統治に比べ、何が、どのくらい違っていたのでしょうか。

武断統治から「文化政治」へ

朝鮮人の激しい抵抗（三・一運動〈→76ページ〉）を経験した日本は、武力だけでは朝鮮を支配できないことを悟りました。きびしい弾圧によって悪化した国際世論も負担となりました。こうした状況で日本が採ったのが「文化政治」でした。

新たに赴任した斎藤実総督は、これから「文化政治」を実施すると宣言しました。着任時、斎藤は、65歳の姜宇奎に爆弾を投げられています。

▲姜宇奎（1855-1920）1910年以降、満州に亡命して朝鮮人教育に力をそそいだ。1919年8月、ソウルに戻り、新任の斎藤総督に爆弾を投げた。

■「施政方針に関する諭告」（1919年9月10日）より
　政府は官制と行政施設を改革して、総督任用の範囲を拡張し、警察制度を改正した。また、一般官吏や教員などの服装を改定した。朝鮮人の任用と待遇を改善して、将来は日本人と同一の待遇を受けるようにする。……もしみだりに不逞の言動を行ない、人心を惑乱して公安を阻害するような者があれば、法に照らしていささかも手加減することはないので、一般民衆はこれを承知するように。

「軍人出身でない文官も朝鮮総督になれる」「憲兵警察制が廃止される」「官吏や教員の制服と帯剣の制度を廃止する」「言論、集会、結社の自由が部分的に認定される」「朝鮮人の教育機会が拡大される」といった内容です。ちょっと見には、憲兵警察統治よりはずっとやわらかい印象を与えます。しかし、最後の「承知するように」という警告には、不気味な感じがあります。

見かけだけの「文化政治」

「文化政治」を行なうと宣言したものの、1945年の朝鮮の解放にいたるまで、文官が朝鮮総督に任命されることは一度もありませんでした。憲兵警察制度は

第Ⅱ章　日本帝国主義の膨張と中韓両国の抵抗

廃止されても、朝鮮人に対する監視と弾圧が緩められることはありませんでした。むしろ警察力を強化し、「治安維持法」(→98ページ)を適用して、植民地統治に反対したり独立のために努力する人々をより強力に処罰したのです。

■警察力の強化

	1919年	1920年
警察署数	736ヵ所	2,746ヵ所
警察官数	6,387人	20,134人

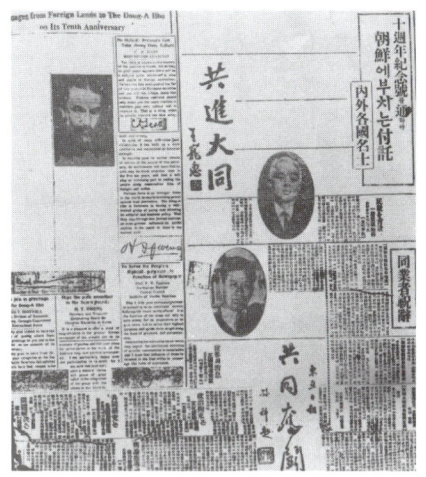

■治安維持法違反による検挙数
（朝鮮総督府統計年報）

年	名	(件数)
1925	72	(8)
1926	321	(43)
1927	196	(46)
1928	751	(195)
1929	1,112	(166)
1930	1,884	(321)

▲記事が削除された新聞

憲兵警察統治の時期に比べて、たしかに多くの朝鮮人が官吏として任用されましたが、依然として下級職や臨時職が大部分でした。また朝鮮語による新聞や雑誌の発行を許可しましたが、事前検閲を行なって、気に入らない記事は削除させました。1929年の1年間だけで、新聞を販売できなかったのが63回、記事を削除されたのが82回もありました。

新幹会、槿友会など多くの社会団体も結成を許可されました。しかし集会が開かれると、警察官が立ち会って監視しました。もし少しでも不穏な演説を行なえば、すぐに中断させられて逮捕されました。

名目だけの文化統治によって、日本が目的としたものは何だったのでしょうか。1920年、斎藤総督が指示した「朝鮮民族運動に対する対策」を見ると、それがよく分かるでしょう。

* 貴族、両班（ヤンバン）、儒生（じゅせい）、富豪、教育家、宗教家に浸透して、階級と事情を斟酌（しんしゃく）して親日団体を組織するように相当の便宜と援助を与えること
* 数多くの親日人物を育てるために、協調的な民間有志に便宜と援助をあたえ、秀才教育という名の下で彼らを養成すること（「斎藤実文書」より。要約）

朝鮮の各界各層に「親日派」を育てようとしていたことがひと目で分かります。彼らが植民地統治政策を積極的に支持すれば、三・一運動のような独立運動が起こらなくなるだろうと考えたのでした。結局、「文化政治」は朝鮮人を懐柔（かいじゅう）して分裂させ、植民地統治を強固にするための術策だったのでした。

第Ⅱ章　2節

日本の朝鮮支配の強化
3. 経済政策と収奪

日本は朝鮮の国家主権を奪ったのち、経済基盤を用意するために、さまざまな経済政策を実施しました。1910年代と1920年代の最も重要な経済政策は、土地調査事業と産米増殖計画でした。日本はなぜこれらの政策を実施したのでしょうか。それは朝鮮の経済と社会にどのような影響を与えたのでしょうか。

土地調査事業の実施

日本は1910年から18年まで、朝鮮において土地調査事業を実施しました。土地所有制度を近代化する事業は、すでに大韓帝国の時期に相当に進行していました。しかし日本は、それをなかったことにして、再び土地調査を行ない、所有権帳簿（登記簿）を作成したのでした。

この結果、土地所有者たちは所有権を確実に保証されるようになりました。開港以降、日本人が不法に買い込んできた土地も法的所有権を認定されることになりました。しかし、農民たちの権利として慣習的に認められてきていた耕作権は保護されませんでした。農民たちは、耕作権を守るために地主と朝鮮総督府を相手にたたかい始めるようになりました。土地調査事業の結果として、課税地は10年の間に52％も増えて、地税収入も2倍になりました。

朝鮮総督府は王室と官庁の土地はもちろん、所有権が確実ではない共有地などをすべて総督府の所有にしてしまいました。1920年に朝鮮総督府が所有する耕地は11万余ヘクタールにもなりました。

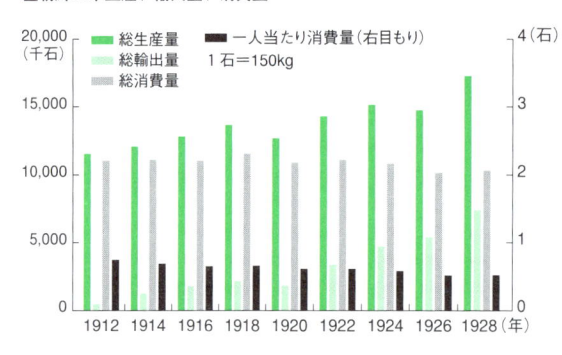

■朝鮮の米生産、輸出量、消費量
　総生産量／総輸出量／総消費量／一人当たり消費量（右目もり）
　1石＝150kg
（1912, 1914, 1916, 1918, 1920, 1922, 1924, 1926, 1928年）

産米増殖計画と米の収奪

日本経済は、第一次世界大戦をきっかけに急速に発展しました。急激な工業化によって都市の労働者が大きく増加し、物価が上昇しました。米の価格も上がり、1918年に全国的な"米騒動"が起こると（→98ページ）、日本は朝鮮総督府に「産米増殖計画」（1920〜34年）を立てさせました。

第Ⅱ章　日本帝国主義の膨張と中韓両国の抵抗

■朝鮮総督府「朝鮮産米増殖計画要綱」(1926年)
　日本国内における米の消費量は年間6,500万石であるが、国内生産高は5,800万石に達しない。年ごとに不足分を帝国版図および外国の供給に仰いでいる現状である。国内の人口が年々70万人の増加をみているばかりでなく、国民生活の向上とともに一人当たりの米の消費量も少しずつ増えることは必至の勢いであることから……将来米の供給はいよいよ不足するであろう。したがって、いまこそ米穀の増収計画を樹立し、帝国の食糧問題の解決に資することは、まさに国策上の緊要の要務と信じる。

　産米増殖計画は、大規模な貯水池や水路などの灌漑施設を作って土地を肥沃にし、米穀生産量を増やすことを目的としました。しかし、米の生産増加量よりも輸出の増加量のほうが多く、むしろ朝鮮人の一人あたり米穀消費量は減少しました。土地を借りている農民たちは、地主に対して生産量の50％以上を小作料として納めただけでなく、水利組合費なども負担しなければなりませんでした。結局、米の輸出によって地主の経済力はいっそう強くなり、一方、農民の立場はいっそう悪化しました。自分の土地を所有する農民は急速に減ってゆき、1932年には農民全体の78.1％が、他人の土地を借りて耕作する小作農でした。一片の土地さえ所有することができなかった農民たちは、住み慣れた故郷を離れて満州や日本などに移住したりしました。

■農家戸数の百分比

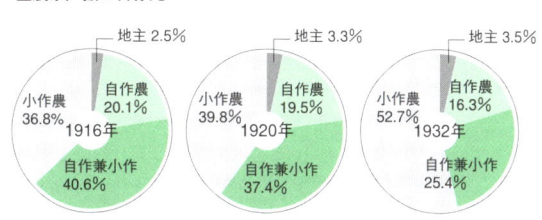

1916年：地主 2.5%、自作農 20.1%、自作兼小作 40.6%、小作農 36.8%
1920年：地主 3.3%、自作農 19.5%、自作兼小作 37.4%、小作農 39.8%
1932年：地主 3.5%、自作農 16.3%、自作兼小作 25.4%、小作農 52.7%

▲日本へ運ばれる米がうず高く積まれた群山港の様子

朝鮮会社令と日本の植民地産業政策

　1910年代、日本は自国の経済発展に力を注ぎ、植民地に投資する余裕がなかったために、植民地での産業発展には消極的でした。朝鮮に会社を設立しようとすれば、「朝鮮会社令」(1911年)によって朝鮮総督府の許可を受けなければなりませんでした。やがて、日本の資本が朝鮮に投資できるだけの条件が整うと、1920年に朝鮮会社令は廃止されました。そのころから日本の企業が朝鮮に本格的に進出するようになりました。

第Ⅱ章 2節

日本の朝鮮支配の強化
4. 教育文化政策

> 日本は、朝鮮を永遠に支配するために、朝鮮人を「帝国臣民」につくり上げようとしました。そして、朝鮮人が独立の意思や民族精神を持てないようにしようとしました。日本が、どのようにして朝鮮人を「忠良な日本人」につくり上げようとしたのか見てゆきましょう。

高等教育は必要なし

　日本は、朝鮮人の生徒・学生に対して、実用的な知識の習得と穏健な徳性を養うための教育を施し、帝国臣民としての資質と品性を備えた人間としてつくり上げようとしました。朝鮮総督府が1911年8月に公布した「朝鮮教育令」を見てみると、その意味するところが分かります。

> 第2条　教育は「教育に関する勅語」の趣旨にもとづいて忠良な国民を育成することを本義とする。
> 第3条　教育は時勢と民度に適合するようにする。
> 第5条　普通教育は普通の知識技能を授け、とくに国民らしい性格を涵養し国語を普及することを目的とする。（朝鮮総督府「官報」）

　当時、日本国内の児童・生徒は、初等6年の義務教育と中等5年（ただし進学率は10％程度）の教育を受けました。しかし朝鮮では初等と中等4年ずつでした。朝鮮の「時勢と民度」を理由に教育期間を短くしたのでした。学校の呼称も、普通学校・高等普通学校・女子高等普通学校であり、日本の小学校・中学校・高等女学校とは区別されていました。しかも、初等4年も義務教育ではありませんでした。学校が少なくて、通いたくとも通えなかったのです。

　朝鮮総督府は、人文・科学・芸術教育よりも普通教育や実業教育に重点を置き、実業教育においても高等技術教育は抑制しました。賢く批判的で、多様な知恵や才能をもっている朝鮮人は必要としなかったためです。

　三・一運動ののち、学校の学業期間が、初等6年、中等5年に増えましたが、学校に通える朝鮮人はそれほ

■朝鮮人と日本人の学生数比較（1925年）

学校	民族別	学生総数	学生数※の格差
初等学校	朝鮮人	386,256	1
	日本人	54,042	6
中等学校(男)	朝鮮人	9,292	1
	日本人	4,532	21
中等学校(女)	朝鮮人	2,208	1
	日本人	5,458	107
実業学校	朝鮮人	5,491	1
	日本人	2,663	21
師範学校	朝鮮人	1,703	1
	日本人	611	16
専門学校	朝鮮人	1,020	1
	日本人	605	26
大学(予科)	朝鮮人	89	1
	日本人	232	109

※人口に対する学生数の割合の比較（朝鮮人の学生数を1とした場合）
『朝鮮総督府統計年報』より

ど多くはありませんでした。左ページ下の表は、1925年の朝鮮人学生数と朝鮮在住の日本人学生数および「就学率」の格差を示しています。学生数自体は、朝鮮人のほうが多い場合があります。しかし、この当時、朝鮮に住む日本人は朝鮮人に比べて極めて少なく、人口に対する学生数の割合を指標として「就学率」の格差を算出すると、朝鮮人の値は日本人に比べて非常に低いものとなります。そして、高等教育になるにつれて、格差が開いていたこともわかります。特に中等学校女子での格差が目に付きます。朝鮮にも大学がつくられましたが、朝鮮人が入学するのは困難でした。

　私立学校と書堂（私塾）も、もちろん統制を受けました。教科書に総督府が編纂、検定あるいは認可したものを使用しなかったり、指示を拒否したりすると、閉校を命じられました。このため、2,000を超えていた私立学校は、「併合」以降9年間の間に749校に減ってしまいました。

日本語と日本歴史を教えよ

　日本は、朝鮮人を「忠良な国民」につくり上げるために、日本語教育に最も重きをおきました。1911年の段階で、4年制普通学校では、週当たり26～27時間の授業のうち日本語の時間は10時間を占めていました。朝鮮語は、漢文を含めても5～6時間でした。1922年に普通学校が6年制になると、日本語の授業時間が週当たり9～12時間になりました。これに反して、朝鮮語の授業は2～5時間へと、逆に減ってしまいました。それとともに、日本人としての精神・思想を持つようにするために、修身教育および日本の歴史と地理教育が重視されました。

劣等感を植え付けよ

　このような教育政策からさらに一歩すすめて、日本は朝鮮の歴史を歪曲しました。そうすることで「独立国であった過去の夢を見る弊害」と「人心をまどわす害毒」をおおもとから防ぐことができると考えたのでした。

　朝鮮総督府は、1922年に朝鮮史編修会を朝鮮史編纂委員会に拡大改編して、1932年から膨大な分量の『朝鮮史』を編纂しました。そうして、「朝鮮人は団結より分裂ばかりしている」「朝鮮は腐った水のようにたまって発展することができない」「朝鮮の歴史は、自律ではなく他律によってつくられてきた」などという点が強調されました。

　また、朝鮮の伝統と文化は劣ったものであり、朝鮮はみずから独立する能力はないという結論が引き出されました。その結論が、「日本は朝鮮人を啓蒙して朝鮮を発展させなければならないという使命感から朝鮮を植民地にする以外になかった」という身勝手な主張につながっていったのです。

コラム　鉄道を掌握せよ

　19世紀中ごろのヨーロッパでは、鉄道は、進歩と豊かさの象徴でした。しかし朝鮮の人々にとっては、煙と汽笛はこうした印象をもたらしてくれるものではありませんでした。帝国主義列強は韓国の鉄道敷設権を手に入れようとして競争しました。日本政府の文書「対韓施設綱領決定ノ件」（1904年）を見ると、その理由がよく分かります。

> 　交通および通信機関の要部を掌握することは、政治・軍事・経済の点よりすこぶる緊要なことであり、中でも交通機関である鉄道事業は韓国経営の骨子ともいうべきものである。（『日本外交文書』より）

　日本は、ロシアとの戦争を行ないながら、京釜線（ソウル－釜山）と京義線（ソウル－新義州）を急きょ建設しはじめました。鉄道建設過程は、文字通りの略奪でした。京釜線鉄道の総建設費の中で、用地買収のための費用は2％にもなりませんでした。日本国内で鉄道を建設する場合、この費用が13％に達していたことを考え合わせると、朝鮮の土地をただで奪ったも同然であるといえます。鉄道建設工事に動員された朝鮮人が受け取った賃金も、日本人の2分の1ないし3分の1にしかなりませんでした。鉄道が通る地方で日雇労働者が受け取る1日の賃金よりも少なかったのです。しかも、賃金を支払わない場合も多くありました。

　こうしてつくられた鉄道が、「文明開化」の象徴として受け取られるはずがありません。当然、人々は抵抗しました。朝鮮に駐屯していた日本軍が1904年に発表した次のような「軍用電線及び軍用鉄道保護に関する軍令」を見れば、抵抗がどれほどに激しかったのかをうかがうことができます。

1. 軍用電線（軍用鉄道）に害をくわえた者は死刑に処する
2. 加害者を匿した者は死刑に処する
3. 加害者をつかまえた者には20円を賞金として与える
　　　　　（『朝鮮駐箚軍歴史』）

▶ 鉄道工事を妨害したという理由で日本軍が人々を公開処刑している絵

この軍令から分かるように、電線と鉄道は義兵の主な攻撃目標でした。日本軍は、鉄道を破壊した義兵をつかまえると、人々が数多く通る所で付近の住民を強制的に集めてきて見せしめとして銃殺しました。しかし、抵抗は収まりませんでした。鉄道工事に動員された労働者、住民、義兵たちは、鉄道工事を妨害したり、レールに木を置いて運行を妨害したり、さまざまな方法で抵抗しました。

　当時、日本国内の鉄道は、線路の幅が狭い「狭軌」でした。しかし、日本は朝鮮には「標準軌」の線路を敷設しました。標準軌を使用している中国まで線路を延長することを念頭においていたからでした。1909年、安東－奉天（現在の瀋陽）間の鉄道敷設権を得た日本は、1911年には鴨緑江鉄橋を完成させました。その結果、日本軍は釜山から中国まで一本の鉄道で行けるようになりました。鉄道が中国侵略の導入路となったのでした。

コラム　東洋拓殖株式会社

　1908年、「東洋拓殖株式会社法」にもとづいて、朝鮮における農業・拓殖事業を目的とする東洋拓殖株式会社（東拓）が設立されました。設立に際しては、日本政府の官僚が主導的な役割を果たしました。

　第一次世界大戦中の1917年には、本店が京城（現在のソウル）から東京に移され、金融や都市開発などの新しい事業目的が追加されました。そして、満州・中国・フィリピン・シンガポールなどにも支店網を広げてゆきました。ある元東拓職員は、東拓を「旧日本帝国の興亡とともに歩んだ会社」と評しています。

　グラフに示したように、1910年代前半に、東拓は水田所有面積を急増させました。この中には、韓国政府が現物出資した1万ヘクタール以上の優良な水田も含まれています。1920年代以降、水田所有面積は減少しますが、1945年まで朝鮮最大の地主という地位に変わりはありませんでした。

■東洋拓殖株式会社の水田所有面積の推移
※単位：ha

年	1909	1910	1915	1920	1925	1930	1935	1940	1943
ha	3915	8643	49080	44119	41439	37973	36992	35585	36583

第Ⅱ章 3節 独立・抵抗の運動と社会運動
1. 三・一運動

> 1919年3月1日、朝鮮人たちはいっせいに独立万歳を叫びながら通りに走り出ました。憲兵警察統治という日本の恐ろしい圧制によって抵抗する意思を持てずにいるかのようにみえた、まさにそのときのことでした。

満ち潮のように広がった「大韓独立万歳！」

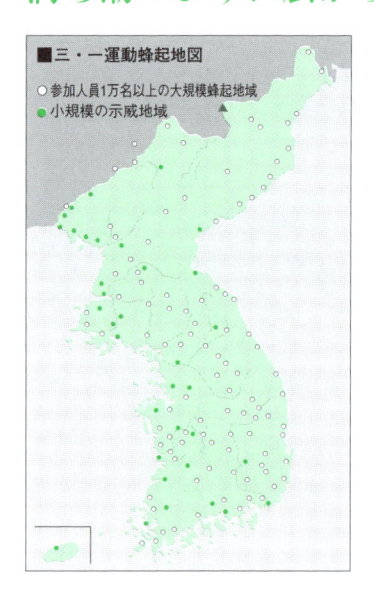

■三・一運動蜂起地図
○参加人員1万名以上の大規模蜂起地域
●小規模の示威地域

憲兵警察統治の下でも、朝鮮人たちは国内外で独立運動をやめることはありませんでした。国内では、秘密裏に独立運動団体を組織して、宣言文、檄文を発表して独立運動の資金を集めました。義兵活動も継続していました。満州（中国東北地方）と沿海州では、多くの団体が学校を建てて独立軍を育てました。

第一次世界大戦が終わるころ、国際社会で「民族自決」に対する関心が高くなってゆきました。これに力を得た朝鮮の独立運動家たちは、国内外で独立運動に拍車をかけました。

1919年1月ころから、天道教をはじめとする宗教界と学生たちが中心になって、独立運動を準備しました。はじめは別々にすすめられていましたが、2月8日に、日本の東京で朝鮮人留学生たちが独立宣言を行なったのをきっかけにして、一つにまとまりました。朝鮮独立運動家たちは「大衆化、一元化、

■中国東北地域とロシア沿海州の独立運動基地

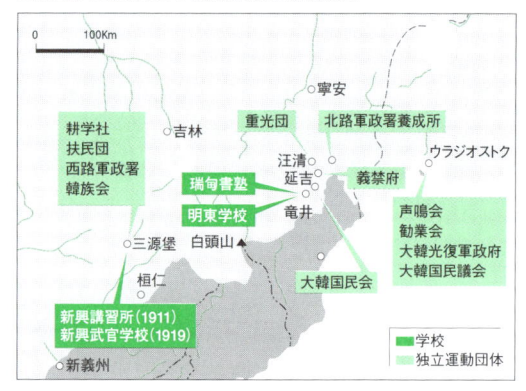

耕学社　扶民団　西路軍政署　韓族会　吉林　重光団　北路軍政署養成所　寧安　汪清　延吉　義禁府　ウラジオストク　瑞甸書塾　明東学校　竜井　声鳴会　勧業会　大韓光復軍政府　大韓国民議会　三源堡　白頭山　桓仁　大韓国民会　新興講習所（1911）　新興武官学校（1919）　新義州　学校　独立運動団体

第Ⅱ章　日本帝国主義の膨張と中韓両国の抵抗

非暴力」を行動綱領とし、民族代表33人の名前でひそかに作られた独立宣言書を、全国主要都市に配布しました。

> 蜂起は昼と夜に起きています。特に数千人が集まってきていて、逮捕するのが一番むずかしい定期市の日が利用されました。全国で学生たちは同盟休校をしました。警察が完全に掌握した地域の学生たちは、学校に戻ってきましたが、しかし大部分は勉強する振りをしているだけです。かなり多くの農夫たちが、種を蒔くのを拒否しました。商人たちは、店の戸を開けろと銃剣で脅されるまで戸を開けるのを拒否しています。
>
> 通信が切られて、どこで何が起こっているのかわかりません。しかし、初めて蜂起が起きてから2カ月が過ぎても、まだ毎日のように捕らえられてくる人がいます。これから推し量れば、山奥の村まで広がっていると見当をつけることができます。(「アメリカ人宣教師の手紙」〈『日帝下独立運動家の書翰集』〉より)

　ついに1919年3月1日、朝鮮人たちはソウルをはじめとして全国の主要都市で独立万歳を叫び始めました。一度火が付いた独立運動は、前ページの地図と上の手紙からもわかるように、主要都市から中小都市へ、さらに農村から山間地域へと広がり、全国で展開されました。これに対し日本は、きびしい弾圧をもってのぞみ、日本の軍隊と警察は、虐殺や逮捕・拷問をほしいままにしました。
　独立運動は、朝鮮の外にも広がっていきました。満州、沿海州、アメリカなどあちこちで朝鮮人が万歳を叫び、日本の蛮行を国際社会に告発しました。

独立運動の新しい転機

　日本は、徹底した弾圧と帝国主義列強の黙認によって、独立運動を鎮圧することに成功しましたが、けっして朝鮮人の独立の意思を曲げることはできませんでした。三・一運動を通して目ざめた朝鮮民衆は、労働・農民・学生運動など多様なかたちの社会運動を展開してゆくことになります。
　国外においては、独立運動を効率的に指導する政府組織の必要性を切実に感じた独立運動家たちが、中国の上海に大韓民国臨時政府を樹立しました。満州と沿海州で活動していた朝鮮の独立軍は、朝鮮内に攻め入って日本軍と戦闘を行ないました。
　また、中国、インドなど植民地支配を受けてきている国々は、三・一運動に大きな関心を示しました。とくに中国の知識人や学生は、朝鮮で起こった三・一運動の情報を伝えながら中国人に反日闘争を訴えました。

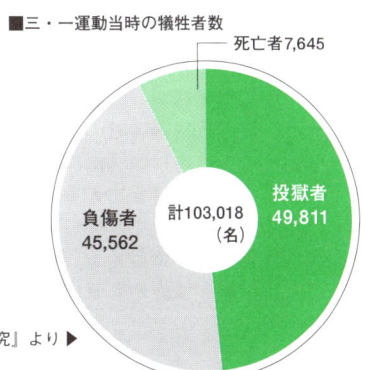

■三・一運動当時の犠牲者数

死亡者 7,645
負傷者 45,562
投獄者 49,811
計 103,018 (名)

朴成寿『独立運動史研究』より▶

第Ⅱ章 3節

独立・抵抗の運動と社会運動
2. 五・四運動

> 1919年の五・四運動は、中国人民の反帝国反封建の愛国民主運動です。同時に「民主と科学」をスローガンにした新文化運動も高揚しました。五・四運動は、どのように発生し、その経過と意義、さらに中国の歴史に与えた影響はどのようなものだったのでしょうか。

日本の中国に対する「21カ条要求」

▲1919年5月4日、北京大学の学生たちは、「外国に対して国権を争い、国内では国賊を懲罰せよ」「山東をかえせ」といったスローガンを叫びながら天安門に集まった。

　1914年夏、第一次世界大戦が起こると、イギリスと同盟関係にあった日本は、この機会に乗じてドイツに宣戦布告し、ドイツが占領していた青島と山東における権益を奪いました。

　翌15年1月、日本は中国に対して、ドイツの山東における権益を引き継ぐ権利および中国の政治、経済、軍事に関する21カ条の要求を突きつけました。大総統であった袁世凱は日本の圧力に屈して、21カ条の要求を基礎とした「南満州および東部内蒙古に関する条約」と「山東に関する条約」などを北京で結びました。この条約によって、日本はドイツの山東における権益を受け継いだだけでなく、鉄道の敷設権や鉱山採掘権、通商港の開港など、多くの権利を獲得しました。

■21カ条の主な内容
一　日本はドイツの山東における権益を引き継ぐ。
二　日本は南満州（現在の中国東北地方南部）および東部内蒙古を長期間租借し、商工業を経営し、鉱山を採掘し、鉄道を敷設する権益を有する。
三　漢冶萍鉄鋼会社の日中共同経営、付近の鉱山は会社以外の採掘を認めない。
四　中国政府は中国沿岸の港湾・島嶼を他国に租借させないことを承認する。
五　中国政府は日本人を政治、軍事、財政などの顧問に招聘する。警察を日中合同とする。日中合弁の兵器工場を創設する。武昌―南昌鉄道やその他の鉄道敷設権を日本に与える。日本は福建省における鉱山採掘、港湾建設、造船所、鉄道敷設の優先権を有する。中国における日本人の布教権を認める。

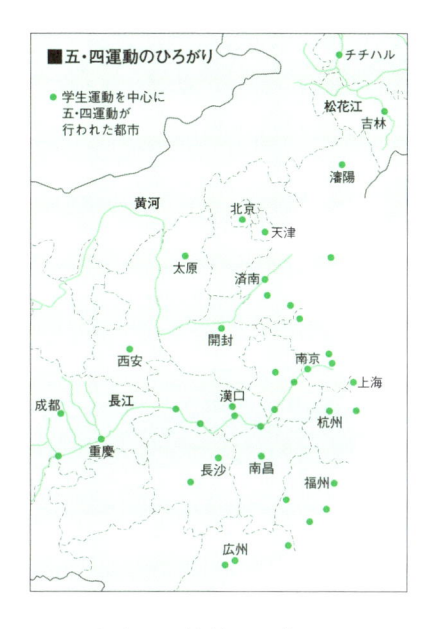

第Ⅱ章　日本帝国主義の膨張と中韓両国の抵抗

五・四運動

中国は1917年8月にドイツに宣戦布告し、協商側（連合国）の一員として参戦しました。大戦の終結後、中国はパリ講和会議に参加すると、戦勝国の立場から列強の中国における特権を取り消して、日本の21カ条の要求を廃棄し、山東におけるドイツの権益を中国に返還するように要求しました。

しかし、イギリス、アメリカ、フランスなどの帝国主義国家は日本に対して妥協し、中国の正当な要求を拒否して、ドイツの山東権益を日本に譲渡する決定をしたのです。

当時、民族独立のうねりは世界に広がっていました。パリ講和会議の決定を知った北京の学生たちは憤激しました。1919年5月4日、3000人以上の学生が天安門前で集会を開き、山東主権の回復と、「山東に関する条約」の調印に関係した3人の親日派官僚の罷免を求め、彼らの邸宅までデモ行進を行ないました。北京の中国政府は、軍隊と警察を出動させてデモを弾圧し、その場にいた学生30人余りを逮捕しました。これに対して翌日、北京の学生たちはさらに大規模なデモを行なって抗議しました。

北京の学生たちの愛国運動の影響は全国に広がり、大都市では学生の愛国運動に呼応して人々が声援を送り、北京政府の暴挙に抗議しました。6月3日には、上海、天津、武漢、青島などの労働者が相次いでストライキを打ち、商店などもストライキに参加するなど、全国民的な民族愛国運動になっていきました。

学生と労働者たちの運動の結果、北京政府は逮捕した学生たちを釈放し、3人の親日派官僚を罷免して、パリ講和会議に参加していた中国代表がベルサイユ条約の調印を拒絶するのを認めました。これが、中国の歴史に大きな影響を与えることになった五・四運動です。

五・四運動の勝利によって、中国人民は民族自立と封建的な社会に反対する声をいっそう強め、中国の民族民主革命は高まりをみせました。同時に「民主」と「科学」をスローガンにした新文化運動が推進されたのです。

■五・四運動で学生たちが叫んだスローガン
・外国に対して国権を争い、国内では国賊を懲罰せよ！
・講和条約の調印を拒否せよ！
・21カ条を廃棄せよ！
・山東を我に還せ！
・命をかけて山東を取り戻せ！

第Ⅱ章 3節

独立・抵抗の運動と社会運動
3. 3国の社会運動

> 資本主義経済の発展にともなって、3国の労働者や農民は失業や貧困などの社会問題に直面しました。そのため人々は、労働運動や農民運動に取り組むようになりました。また、被差別民や女性の解放を求める運動も盛んになりました。3国ではどのような社会運動が展開されたのでしょうか。

労働運動・農民運動の展開

第一次世界大戦期以降、3国では工場、炭鉱・鉱山・鉄道・港湾などで働く労働者の数が増加しました。しかし、労働者たちは、低賃金・長時間労働というきびしい労働条件の下におかれました。

労働者たちは、自分たちの労働条件や権利を向上させるために運動を始めました。職場や地域に労働組合が組織され、それらの全国組織が結成されました。労働者の祭典であるメーデー（5月1日）が、3国の労働者の間に定着していったのもこの時期のことです。

高額の小作料や高利貸からの借金などのために、農民もまた苦しい生活を強いられていました。自分の土地を持たず、地主から農地を借りて耕作する小作農民は、農民組合を結成して集団で地主に対して小作料の引き下げを求めました。

▲広東省の大地主の家に生まれた彭湃（ほう・はい。写真は塑像）は日本の早稲田大学に留学し、1921年に卒業、帰郷したあと農民運動に飛び込み、中国農民革命の先駆者として活躍したが、1929年に国民党政府によって銃殺された。

社会主義政党の結成

労働・農民運動が盛んになるにつれて、社会主義思想の影響力が強まりました。1917年のロシア革命の後、国際的な共産主義運動が盛んになり、3国それぞれに共産党など社会主義政党が結成されていきます。

1921年、上海で中国共産党が結成されました。中国共産党は、国民党との共同戦線によって中国の解放をめざす方針をかかげ、24年には「国共合作」を成立させました。「国共合作」の下で、労働運動・農民運動はよりいっそう活発

になりました。

　1922年には日本共産党が東京で非合法のうちに結成されました。25年の男子「普通選挙」制度の成立を受けて、合法的な無産政党がつくられ議会への進出が試みられました。しかし、1925年に成立した「治安維持法」（→98ページ）による政府の苛烈な弾圧によって大量検挙があいつぎ、新たな戦争への動きが強まる中で完全に沈黙させられてゆきます。

　朝鮮でも、1925年に朝鮮共産党が設立されました。しかし朝鮮総督府の弾圧によって、1928年には組織が瓦解しました。それでも、27年には社会主義者と民族主義者の共同戦線である「新幹会」が結成され、140の支会がつくられるほどに活発な活動を展開しました。

水平社と衡平社

　江戸時代までの日本には、「穢多」と呼ばれる被差別民がいました。朝鮮でも、朝鮮時代には、奴婢とは別に「白丁」と呼ばれる被差別民がいました。日本の場合は明治維新の直後（1871年）に、朝鮮では甲午改革（1894年）によって、制度としての差別は廃止されました。しかし、社会のなかには職業や居住地に関してきびしい差別が残りつづけました。そのため、日本では水平社（1922年）が、朝鮮では衡平社（1923年）が、あいついで結成され、差別をなくすための運動に立ち上がりました。ふたつの組織は、交流と協力を進めましたが、「朝鮮の独立」を共同の課題として掲げるところまでには至りませんでした。

▲1927年、李東煥（イ・ドンファン）は、衡平社の代表として日本を訪れて各地の水平社を訪問した。写真は京都東七条北部水平社で（中列右。部落解放同盟中央本部編『写真記録 全国水平社』解放出版社刊より）。

第Ⅱ章 3節

独立・抵抗の運動と社会運動
4. 関東大震災と朝鮮人・中国人の虐殺

1923年9月1日、日本の関東地方南部でマグニチュード7.9の大地震が起き、木造の住宅だけでなく、鉄筋コンクリートのビルディングも破壊されました。住宅が密集する東京・横浜では、大きな火災が発生し、被災者は約350万人、死者9万人、負傷者10万人、行方不明者4万人を出しました。これを関東大震災といいます。このとき、数多くの朝鮮人と中国人が殺害される事件が起こりました。どうしてこんなことが起こったのでしょうか。

震災・火災以外の多くの犠牲者とは

　地震による混乱のなかで、警察などにより「朝鮮人が暴動を起こした」などのデマが流され、翌9月2日、政府は東京・神奈川に戒厳令をしきました。こうした中で、軍隊、警察や住民がつくった自警団によって多くの朝鮮人が虐殺されました。「在日本関東地方罹災朝鮮同胞慰問班」の調査によれば、その数は約6,000人。そのほか、数百人の中国人も殺害されました。

　また、大杉栄など社会主義者や労働組合の指導者も、彼らの考え方を危険視する軍人や警察によって殺されました。地方出身者で方言を使う日本人のなかにも朝鮮人と間違われて殺された人がいました。語頭に濁音の発音がこない朝鮮語の特徴から、10円50銭をチューエン・コジュッセンと発音するものは朝鮮人だと見なされたためです。

　この朝鮮人・中国人虐殺について、大正デモクラシーの思想家、吉野作造は「世界の舞台に顔向けできないほどの大恥辱」と述べています。

なぜ、朝鮮人・中国人が殺されたのか

　第一次世界大戦中は好景気にわいた日本経済も戦後まもなく恐慌に陥り、社会運動・労働運動が激しくなりました。また植民地では独立運動が盛んになりました。戒厳令を出すよう進言したのは内務大臣水野錬太郎と警視総監赤池濃といわれます。二人は、三・一運動直後の朝鮮で、それぞれ総督府の政務総監、警務局長を務めた経験があります。彼らは震災で混乱に陥っている民衆が社会運動家たちと結びつくことを恐れ、社会主義者や朝鮮人・中国人への民衆のもつ偏見や差別意識を利用し、朝鮮人・中国人をスケープ・ゴートにすることによって人々の不安をすりかえようとしたものと考えられます。

■奇跡的に生き延びた慎昌範さんの証言
　日赤病院からは、1年6カ月ぶりに退院しました。朝鮮に帰ってみると、私の故郷だけでも震災時に12名も虐殺された事が判り、そのうち私の親戚

第Ⅱ章　日本帝国主義の膨張と中韓両国の抵抗

▲関東大震災の混乱の中、河畔での朝鮮人虐殺現場スケッチ（水彩画・河目悌二画〈推定〉）

> だけでも３名も殺されました。（中略）あれだけ惨酷な虐殺にあっても、国がないために抗議一つできませんでした。(『ドキュメント関東大震災』より)

世界はこの事実をどう受け止めたか

　大震災に対してはアメリカ、フランス、中国など41カ国から救援物資や義援金が送られてきましたが、虐殺事件を知ると、世界の世論は日本に対して批判の目を向けました。帝国ホテルに避難していた各国の外交官たちは日本政府に厳重な抗議を申し入れました。

　朝鮮は日本の植民地であったために、朝鮮人虐殺は国内問題として封じ込められましたが、中国人の場合は国際問題となりました。中国政府は中国人虐殺の真相を解明するために北京から日本へ調査団を派遣し、被害者の家族への補償などを要求しましたが、日本政府はこれに応えませんでした。

　1970年代後半から、市民団体が関東各地で朝鮮人・中国人虐殺の調査や遺骨の発掘、追悼などをすすめてきました。しかし事件後80年を経過した今日でも、朝鮮人・中国人虐殺事件について日本政府による公的な調査、謝罪と補償はまだなされていません。

コラム　申采浩(シン・チェホ)（1880〜1936）──歴史研究と革命運動

　申采浩は、朝鮮の有名な歴史学者であり、抗日武装闘争に身を投じた革命家でもありました。もともとは儒学者でしたが、みずから髷(まげ)を切って開化自強を主張しました。新聞に論説を書き、朝鮮人に民族意識を植え付けようと努力しました。朝鮮が日本の植民地になると、ロシアと中国で抗日言論活動と朝鮮古代史研究に力を注ぎました。
　申采浩は、独立運動の方法として外交活動よりも武装闘争が有効であることを主張しました。大韓民国臨時政府に参加した後そこから離れたのも、その主張が受け入れられなかったためでした。1923年、抗日武装団体であった義烈団の依頼により、次のような内容が盛られた「朝鮮革命宣言」を書きました。
　――民衆は我々の革命の中心部である。我々は民衆と手をたずさえて、終わりなき暴力・暗殺・破壊・暴動によって強盗日本の統治を打倒し、不合理な日本帝国主義の制度を改造して、人類が人類を圧迫することなく、社会が社会を収奪することのない、朝鮮を建設しなければならない。
　全身全霊を傾けて書かれたこの宣言文は、民衆一人ひとりが革命の主体であると言っています。そして、日本の支配を打倒するだけでなく、不合理なすべての社会制度をたださなければならないことを宣言しています。
　ゆるぎない強固な姿勢で朝鮮の歴史研究と独立運動を行なった申采浩は、1928年に日本の警察に逮捕され、旅順(りょじゅん)監獄で死亡しました。

▲申采浩

コラム　金子文子（1903〜26）──朝鮮人と連帯し天皇制国家と闘った日本人

　金子文子という人を知っていますか。1923年の関東大震災の際、朝鮮人の朴烈(パクヨル)とともに検束(けんそく)され、皇太子（のちの昭和天皇）を爆弾で殺そうとしたとして「大逆罪」に問われて、死刑判決を受けた女性です。
　文子は横浜で生まれました。家柄を誇る父が「婚外子」（法的な結婚をへないで生まれた子）であった文子の出生届を出さなかったため、正式に小学校に入学できないなどの差別を受けたり、父に捨てられた母の再婚などのため文子の少女時代は不幸でした。9歳の時、朝鮮に住む父方の親戚(しんせき)の養女となりましたが、権威的なその家でひどくいじめられました。三・一独立運動を目撃した時、強者に抵抗する朝鮮の人たちに「他人事とは思えないほど感激した」といいます。

84

16歳で養女を解消されると、実父が勝手に結婚を決めたため、その圧力を逃れて東京で苦学しているときに社会主義・無政府主義などに出会いました。そしてこれまでの体験から「一切の権力を否定し、人間は平等であり自分の意思で生きるべきだ」という思想に到達しました。さらに、さまざまな法律や忠君愛国・女の従順などの道徳は「不平等を人為的に作るもので、人々を支配権力に従属させるためのしかけである。その権力の代表が天皇である」と考えました。

19歳の時、日本帝国主義を倒すことを志す朴烈と同志的な恋愛をして一緒に暮らすようになり、「不逞社」を結成します。朝鮮の独立と天皇制の打倒を志す二人は、爆弾の入手を計画はしますが、実現できないうちに検束されました。

若い二人は、生き延びることよりも、法廷を思想闘争の場にしようと考えて堂々と闘いました。死刑判決後、政府は「恩赦」で無期懲役にしましたが、文子はその書類を破り捨て、3カ月後、獄中で自殺しました。23歳でした。民族や国家を超えて同志として朴烈を愛し、被抑圧者と連帯し、自前の思想をつらぬいた一生でした。
（朴烈は1945年に解放されました。）

▲金子文子と朴烈（『主婦之友』1926年3月号より）

コラム　李大釗（1889～1927）——中国共産党の創始者

李大釗は、中国で最初に共産主義運動をはじめた知識人です。彼は1913年の冬、早稲田大学に留学しました。15年に帰国して反袁世凱運動（→61ページ）に参加しました。1918年、北京大学図書館主任になると、新文化運動に身を投じ、陳独秀とともに『毎週評論』を創刊しました。

ロシア十月革命は、彼の思想に大きな影響を与えました。彼は社会主義への確信を強めると、中国にロシア革命を紹介し、マルクス主義を広めるための論文を発表しました。

李大釗は、新しい文化を社会に浸透させるためには、知識階級が農民や労働者階級と手を結ばなければならないと主張しました。五・四運動（→78ページ）の時、彼は学生のデモを指導しました。

1920年夏、李大釗は共産主義小組（グループ）を結成して中国共産党の創設に加わりました。中国共産党の第二～四次全国代表大会で中央委員に選出され、めざましい活動を続けましたが、1927年4月、奉天系軍閥の張作霖に秘密裏に逮捕され、殺害されてしまいました。

▲李大釗

コラム　布施辰治（1880～1953年）——人権を守る闘いに献身した弁護士

「生きべくんば民衆とともに、死すべくんば民衆のために」
　これは、労働者・農民や革命運動家の人権を守るために終生を闘い抜いた弁護士・布施辰治の座右の銘でした。布施の活動は日本国内に限らず植民地にも及び、朝鮮・台湾の農民運動を支援しました。また、在日朝鮮人の権利を守るための活動にも取り組みました。大逆罪で起訴された在日朝鮮人・朴烈を弁護して、大審院特別法廷で無罪を主張したことはよく知られています。
　朴烈とともに死刑判決を受けた金子文子が獄死すると、布施は、彼女の遺骨を引き取って朝鮮にある朴の故郷の墓地に埋葬する手助けをしました。布施の人間性が溢れ出ているエピソードです（→87ページ）。
　他方で、朝鮮農村を訪れた経験のある彼は、朝鮮社会が直面する矛盾を正確に把握していました。「朝鮮の農業施設が発達すればするほど、朝鮮の貧しい農民はますます生活苦に陥り、ついには、朝鮮にいられなくなる」。こうした鋭い認識を土台として、布施は、朝鮮民衆のために闘ったのでした。
　2004年、布施の活動に対し韓国政府は「建国勲章」を贈りました。独立運動貢献者に贈られるこの勲章を日本人が受けたのは初めてのことでした。

▲布施辰治

コラム　陳鉄軍（1904～1928）——刑場の結婚式

　陳鉄軍（本名陳燮君）は、広東省の華僑の富商の家に生まれ、1925年に広東大学に入学しました。1926年、中国共産党員となり、女性運動に参加、広東女性解放協会の副主席になりました。彼女はいつも普段着の木綿の服を

着て、働く女性の家庭を訪ねては、家事を手伝いながら、女性を解放するための道筋を話し、歓迎されました。

1927年に国民党と共産党が分裂すると、国民党政府は共産党員を逮捕して虐殺しました。彼女は、共産党の広州蜂起の指導者の一人である周文雍と夫婦を装って革命工作を続けました。命

▲陳鉄軍（右）と周文雍の処刑前の写真

の危険を冒しながら仕事を続け、二人にはこのとき愛情が生まれていました。

1928年2月、二人は国民党によって銃殺されました。その直前に彼女は、「私たちは結婚式をこの刑場で挙行する。反動派の銃声が結婚式の祝砲だ」と宣言しました。刑場の結婚式は人々を感動させ、日本の新聞も報道しました。「刑場の結婚式」という中国映画も作られました。

コラム　鄭鍾鳴（チョン・ジョンミョン）（1896～？）——社会運動を通して女性解放を模索する

鄭鍾鳴は、日本支配の時期に活動した朝鮮の代表的な女性運動家であり民族運動家です。貧しい田舎で生まれたものの、熱心に努力し、1906年にソウルに出てきて培花学堂に入学しました。しかし、貧しさのため卒業できませんでした。

1922年に、鄭鍾鳴は、女子苦学生相助会をつくり、社会活動を始めました。自身が苦学生として多くの困難を経験したからでしょう。その後、社会主義的系列の女性団体においても活発に活動しました。とくに1927年、社会主義者たちと民族主義者たちが結成した女性たちの団体・権友会（クヌフェ）の創立を主導して中央執行委員長として活躍しました。

1928年、ある対談で述べた言葉には、彼女の信念がよく表れています。

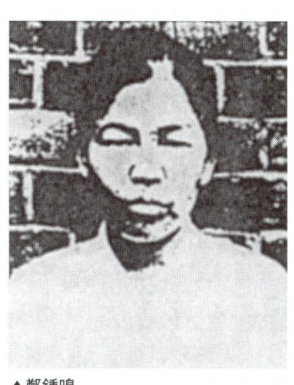

▲鄭鍾鳴

——先に述べたことは当局が許可してお金さえあればできることですが、本当にむずかしい問題は、女性闘士が現れないということです。第一線に立って闘う人々も恋愛するとそれで終わりで、一度結婚したら、その影さえ見えなくなってしまいます。われわれの運動のために一身をささげてもかまわないという覚悟で立ち上がる女性がほとんどいないのです。……われわれの女性運動を男性に依存せず、果敢に戦いぬく美しい犠牲者が、新年にはあふれ出ることを切に望んでいます。
（「朝鮮日報」1928年12月19日付）

第Ⅱ章
4節

変わりゆく社会と文化
1. 朝鮮の社会と文化の変化

> 日本の支配の下で、西洋文化が入ってきて、朝鮮の社会は急速に変わってゆきました。1920〜30年代に、朝鮮の社会と文化がどのように変化を経験したのか、見てゆきましょう。

変わる都市、変わらない農村

■1913年、朝鮮総督府が府に指定した都市

清津
新義州
平壌
元山
南浦
京城（ソウル）
仁川
群山
大邱
馬山
釜山
木浦

　日本の植民地支配の下で、朝鮮の都市の様子は大きく変わりました。都市として発展したところは、日本に米や綿花を輸出する港湾や交通の要所でした。工場が建てられたところや日本軍が駐屯したところも都市に変わってゆきました。とくに、大田、清津、群山、興南などが、野原から都市へと急成長しました。

　左の地図は、1913年に朝鮮総督府が「府」として指定した都市を示したものです。府に指定されると、新たに都市計画がつくられ、道路が整備され、医療・衛生施設が拡充されました。当然、都市に住む人々は多くの恩恵を受けました。問題なのは、府として指定される、その基準です。それは、全体の人口数ではなく、日本人がどれぐらい住んでいるのかによって決定されたのです。

　都市の様子は変わっても、農村は大きく変化することはありませんでした。自分の耕地を所有できない農民は、暮らしがいっそうきびしくなりました。たとえば、1930年代、38戸が住むある集落では、自分の土地を持っている農家は1戸だけで、食事の心配をしないですんでいる家は3戸だけでした。多くの子どもたちは、靴もはかずに裸足で遊んでいました。

　農業で仕事を得られないときには、農民たちは近くの工事現場や鉱山などで日雇い労働をするほかありませんでした。しかし、働く場所を得ることは難しいことでした。どうすることもできない農民たちは故郷を捨てて都市に集まり

第Ⅱ章　日本帝国主義の膨張と中韓両国の抵抗

ました。彼らは、街はずれや川岸に掘っ立て小屋（土幕）を作って、日々をやりくりしながら生きていくしかなかったのです。

見違えるほどに変わるソウル

▲農村から出てきた人たちが街はずれに住んだ掘っ立て小屋

　都市の中でもっとも栄えたのは、ソウルでした。ソウルの人口は1920年代から大幅に増えてゆきました。農民たちが集まってきたためと、日本人人口が急激に増えたためでした。

　ソウルのあちこちには新しい建物が建ち並び、人々が多く集まる都心地のところどころが商業地域としてさかえました。下の写真は、商業の中心地であったジンコゲ（泥峴）の姿です。「本町（ホンマチ）」という商店通りの名前がみえます。その先には、百貨店、洋服店、カメラ店など西洋の品々を売る日本人の商店が列をなして建っていました。日本人商人は、ソウルのあちこちで朝鮮人商人に対して優位にたっていました。本町の向こう側の鍾路(チョンノ)商人をはじめとする朝鮮人商人たちは、日本人商人と激しく競いあいました。

　自動車は、1903年に王室用として初めて導入されました。1920年代になると、台数が200台近くに増えましたが、一般の人はだれも所有することができませんでした。風を切って疾走する高価な自動車を運転する運転手は月給が高く、一番の結婚相手でした。1928年にはじめて登場した営業用タクシーは、3年ほどの間に700～800台に増えました。

　電車は、人々が最も多く利用する交通手段となりました。線路も複線となり、大きさも100名以上が乗ることのできる大型のものに変わりました。1920年代になると、小型バスが運行されるようになりました。電車が通っていないところに路線が拡張され、タクシーよりもずっと安いために、やがて第2の交通手段となりました。

▲1920年代のジンコゲ

人気を集めた映画と大衆歌謡

　西洋文化も本格的に入って来て、急速に広がってゆきました。1920年代になると、大衆文化が形成され始めます。はじめ、映画は無声映画でした。俳優は

演技だけをして、弁士とよばれる人が劇場で映画を見ながら台詞を読みました。演技に劣らず、弁士の話し振りも興行の成績を決定しました。

左の写真は、1926年に上映された「アリラン」という映画の出演者たちです。真ん中にいる人物は、この映画を作り、主演をした有名な羅雲奎です。「アリラン」は、農村での愛情と社会的な葛藤を素材とした映画です。主題歌の「アリラン」は、朝鮮人が一番楽しんで歌う歌の曲名

▲映画「アリラン」の出演陣。中央で子どもを抱いている人物が羅雲奎。

でもありました。歌に込められた情緒を映画のなかに溶け込ませたことで、植民地支配の下にあった朝鮮人の爆発的な人気を集めました。

1920年代には、大衆歌謡も流行し始めました。日本の演歌の影響を受けて、大衆歌曲が流行しました。西洋音楽の影響を受けた歌や朝鮮民族の情緒を込めた民謡風の歌も歌われました。歌の主題は、男女の間の愛と別れ、苦しい生活と放浪の悲しみなどでした。日本の支配の下で、抵抗の歌を歌うことができなかったからでした。大衆歌謡が人気を集めることで、1930年代には専門的なレコード会社も生まれました。

映画や大衆歌謡が人気を集めて大衆を対象にした娯楽産業も拡大してゆきました。都市には西欧的な酒場が増えてゆき、ダンスホールも生まれました。一方、朝鮮の伝統的な美風良俗を害するという批判も起こりました。

小説が大衆化し、漫画が人気に

1920年代に入ると、人間の個性や社会現実を写実的に描いた近代小説が広く普及していきました。活字と印刷術の発達によって本が大量に普及したことで、小説が大衆化したのです。「春香伝」※のような朝鮮王朝時代の物語が改作されて文庫本として出版されました。これらの小説は、表紙が子どものメンコのように色とりどりであったので、「メンコ本」と呼ばれました。メンコ本は、1920年代に数多く出版されましたが、値段が安くて持ち歩くのに便利だった

▶ 1929年、ソウルで開催された朝鮮博覧会のポスター

第Ⅱ章　日本帝国主義の膨張と中韓両国の抵抗

こともあり、広く読まれました。

　漫画も絵の新しいジャンルとしての地位を獲得しました。新聞や子供雑誌にも短編・長編の漫画が掲載されて人気を博しました。

　ポスターや絵葉書も登場しました。とくに左ページ下の写真にあるように、朝鮮総督府の統治と施策、行事などを広報するための手段として、絵葉書やポスターはしばしば利用されました。

女性よ、ヘアースタイルを変えよう

　開港する前、少女はおさげ髪で、成人の女性はまげを結(ゆ)っていました。ヘアースタイルは、女性が学校に通い、社会活動を活発に行なうようになるにつれて変わり始めました。はじめは、おさげの長さを短くして一つのおさげを二つに変えたり、かんざしの代わりに網(あみ)をかぶせたりピンで留めたりする程度でした。

　1930年代になると、短髪が流行しました。ヘアースタイルの変化は、単純な流行ではありませんでした。新しいヘアースタイルは、新女性の象徴であり、女性解放の象徴でした。

▲おさげ髪。五分分けにして三つ編みし、一つに束ねる。先をリボンで結び、腰のあたりまで垂らす。

▲髷(まげ)。五分分けにして後ろで束ねてかんざしをさす。

　現在、あなたが短髪にしているのは、何千年もの間あなたが縛(ば)り付けられていた"ハーレム"に永久に別れを告げて、青い空の下に出てきたという標識だ。品よく結われたおさげ髪、それは品性あるものには違いないものの、そこにはこの時代から取り残された封建時代の夢が漂っている。(『東光』1932年9月号)

▲短髪の舞踊家・崔承喜（チェスンヒ）

※「春香伝」：農民を痛めつけ横暴の限りをつくす好色な地方長官の誘いをはねつけ、牢にとじこめられながらも恋人への愛をつらぬいた女性・春香の物語。朝鮮時代、18世紀に広まった。

第Ⅱ章 4節

変わりゆく社会と文化
2. 中国の社会と文化の変化

> 辛亥革命から1930年代にいたるまで、中華民国政府の成立にともなって一連の社会改革や建設が進められた結果、中国の社会や文化、人々の生活に大きな変化がもたらされました。伝統社会から近代社会へ、どのような転換があったのでしょうか。

商工業の発展と都市の成長

　中華民国が建国されると、多くの人々が「実業を振興して国を救う」という意気と志を抱き、商工業を興そうとする動きが高まりました。1912年から1927年の15年間に、中国の商人や民間で創立した資本金1万元以上の工業や鉱業の企業は2000社にのぼり、業種は種々にわたりました。1932年には、全国の鉱工業、交通運輸などの企業で働く労働者が150万人に達しました。全国13省の91の都市では、初期的な近代的商工業の仕組みがつくられ、工場主や商人などの資本家と労働者という新しい社会階級が生まれました。

▲1908年3月、上海に最初の電車が開通した。

　都市は、商工業の集中する場所となり、その発展にともなって、都市の数や規模も大きくなっていきました。また、大量の農村人口が都市へと流入するようになり、1932年の統計では、都市の住宅数は全国の総戸数の27％に達しました。商工業の発展が急激だった上海などでは、人口が爆発的に膨張し、1927年には264万人になりました。商工業が繁栄し、人口が激増するにつれて、文化事業や娯楽も盛んになり、市民生活はさらに豊かになりました。上海は、全国の商工業の中心であるとともに、全国の文化や娯楽の中心ともなりました。上海は、国民にとって、現代、繁栄、富、享楽、洋風、先進文明の象徴だったのです。

教育の改革と初等教育の普及

　中華民国政府が成立してから、教育を国の基本とする原則が実行され、教育改革に力が注がれました。ヨーロッパ留学から帰国したばかりの蔡元培が教育総長に任命され、教育改革のための法令を次々と発布しました。1912年9月に

発布した「学校系統令」では、初等小学校を4年間と規定して義務教育としました。こうして、教育を普及させる近代教育の原則が確立したのです。

1916年には、全国の各種学校の総数はすでに12万校に達し、在校生は400万人を数えました。1930年になると、約28万校、在学生数1150万人になりました。初等教育の普及によって、多くの児童が新しい学校に入学し、近代教育を受けるようになりました。これは、後に社会文化を打ち立てる人材の基礎となりました。

海外留学は有用な人材を短い間に育てることができる方法だったので、中華民国政府は留学を奨励する政策を実施しました。清末には日本への留学熱が高まりましたが(→45ページ)、第一次世界大戦後はアメリカとヨーロッパへの留学熱が生まれました。何万という志をもった有能な青年たちが欧米へ赴き、西洋の進んだ技術や文化、知識を学びました。修士号や博士号の学位を取得した人も少なくありませんでした。彼らの中から、中国社会の改革と建設をになった重要な人材——周恩来や鄧小平のような社会革命家、李四光や丁文江のような科学者、胡適のような文学者など、傑出した人たちが輩出したのです。帰国した留学生は有望な人材として社会から大切にされ、青年たちの崇拝を集め、うらやまれました。

文化事業の発展

中華民国の初期、全国の新聞社は500社余りになっていました。中華書局などの出版社は、数万点を数える文芸や科学技術、社会科学の本を出版していました。1920年代末には、中国科学社、中華医学会、中華教育改革会、中華自然科学社、中央研究院などの研究機関が成立して、出版物を発行するとともに、国内外の学術の交流や協力に参加しました。

▲1930年、最初のトーキー映画『女性歌手 紅牡丹』ができる。その映画のスチール写真。

1920年代には、全国にすでに175の映画会社があり、1930年には初めてのトーキー映画が制作されました。また教育部は1912年7月、北京の国子監(旧時代の最高学府)の跡地に国立歴史博物館を創設しました。教育部が行なった1916年の調査によれば、各省・市の図書館はすでに23ヵ所に達していました。

大衆向けの文化事業は、新しい文化や知識を社会に広めるとともに、人々の文化生活を豊かにしました。各階層の人々が新しい知識や文化、娯楽を手に入れる機会が多くなると、民衆の文化や教養のレベルも向上していきました。

女性の地位の向上

中国の女性は、昔から「三従四徳（三従は、生まれたら父に、嫁いだら夫に、夫が死んだら息子に従うという生き方。四徳は女性らしいマナー、言葉、容姿、奉仕の仕方）」という女性の道徳にしばられてきました。社会のなかで男性と同等の権利はなく、結婚の自由もなく、さらに纏足（女性の足を幼時から縛って成長を止めるならわし）など身体の一部を奇形にする風習に耐えなければなりませんでした。

▲フランスに勤工倹学（働きながら学ぶ）留学の中国人女子学生がモンティニーでフランス人女性教師と撮った写真（1920年）

しかし中華民国が成立すると、男女平等の考え方が確立するようになりました。臨時政府は、纏足の悪習を禁止する命令を公布し、女性の結婚の自由、離婚と再婚の承認を提唱しました。女性の就職、進学、社交などについても、自由が認められるようになりました。

都市の女の子たちは、小、中学校に進学して勉強できるようになりました。女子師範学校のように女子学生を専門に入学させる高等教育の学校も設立されました。北京大学も1920年から女子学生の聴講を認めるようになりました。一人で家を離れ、男子学生とともに遠く欧米に留学する女子学生もいました。

学校を出た女性たちは、男性が独占していた職業に進出するようになりました。学校には女性教師、病院には女性看護士、新聞社には女性記者、劇団には女性俳優、といったようにです。女性の社交範囲も広がり、男女交際ももはや不道徳とは見られなくなって、女性の意識と社会の風潮も大きく変わりました。

女性たちは積極的に社会活動に関わるようになり、新聞の発行、演説会活動などを通じて、社会改革や女性解放などのさまざまな問題についての考え方を発表するようになりました。女子師範学校の学生が五・四運動（→79ページ）に参加したように、男性とともに社会運動に参加することもありました。

女性が教育を受け、社会の舞台に登場するようになり、長い間抑圧されてきた心と身体が解き放たれ、彼女たちの聡明な才能が発揮されるようになりました。知識人女性は、女性解放のさきがけとなったのです。

社会風俗の変化

中華民国の成立後、政府は一連の古い風俗習慣を改める政策を実施して社会風俗を一新させました。まず国民に、満州王朝の臣民であることを象徴する辮

髪（→11ページ）を切り落とすように命じました。清朝の官僚服スタイルを廃止して新しい服装スタイルを取り入れ、公務員は西洋式に改良された制服を着るようにしました。太陽暦に改めることを公布し、新しい社会にふさわしい祭日を定めました。纏足の禁止、賭博の禁止、アヘンの取り締まりなど因習の排除に努めました。人身売買の禁止、拷問と体罰刑の廃止など、人権を保護する政策も実施されました。

　礼儀の習慣も、清朝の社会のように跪いて頭を下げるやり方から、お辞儀へと改められました。都市の結婚式や葬式も簡略化され、結婚式では新しい儀式が取り入れられ、葬式には花輪や造花が多く使われるようになりました。知識階級の間では、相手の呼び方が「大人」「旦那さま」から「先生」「君」に変わりました。

　新しい事業が発展するにつれて、人々は、新聞記者、医者、作家、教師、弁護士、出版者、商工業者、軍人など多くの新しい職業を選べるようになりました。劇場や公園、遊園地などの娯楽施設も増え、人々の文化活動、レジャー活動も豊富で多様になりました。

▲辛亥革命後、辮髪を切っている街頭の風景

新文化運動の高まり

　中華民国の成立後も、人々の思想や観念のなかには封建思想や伝統的な思想がまだ根強く残っており、いっそうの社会改革を進めるうえで大きな障害となっていました。早くにそのことを自覚した陳独秀、李大釗、魯迅、胡適らは、儒教（→14ページ）を中心とする封建的な伝統文化を批判して、新しい近代文化の創造をめざす新文化運動を起こしました。

　陳独秀は、1915年9月に『青年雑誌』（後に『新青年』と改題）を創刊し、「民主」と「科学」のスローガンを掲げました。蔡元培は1916年12月に北京大学の学長に就任し、「思想の自由」「兼容並包（多くの学説を兼ね包容する）」という教育方針を定めて改革を進めたので、北京大学はたちまち新文化運動の中心的な発信地になりました。

　進歩的な思想と社会変革への情熱を抱いた知識人、青年たちは新文化運動に参加して、次々と新聞を刊行し、文章を発表して、古い封建文化に立ち向かいました。人間性を抑圧してきた古い儒教道徳を批判し、人の才能を破壊してきた官僚社会、身分社会の本質を暴き、民主・自由・平等・科学などの新しい思想をさかんに主張しました。新しい思想は新聞や書籍、街頭演説など、さまざまな方法で全国各地に伝わり、全国の青年はその影響を受け、心をゆり動かされました。

第Ⅱ章 4節

変わりゆく社会と文化
3. 日本の社会と文化の変化

> 第一次世界大戦の時期、日本では急激に産業化がすすみ、都市が成長して一部の労働者や給与生活者（サラリーマン）の生活水準も向上しました。大衆社会、大衆文化の到来といわれたこの時代の変化を見てみましょう。

都市化の進行と大都市の形成

　日露戦争と第一次世界大戦を通じて、日本の工業生産額は重化学工業を中心に急激に増大し、農業生産額を上まわるようになりました。この間、人口は都市へと集中し、東京・大阪など大都市の居住者が急増したほか、1万人以上の都市に住む人の割合も、全人口の約3分の1を占めるまでになりました。

　大都市では、電気・ガス・水道・下水道などの供給が広がりました。電車やバスの路線が増加するにつれて、交通の要所にはデパートや商店街、娯楽場などが建ち並びました。職場と住居の分離が進み、外食の習慣が広がったのもこのころです。食堂では、カレーライスやトンカツなどの新しいメニューが人気を集めました。

　さらに1920年代に入ると、民間鉄道会社が都心から延びる郊外電車線を次々に敷設するとともに、その沿線の宅地開発を行なうようになりました。産業化にともなう都市の生活環境の悪化から逃れて、所得水準の比較的高い人々が郊外へ移り住みました。東京では、関東大震災がこの傾向に拍車をかけました。こうして、郊外に住み都心の会社に電車で通勤するという現代日本の都市生活の様相がこの時期につくられたのです。

中等・高等教育の拡大

　義務教育だった初等教育では、1910年ごろに就学率はほぼ100％に達しました。中等・高等教育に進学できる学生の比率はまだ低い水準にとどまっていましたが、中等教育の学校の在学者数は確実に増加していきました。

　男子中等教育の主流が高等教育へ

▲東京・国立市の都市計画図。駅と広場を中心に、整然と道路が引かれ、規則的に配置された宅地が分譲された。こうした郊外住宅地では近代的な生活様式が重視された。

の進学を前提とするものであったのに対して、女子中等教育は、家庭生活に必要な知識と技能の習得に重点がおかれました。そこでは、夫をささえる良い妻、子どもを教育できる賢い母親、すなわち「良妻賢母」が理想像とされました。高等学校以上の高等教育機関の在学者数も増加していきますが、女子は少数にとどまりました。

中等・高等教育の拡大にともない、教養を尊ぶ風潮が地方都市や農村にも広がりました。一方、1925年からは、中等学校以上の学校には陸軍の現役将校が配属され、軍事教練が課せられることになりました。この後、学校教育の軍国主義化が少しずつ強化されていきました。

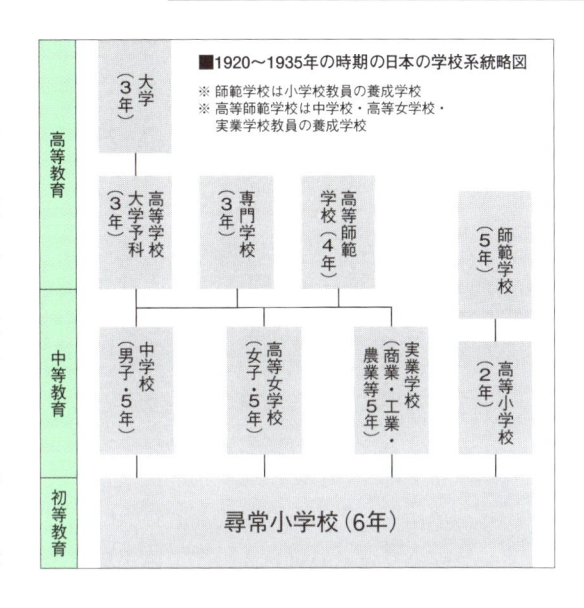

■1920～1935年の時期の日本の学校系統略図
※ 師範学校は小学校教員の養成学校
※ 高等師範学校は中学校・高等女学校・実業学校教員の養成学校

高等教育：大学（3年）、大学予科（3年）、高等学校、専門学校（3年）、高等師範学校（4年）、師範学校（5年）
中等教育：中学校（男子・5年）、高等女学校（女子・5年）、実業学校（商業・工業・農業等5年）、高等小学校（2年）
初等教育：尋常小学校（6年）

大衆文化の隆盛

教育の普及によって、文化に対する人々の関心が高まり、文化は幅広い大衆のものとなってゆきました。新聞の購読者数が飛躍的に増え、月刊誌や週刊誌など、知識層や大衆向けの雑誌が次々と創刊されました。子ども向けの雑誌も刊行されて、童話や童謡の名作が生まれるようになったのもこのころです。

労働者や給与生活者の労働条件が少しずつ改善されて余暇が生まれると、映画（当時は活動写真といった）や演劇などが大衆的な娯楽として人気を集めるようになりました。映画では、欧米の映画だけでなく、国産の映画も数多く作られ、上映されました。1925年には、東京でラジオ放送が始まりました。

▲1918年に創刊された童話と童謡の創作雑誌『赤い鳥』

新聞や雑誌などの購読を通じて、人々の間に、個人の自覚と人格尊重の気運がはぐくまれました。労働者や農民、女性など、それまで社会の周辺におかれ

てきた人々も活発に声を上げるようになりました。参政権を獲得するための運動も広がり、1925年にはそれまでの納税額による制限を撤廃して、男子だけではありましたが25歳以上にすべて選挙権を認めるという「普通選挙」制度が成立しました。

1910〜20年代のこのような比較的自由な政治的雰囲気は、当時の年号が「大正」だったので、「大正デモクラシー」と呼ばれています。しかし、1925年、「国体の変革（天皇制打倒）」と社会主義をめざす組織と運動を取り締まる「治安維持法」が制定されました。取り締まりの対象は、共産主義者からしだいに自由主義者、宗教者へと広げられ、日本の戦争政策に批判的な思想と運動に対する弾圧法として猛威をふるうことになります。

新しい女性の登場

1918年、第一次世界大戦直後の好況にともなうインフレと、シベリア出兵を見越しての米の買い占めで米価が暴騰し、低所得階層の人々の日常生活を直撃しました。その夏、富山県の漁村に住む女性たちが港に集まって米の積み出しを阻止する事件が起こり、それをきっかけに「米騒動」が全国に広がりました。「騒動」は、各地で軍隊までが出動して、ようやくおさえられました。

この後、さまざまな分野で民衆の運動が活気づきますが、「米騒動」と同様、それらの運動においても女性が積極的な役割を果たしました。

これより先、すでに1910年代に男尊女卑の社会を変えようとする平塚らいてう（→100ページ）ら「新しい女」が登場しています。20年、平塚と市川房枝たちは「新婦人協会」を設立して、政治演説会への参加や政党加入の権利を要求し、22年に前者の権利だけは勝ち取ることができました。その後、悲願の婦人参政権獲得の運動が続けられました（女性の参政権は第二次大戦後の1945年にようやく実現）。そのほか、国家公認による売春制度をなくすための廃娼運動、社会主義運動、労働争議・小作争議などで活躍する女性たちも現れました。

■女性の政治的権利に反対する当時の意見の一つ
「女は生理的に男に劣り、わが国の家族制度の美風を破壊する欧州かぶれの悪案」（貴族院・井田磐楠の「婦人公民権法案」反対意見［1931年2月］）

都市では、核家族が増加し、労働者やサラリーマンを夫にもつ専業の「主婦」が登場しました。他方で、働く女性の職業は、紡績女工、看護婦、教員など19世紀末ごろまでにすでに成立していた職業のほかに、電話交換手、バス車掌、タイピスト、速記者、店員、記者、アナウンサー、医師など多様な領域に新たに広がりました。彼女たちは、「職業婦人」と呼ばれて生き生きと働きました。

低賃金で、多くの場合は結婚退職制がありましたが、自分自身の収入を持つことは、やがて男尊女卑の「家族制度」を弱めていく要因になりました。

西洋映画の中から抜け出たような洋装・短髪の"モダン・ガール"（モガ）も登場しました。

農村の生活

農村部では、過酷な小作制度の下で（収穫の半分が小作料として取られた）、農民は依然として貧困にあえいでいました。それでも、都市の新しい文化や思想が農村にも及ぶにつれて、農民たちは小作争議や協同組合運動などの社会運動とともに、教育や芸術などの文化運動を各地で展開するようになりました。

▲大阪市バスのバスガールたち。女性が進出した代表的な職業の一つだった。職業婦人でもまだ和服が多かった。

渋谷定輔（1905〜89年）は、東京近郊の貧しい農家の長男に生まれました。高等小学校卒業後、学問を志して上京しましたが家族の反対にあって帰村。その後、農業のかたわら農民運動家として活躍しました。1926年の日記には、次のような記述があります。農村青年の心は、都市文化への憧れと農村に留まって健全な生活を作り上げようという意志との間で揺れ動いていたのでした。

> 理論のうえでは健康な農村の娘の美を認めながら、銀座（東京の代表的な繁華街）を行く文明婦人の美しさを見ていると、気分のうえでは否定し難いものが都市文明にはあるのではないか…（渋谷定輔『農民哀史』より）

農民たちの取り組みにもかかわらず、都市と農村の経済的・文化的な格差は解消されませんでした。むしろ、1920年代末以降の経済不況により、農村は極度に窮乏していきました。農村不況の打破は、中国大陸への侵出をめざす日本軍のスローガンのひとつとなりました。

▲世界恐慌に冷害の追い打ちで農村の窮乏化は底なしにすすんだ。薄い粥（かゆ）の中に木の実、草の芽を入れて食べる東北地方の農民の食事（1931年12月、青森県で）。

> **コラム**　女性の社会進出

西洋の文物が入って来て普及するにつれ、東アジアの女性たちの生活も変わっていきました。家庭の中だけで暮らしてきたこれまでの女性とは異なり、活発な社会活動を通じてさまざま分野で頭角を現わす女性が現われました。彼女たちは、女性に対する差別を無くし、社会的地位を高めるために努力しました。

羅蕙錫（ナ・ヘソク）（1896〜1948）──朝鮮最初のフェミニスト

羅蕙錫は、朝鮮人最初の女性画家として嘱望された新女性でした。彼女は「賢い母親、よい妻」であることを拒否しました。賢母良妻は、「男のために手なずけられた女」の姿であると考えたからでした。

1920年、結婚を申し込まれた羅蕙錫は、結婚の条件を公開的に掲げて、社会を驚かせました。その条件は三つありました。1）一生をかけて自分を愛すること、2）絵を描くことを邪魔しないこと、3）姑および前妻が生んだ娘と離れて自分と二人だけで暮らすこと。これらの条件が受け入れられると、羅蕙錫は結婚を承諾しました。

この後、羅蕙錫はソウルで油絵の個展を開き、1927年に世界一周旅行をして、帰ると、日本に行って公募展で入賞したりもしました。2年後、夫と離婚しましたが、ずっと絵を描き続け、朝鮮美術展覧会に5回連続して入賞しました。彼女は、伝統的な社会慣習を拒否して、強い意志をもって社会生活をしたということができます。ただし、女性の啓蒙と社会的地位向上のための努力をしたとはいえませんでした。

▲羅蕙錫自画像

平塚らいてう（ちょう）（1886〜1971）──平和運動の先頭に立った新女性

平塚らいてうは日本の新女性を代表する人です。1911年、日本で最初に女性たちが作った女性雑誌『青鞜（せいとう）』を発刊しました。ここで平塚は、「元始、女性は太陽だった」という言葉に象徴される女性解放宣言を発表して世の中を驚かせました。このことで平塚は、さまざまな社会的非難を受けましたが、けっして屈服することはありませんでした。

彼女は、母性保護運動、婦人参政権運動など女性の社会的地位を高めるための社会運動を活発に行ないました。また年下の男性と"愛の共同生活"に

第Ⅱ章　日本帝国主義の膨張と中韓両国の抵抗

◀平塚らいてう

入って、女性を押さえつける既存の社会制度と慣習を拒否するという信念を行動によって示しました。

アジア太平洋戦争が終わった後には、戦争に反対できなかったという反省から、一貫して反戦平和と女性の運動に力を傾けました。日本の新憲法が高くかかげた反戦平和の精神に共感した彼女は、核兵器の廃止を主張して、日本国内はもちろん国際的にも平和運動を指導しました。

何香凝（1878〜1972）――女性画家であり革命活動家だった

何香凝は、中国現代史において代表的な女性革命活動家です。1902年、何香凝は画家になるための夢を抱いて日本に留学しました。やがて、社会の改革と女性問題に関心を持つようになり、孫文が率いた中国革命同盟会に加入しました。女性が同盟会に加入するのは、彼女が初めてでしたが、だれよりも熱心に活動を行ないました。

辛亥革命が起こると、中国に帰国した何香凝は、国民党の中央執行委員および女性部長に任命され、革命運動と女性運動に力を傾けました。この間、国民党左派の指導者であった夫の廖仲愷が国民党右派によって1925年に暗殺されるという悲劇に遭いました。1927年に蒋介石がクーデターを起こすと、彼女はすべての地位を捨てて引退しました。

絵を描いて売りながら生活した彼女は、第二次世界大戦が終わると再び革命活動に飛び込みました。中華人民共和国が成立した後には重要な職責を引き受けて活動しました。とくに、中国婦女連合会の名誉主席と中国美術家協議会主席を引き受けて、文化運動に力をつくし、絵を描く活動も続けて詩画集を出版したりしました。

息子の廖承志は、中華人民共和国の共産党中央政治委員、中日友好協会会長として日中国交回復の実現に努力しました。

1909年の何香凝。夫の廖仲愷と息子・廖承志、▶
娘・廖夢醒と東京で記念撮影。

101

第Ⅱ章 《まとめ》

　第Ⅱ章では日本の侵略とそれに対する朝鮮人と中国人の抵抗を学びました。3国が近代化してゆく様子も知りました。ここでは、大きく次の4つの事実を明らかにしました。

（1）日本は、日清戦争と日露戦争の後、どのような過程を通じて東アジアに膨張(ぼうちょう)していったのでしょうか。日本は軍隊を先頭にして台湾と朝鮮を植民地化し、中国大陸に勢力を拡大しました。

（2）日本は、1910～20年代に朝鮮をどのように支配したのでしょうか。日本は、1910年代に憲兵警察統治という強圧的な支配政策を実施しました。それに対して朝鮮人が抵抗すると、1920年代に入って文化政治という名の下に民族分断政策を実施しました。

（3）朝鮮人と中国人は日本の支配に対してどのように抵抗したのでしょうか。1919年、朝鮮では三・一運動、中国では五・四運動が全国的に起こって日本の侵略に抵抗しました。以後、朝鮮と中国では民族主義運動や社会主義運動など多様な抗日運動が展開されました。日本でもこの時期、社会運動が広範囲に展開されました。

（4）朝鮮・中国・日本の社会は近代化の過程でどのように変わっていったのでしょうか。中国では辛亥(しんがい)革命以後から、日本では第一次世界大戦と前後する時期から、朝鮮では三・一運動以後、社会の多くの方面で以前とは違う新しい社会・文化現象が急速に広がりました。とくに女性たちの思考様式と社会生活には大きな変化がありました。

　このように、日本の東アジアへの膨張は東アジアの秩序を塗(ぬ)り替えました。しかし、日本の膨張政策はこれで終わりませんでした。日本は1931年に中国の満州（東北地方）を侵略し、さらに華北地域など侵略地域をいっそう拡大してゆきました。日本人のみならず植民地と占領地の多くの人々が戦争に動員されました。次の第Ⅲ章ではこれらのことを詳(くわ)しく見てゆきましょう。

第Ⅲ章　侵略戦争と民衆の被害

　日本は満州事変を引き起こして満州（中国東北地方）を占領し、1937年には中国への全面侵略戦争を開始、1941年にはアジア太平洋戦争へと拡大させました。日本は足かけ15年にわたり、東アジア近代史において最も大規模な侵略戦争を行なったのです。

　日本が起こした侵略戦争の重要な特徴は、日本の軍事力や経済力および人力のすべてを動員して行なわれた、いわゆる「総力戦」であったことです。

　日本は、朝鮮や台湾などの植民地や中国および東南アジアなどの占領地から資源やエネルギー、労働力から軍事力までを根こそぎ動員して戦争に利用し、これらの地域を侵略戦争を支える基地にしました。そのため、日本は世界反ファシズム勢力の主要な敵国の一つとなりました。

　日本はまた、総力戦を実施するため、日本国民に対する統制を強めて侵略戦争に動員し、国民に苦難を与えました。

　さらに、拡大する侵略戦争の基地にするために植民地の統治を強化し、朝鮮と台湾の人々にいっそうの苦難を与えました。日本は、満州などの占領地で傀儡政権を育成すると、全力で抗日民衆を鎮圧しようとしました。

　日本軍は、抗日戦争をつづける中国政府と民衆に対して、無差別爆撃や三光作戦の実施、戦時国際法で禁止された細菌兵器や化学兵器の使用、労働者の強制連行や日本軍「慰安婦」の強制など、一連の戦争犯罪を行ないました。

　しかし、東アジアの人々は、屈服することなく、組織的な抵抗を行ない、民族の解放と独立をめざして反侵略戦争に立ち上がりました。中国は、厳しい条件下にありながらも抗日戦争を継続し、世界反ファシズム戦争の重要な一部をになったのです。

第Ⅲ章 1節

日本の中国東北地方への侵略
1. 満州事変

> 1931年、日本が満州事変を起こして満州（中国東北地方）を占領したのは、中国全面侵略戦争の前奏となりました。満州事変は、どのような状況下で、どのようにして起こったのでしょうか。

満州事変以前の満州

　日露戦争後、日本は資源の豊富な満州を自分たちの「生命線（国がなりたつために絶対に確保しなければならない地域）」と見なすようになり、1927年6月に開かれた東方会議で「対支政策綱領」を定め、満州を中国本土から分離する強硬方針を決定しました。

　この頃、国民革命軍による北伐（国民革命軍が広東から北上して、国民政府による中国統一をめざした革命運動）が大きく発展し、その影響が華北地方まで達すると、日本はそれが満州に及ぶことを恐れ、急いで分離計画を実行しようとしました。

　1928年6月4日、日本の関東軍高級参謀・河本大作は、瀋陽付近の皇姑屯において、当時、満州を支配していた奉天系軍閥の首領・張作霖を爆殺し、混乱に乗じて日本軍を動かして満州を占領しようと企てました。しかし日本の満州分離計画は失敗に終わりました。父の跡を継いだ張学良が、蔣介石の率いる中国国民政府による統一を受け入れ、その配下に入ると宣言したためです。

　張学良は鉄道の敷設、港湾の建設と拡張、貨幣の統一など中国東北地方の建設をすすめ、日本の満州支配政策に対抗しました。日本は、国民政府の支持を受けた張学良が強大化することを恐れて、彼に対して圧力を加えると同時に、秘密裏に満州占領計画を進めました。

　関東軍は、ひそかに偵察を行なって情報を集め、満州を武力で占領、併呑する計画を策定します。そして再び軍事行動の口実をつくろうとしました。

■東方会議「対支政策綱領」――万一、動乱が満州・蒙古に波及し、治安が乱れて同地方における日本の地位と権益が侵害される恐れがあれば、それらがどの方面から来ようとも、防ぎ守らなくてはならない……機会を逃さないで適当な措置をとる覚悟が必要である。（要約）

満州事変とリットン調査団

　1931年9月18日の夜、関東軍高級参謀の板垣征四郎や石原莞爾らは、瀋陽の柳条湖付近で南満州鉄道の線路を爆破し、それを中国東北軍（張学良軍）の仕業であるとして、近くにあった中国軍の兵営を襲撃しました。続いて戦闘を拡大し、鉄道沿線の都市を次々と攻略し

第Ⅲ章　侵略戦争と民衆の被害

■リットン調査書（一部）
満州の主権は中国に属する。日本軍の軍事行動は正当なる自衛行動とは認められない。（満州国）政府の指導者は、名目上は満州人であるが、実権は日本の官僚と顧問が掌握している。現地の中国人の目には、日本人の道具になっていると映っている。

ていきました。現地の中国軍は抵抗しましたが、国民政府は「安内攘外（国内を統一、強固にしてから日本と戦う）」の方針を掲げ、さらに当時、東北軍の主力部隊は満州を離れて華北に駐留していたので、日本軍の侵攻を止めることはできませんでした。5カ月もたたずに日本軍は満州の主要な都市と鉄道沿線を占領しました。

満州事変発生後、中国政府は国際連盟の理事会に提訴しました。国際連盟は、イギリス人のリットンを団長とする調査団を日本と満州に派遣して調査を行ない、その報告書が1932年9月に提出されました。国際連盟の総会は、リットン報告書にもとづいて、満州の主権は中国にあるので、南満州鉄道附属地外の日本軍は撤収することを求める勧告を採択しました。日本はこの勧告を受け入れず、1933年3月、国際連盟を脱退しました。

上海事変

日本の満州占領に対して、国際世論の厳しい批判が集まったため、満州に傀儡政権を樹立しようとする日本にとって障害になりました。そこで、国際社会の注目を満州からそらすため、関東軍と日本の駐上海領事館の武官は共謀して、中国人暴徒に日本人僧侶を襲撃させる事件を企て、これを口実にして

▲上海事変において前線で指揮する中国第十九路軍の軍長・蔡廷鍇（さいていかい、左端）。

1932年1月28日、日本の海軍陸戦隊は、陸軍三個師団の増援を受け、上海の中国軍を攻撃しました。上海を防衛していた十九路軍は激しく抵抗して、日本軍数万人を死傷させました（第一次上海事変）。日中双方はイギリスの調停をうけて3月から交渉に入り、5月に「上海停戦協定」を結びました。

日本の華北分離工作

日本は満州を占領した後、さらに華北に侵略の目を向けました。1933年初め、関東軍は熱河省に侵入し、万里の長城を占領しました。中国軍は激しく抵抗しましたが、日本側の提案により5月に「塘沽停戦協定」を結び、長城の南側100キロを非武装地帯として、中国軍は撤退することを決めました。この協定によって華北侵略の足場をつくった関東軍は、1935年5月、万里の長城を越えて華北に侵入すると、支那駐屯軍と共同して「華北五省自治運動」を企て、親日政治家をかつぎあげて傀儡政権を成立させ、国民政府の勢力を華北地域から排除しようとしました。日本は華北の石炭や鉄などの資源を確保する一方で、中国全面侵略戦争の準備を進めていきました。この過程で、華北の鉱物資源が日本の支配下に入りました。

第Ⅲ章 1節
日本の中国東北地方への侵略
2.「満州国」の出現

> 日本の関東軍は、満州占領を既成事実とするために、1932年3月、「満州国」の成立を急いで宣言すると、すでに退位していた清朝の皇帝・溥儀をかつぎ出し、名目上の「国家元首」にすえました。関東軍によってつくられた「満州国」とは、どのような「国家」だったのでしょうか。

「満州国」の性格

　日本は、日本人、満州人（満族）、漢族（中国人）、朝鮮人、モンゴル人の5つの民族が「協和」する国家を満州に建国するのだと宣伝しました。しかし実際は、関東軍は満州を中国全面侵略戦争と対ソ戦の基地にしようとしたのです。「満州国」は関東軍が統制する傀儡政権であり、国務院および各部門の実権は、日本人の総務庁長の手ににぎられ、各部門の次長職に就任した日本人を直接に指揮しました。これらの日本人の地位は、部（日本の省庁にあたる）、省、市の中国人の長官より上位にあり、日本人が権力を独占する仕組みになっていました。大部分の政策は日本のものを踏襲しました。「満州国」

▲「日満議定書」に調印する関東軍司令官と「満州国」代表

皇帝の溥儀は、ただ名前だけの地位でしかなく、実際の権力はまったくありませんでした。ある者は、「満州国」を頭が獅子（関東軍）で胴が羊（天皇制国家）、しっぽが竜（中国皇帝）のギリシャ神話に出てくる怪物＝キメラに喩えました。キメラは、口から炎を吐き、大地を荒らし、家畜を略奪して去っていく、奇怪な幻想の怪物です。

> 満州国皇帝は天意すなわち天皇の大御心に基づいて帝位についたのである。皇道連邦の中心である天皇に仕え、天皇の大御心をもって心とすることを在位の条件とする……それは月が太陽の光によって輝くことと同じである。
> （「満州国の基本理念と協和会の本質」関東軍司令部、1936年9月18日編纂『満州国史』〈総論〉）

関東軍の統治の仕組み

　日本の満州占領は、激しい抵抗にあいました。現地の一部の中国軍と民衆は、はじめは抗日ゲリラを組織し、後に抗日連軍を編成して、長期にわたる苦しい

第Ⅲ章　侵略戦争と民衆の被害

武装闘争を続けました。関東軍は抗日武装勢力を鎮圧するため、軍隊、警察、憲兵、特務機関を総動員して抗日武装勢力の活動地域を討伐させました。そのため住民に対する迫害や民衆虐殺が多発しました。

日本と「満州国」政府は、抗日勢力を孤立させるため、村々を合併させ、村民たちを強制的に「集団部落」に移住させました。「集団部落」は、周囲を高い塀と深い堀で囲み、軍隊と警察が門を警備して自由な出入りを許さず、民衆と抗日軍との連絡を切断しました。自分の家や畑を離れようとしない民衆は、殺害されたり、家屋を焼きはらわれたり、田畑を荒らされたりしました。日本と「満州国」政府は、全農村に保甲制度（1村を1保とし、10戸を1甲として村民を組織）を実施して相互監視と警備を強化しました。もし一人が罪を犯せば、10戸が連帯責任で罰金もしくは労役を課せられました。

平頂山事件と大規模な弾圧

日本は満州を占領したのち、東北人民の抵抗闘争を弾圧しようと多くの残虐事件を引き起こしました。平頂山事件は、その一例です。1932年9月16日、抗日ゲリラに撫順炭鉱事務所を襲撃された日本当局は、報復のために、撫順の日本軍守備隊と憲兵隊200人あまりを出動させ、撫順近くの平頂山村を包囲しました。全村3000人あまりの村民を一カ所の窪地に集め、機関銃を使ってほとんど全員を殺害したのです。女性や子ども、老人も一緒でした。

▲平頂山殉難同胞遺骨館に保存されている遺骨の一部

こうした民衆に対する虐殺事件は、老黒溝事件、土龍山事件などをはじめとして、その他の地域でも多く引き起こされました。日本の憲兵は、各地で大規模な逮捕と検挙を行ない、残酷な拷問を加えて自供を迫り、「反満抗日」のメンバーと見なした多くの人々を殺害しました。数多くの罪のない人々がこのような弾圧に巻き込まれ、過酷な刑罰を受け、無念の死をとげていったのです。

■チチハル憲兵上等兵・土屋芳雄の証言（朝日新聞山形支局『聞き書き　ある憲兵の記録』朝日新聞社より）

伍長の助手として拷問に加わった。連日のように、殴るけるの暴行だ。そして、木刀責めや水責め、つるし上げなどにエスカレートする。どの取調室からも、憲兵の怒号と、容疑者の悲鳴が絶え間なく聞かれた。ある軍曹が調べた王社長の背中は、一面紫色に変色してはれ上がり、縦に横に皮膚が裂け、血がにじみ出していた。それでも軍曹は拷問の手を休めなかった。

第Ⅲ章　1節

日本の中国東北地方への侵略
3.「満州国」の社会と経済

> 日本は、「満州国」の政治と経済から科学技術および文化、教育まであらゆる分野にわたって支配し、実質的に日本の植民地のようにしていきました。そのためにどんな方法がとられたのでしょうか。

日本資本による満州経済の独占

　満州の重要産業は、日本の国策会社である「南満州鉄道株式会社」（略称は満鉄）や日産コンツェルンの「満州重工業開発株式会社」（略称は満業）によって独占されました。金融・石炭・鉄鋼・交通・鉱山・電力などの分野において、「特殊会社」あるいは「準特殊会社」という名の国策会社をつくり、「一産業を一会社とする原則」をかかげ、中国の民族資本が入ってくることを許しませんでした。とくに1940年代に入ると、多くの中国民族資本は原料や市場の制約を受けて破産の危機に陥りました。

日本人の満州移民

　日本の満州支配を維持し、日本国内の人口過剰の問題を解決し、さらにソ連との戦争に備えるために、日本は「在郷軍人（現役を除隊した予備役の軍人）」を中核とする武装移民団を編成して満州北部に入植させました。1936年、日本政府は「満州農業移民20カ年百万戸送出計画」を定めました。

　日本は、人口が多くて土地不足に悩む、貧しい地域の農民を集団で満州に移住させ、満州に日本と同じ村の名前をつけて「分村」と呼びました。また「満蒙開拓青少年義勇軍」を編成して、多くの青少年を満州に送り込みました。

　日本の敗戦までに、日本人の満州移民の総数は約29万人にのぼりました。日本人のほかに、満州に強制的に移住させられた朝鮮人もいました。日本は「満州国」政府に対して、現地の中国人農民から土地や家を安く買い上げ、または強制的に取り上げて、日本人移民に与えるように指示しました。

植民地教育

　関東軍は満州を占領すると、反満抗日の教育を行なっている学校の教師と生徒を逮捕し、さらに学校を閉鎖しました。その後、植民地支配がある程度すすみ、秩序が安定しはじめると、学校教育の回復と建設をはかるようになりました。小学校は「国民学校」と改称し、それまで合わせて6年間だった中学校と高等学校を4年間に短縮して「国民高等学校」と名づ

けました。戦争政策に役立たせるために、基礎知識を学ぶ授業が大幅に削られ、実業教育の必要が強調されるようになりました。

学校では、教師と生徒は、毎日必ず日本の天皇と「満州国」皇帝に向かって遥拝（ようはい）させられ、「国歌」を歌い、溥儀の『国民訓』を暗唱させられました。生徒たちは日本語と修身（後に「建国精神」と改称）を学ぶことを強制され、「日満一体」「忠君愛国」の思想が注入されました。中国では、日本の統治時代に強制された「皇民化教育」のことを「奴隷化教育」と呼んでいます。

■依蘭県国民高等学校学生の回想
　初代の副校長は中原という退役軍人で、軍閥の作風があり、いつも教師を譴責（けんせき）し、学生を殴り、絶対君主としてふるまった。

食糧の強制的徴収

1939年、日本と「満州国」政府は日中戦争の長期化にともない、食糧500万トンを強制的に徴収する政策を決定しました。徴収量は毎年増加されてゆき、1945年には900万トンになりました。毎年秋の収穫期になると、当局は軍隊や警察を農村に派遣して穀物の徴収を監督したので、農民たちはやむを得ず、自分たちが食べる食糧や種まきの分まで供出（きょうしゅつ）しました。

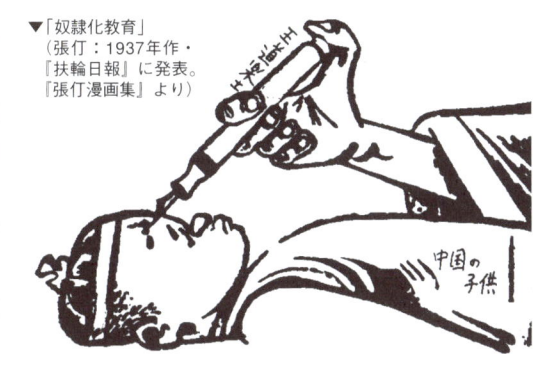

▼「奴隷化教育」
（張仃：1937年作・『扶輪日報』に発表。『張仃漫画集』より）

大量の穀物が軍隊の食糧として徴収されたので、都市住民の一人当たりの一カ月の食糧は、わずか5キロほどしかなく、ドングリなどの木の実や野草を食べて飢えをしのぐしかありませんでした。当局は一般の中国人が米を食べることを禁止し、従わない者は「経済犯」と見なして処罰することもありました。

強制労働者の苦難

関東軍は、満州を対ソ戦争の作戦基地にするため、1939年から「北辺振興計画」を進め、ソ連との国境地帯に大規模な軍事施設を建設するための工事を行ないました。そのため生じた満州の労働力不足を解決するため、日本と「満州国」政府は、華北地方において労働者の「募集」を行ないました。華北労工協会の記録によれば、1941年と1942年に「募集」された労働者は100万人前後にのぼり、その中には日本軍との戦闘で捕らえられた捕虜（ほりょ）も含まれていました。

「募集」とは名ばかりで実際は強制連行された労働者たちには、労働は過酷をきわめていたのに食糧はわずかしか支給されず、冬の防寒もろくになされませんでした。こうした非人間的な扱いを受けて、数多くの労働者が非業（ひごう）の死をとげました。

第Ⅲ章 1節 日本の中国東北地方への侵略
4. 東北人民の反満抗日闘争

> 日本軍の侵略と占領支配を受けた中国東北地方の各民族、各階層の民衆は、どのように抵抗し、闘争を続けたのでしょうか。同地方の反満抗日闘争の戦いの歴史を見てみましょう。

馬占山と嫩江橋抗戦

▲馬占山とリットン調査団の戦場における面会

満州事変を起こした関東軍は、遼寧、吉林の2省をあいついで占領すると、黒竜江省に侵攻しました。ところが嫩江橋において、黒竜江省の代理主席・馬占山が指揮する中国軍の頑強な抵抗を受けたのです。関東軍は何度か撃退された後、主力部隊と主力兵器を集中して激しい戦闘を繰り広げ、数カ月後にようやくチチハル市を占領しました。

抗日連軍

1935年前後、中国共産党の指導のもとで、満州の各地域の抗日武装勢力が連合して東北人民革命軍を編成しました。後に「東北抗日連軍」と改称して第1軍から第11軍まで、約3万人の兵力にまで拡大されました。

これに対して関東軍と「満州国」政府は、「治安粛正作戦」（抗日勢力を撃滅して支配を安定させようという作戦）を強力に押し進めました。抗日連軍は何度も「討伐」を受けて食糧と塩、薬品などの補給を完全に断たれ、多くの戦士たちが日本軍の討伐と攻撃のたびに犠牲になりました。犠牲があまりにも大きくなったため、抗日連軍は兵力を温存するために国境を越えてソ連領内に入り、小さくなった部隊の結集をはかりました。

1942年になると、抗日連軍の小部隊はソ連領内から満州へ戻り、日本軍の後方に深く侵入して、情報収集を行なったりして闘いを続けました。1945年8月8日にソ連が対日宣戦布告をすると、抗日連軍は満州に戻り、抗日闘争の最終

▲楊靖宇（よう・せいう）
抗日連軍第一路軍の総指揮官、1940年戦死。日本軍がその遺体を解剖してみると、胃の中には未消化の木の皮、草の根、綿などがあっただけだった。

的な勝利を迎えたのです。

各階層民衆の抗日闘争

　満州のさまざまな階層の人たちが抗日闘争に身を投じていきました。1939年前後、日本が直接統治していた大連では、抗日民衆が「放火団」を組織して、日本の軍需工場や事業所を焼失させました。国民党系の地下組織は各地で秘密闘争を行ないました。愛国者の伊作衡は、錦州やハルビン、長春などで仲間と連絡をとりながら民衆を指導して、秘密裏に反満抗日闘争を行ないました。しかし1943年に逮捕され、処刑されてしまいます。

　1941年1月、「満州国」空軍第3飛行隊の兵士85名が反乱を起こして日本軍の監視官を射殺し、抗日軍を組織しようとして、鎮圧されました。朝鮮族や満族、モンゴル族、オロチョン族などの少数民族の人たちも、東北人民とともに抗日闘争に参加しました。

中国人民と肩を並べて戦った朝鮮人

　満州事変が勃発してから、満州の朝鮮人も武器をもって抗戦に立ち上がりました。満州北部には韓国独立軍、満州南部には朝鮮革命軍が組織されました。朝鮮革命軍は、中国遼寧民衆自衛軍ならびに中国共産党が指導する東北抗日連軍と共同して、1938年までずっと活動しました。韓俊秋は、朝鮮革命軍の指導者の一人で、彼が作詞した下記の歌は、中国人・朝鮮人の連合抗戦の決意を歌っています。

　朝鮮人の中には、中国共産党の指導するゲリラ部隊、さらには東北抗日連軍に参加して、中国人と一緒に戦った人たちもいました。彼らは、日本人を満州から追い出せば、朝鮮独立の機会の到来もそう遠くないと信じたのでした。

　朝鮮人のゲリラ部隊は、武装闘争を続けながら朝鮮人の団結をはかるため、1936年から始めて、多くの地域に朝鮮人の祖国光復会を成立させました。これらの組織は1938年に日本当局に鎮圧され、瓦解しますが、戦いの意志は消えることはなかったのです。

■中韓行進曲
中国、韓国の同胞たち／戦いの日がやってきた／抗日決戦の時がやってきた／民衆自衛軍／朝鮮革命軍／共に生き、共に戦い、死をともにする戦友……
（作詞者は、朝鮮革命軍第二方面軍司令だった韓俊秋です。1937年初め、韓は、十九路軍司令官・王鳳閣が日本軍に捕らわれたので、部隊を率いて救出に行きましたが、王はすでに日本軍に殺害されていました。韓は一日中、泣き悲しんだすえにこの歌詞を書いたのです。韓俊秋も1937年6月、吉林省通化県の二段溝の戦闘において戦死しました。）

コラム 張寒暉（ちょうかんき）と
抗日歌曲「松花江のほとり」

　日本が満州事変を起こすと、憤激した中国の各界の人々は、次々と大規模な抗日救国運動に参加していきました。1936年、陝西省立西安二中（現在の陝西師範大学付属中学校）の教師であった張寒暉（1902－1946：河北省定県の出身）は、大衆の抗日救国運動に励まされて歌曲「松花江のほとり」を作曲しました。国を愛し故郷を想う気持ちのあふれたこの抗日歌曲は、学校から軍隊へ、そして万里の長城の内外、長江の南北へと、たちまち全中国に広まり、抗日戦争期の救国歌曲の代表作となりました。中国人民は、この歌を歌うと心が奮い立ち、抗日戦争に勝利するまで戦おうという気持ちを鼓舞されたのでした。

　張寒暉は、「松花江のほとり」の他にも「軍民大生産」など、70曲余りの抗戦歌曲を作曲し、1946年3月11日、延安で病死しました。張寒暉は、聶耳（ニエアル）や冼星海（せんせいかい）とともに誰もがその名前を知っている人民芸術家です。

張寒暉 ▶

■「松花江のほとり」の歌詞（澤地久枝『もうひとつの満洲』より）
わが家は東北　松花江のほとり
そこには森林と鉱山　さらに山野に満ちる大豆と高粱（コーリャン）がある
わが家は東北　松花江のほとり
彼（か）の地には我が同胞　そして年老いた父と母がいる
ああ、9・18、9・18
あの悲惨な時から　わが故郷を脱出し
無尽（むじん）の宝庫も捨て去って　流浪、また流浪
関内をさすらいつづけている
いつの年、いつの月、私の愛する故郷へ帰れるのだろうか
いつ、私のあの無尽の宝庫をとり戻せるのだろうか
父よ、母よ、喜んで一堂に会するのはいつだろうか

第Ⅲ章　侵略戦争と民衆の被害

コラム　上海「義挙」と尹奉吉(シャンハイ)(ユンボンギル)（1908〜1932）

　1932年4月29日、尹奉吉は韓人愛国団長である金九(キムグ)と朝食を終えた後、誓いのことばを読み上げました。
　「私は、誠心誠意、祖国の独立と自由を回復するために、韓人愛国団の一員となり、敵軍の将校を殺害することを誓います」
　その日の午後1時ごろ、上海虹口(ホンキュ)公園で天地を揺るがす爆発音がとどろきました。爆発が起こったのは、上海を占領した日本軍が開催した天皇誕生日の祝賀会場でした。壇上に座っていた軍司令官・白川義則をはじめとする高官らが死傷しました。修羅場(しゅらば)となった会場で、声を張り上げ「大韓独立万歳」を叫ぶ青年がいました。その日の朝、「敵の将校を殺害する」と固く誓った尹奉吉でした。
　その場で逮捕された尹奉吉は軍法会議で死刑宣告を受け、同年12月19日に処刑されました。死を前にした彼は、二人の息子に遺言を残しました。

> おまえたちにも血が流れ、骨があるのなら
> きっと朝鮮のために勇敢な闘士となれ
> 太極(たいきょく)の旗（韓国の国旗）を高く掲げ
> 私のなきがらのない墓を訪ね
> 一杯の酒を注(そそ)いでおくれ
> お前たちは父がいないことを嘆くなかれ
> 愛する母がいるのだから

　一身をなげうっての尹奉吉の「義挙」に、中国の民衆と国民党政府は感動し、朝鮮の独立運動を積極的に支持するようになりました。世界の人々も朝鮮の人々が日本の侵略にどれほど憤(いきどお)っているかを知るようになりました。

▶尹奉吉と金九。右に立っているのが尹奉吉、左は韓人愛国団長の金九。

第Ⅲ章 2節 日本の侵略戦争
1. 日中全面戦争

> 満州（中国東北地方）を侵略した日本は、1937年から中国全土への侵略戦争を開始しました。全面侵略戦争は、どのようにしてアジア太平洋戦争にまで発展したのでしょうか。

中国への全面侵略の開始

　1937年7月7日夜、日本軍は北京（ペキン）郊外で盧溝橋（ろこうきょう）事件を起こしました。日本はこれを中国軍が不法に射撃したからだという口実をつけて、一挙に華北一帯を占領しようと軍隊を送りこみました。上海（シャンハイ）では、海軍が中心になって、8月13日に戦争を起こし（第二次上海事変、淞滬（しょうこ）抗戦）、翌14日には、海軍航空隊が上海、杭州などを爆撃、続いて15日には中国の首都南京を空爆しました。

　日本の近衛（このえ）内閣は上海にも大軍を送りこみ、3カ月にわたる激戦ののちに上海を占領しました。日本の軍部と政府は、首都南京を占領すれば中国は日本に屈服し、日本の支配を認めるようになると考えて、総勢約20万の日本軍を南京占領のために送りこみ、1937年12月13日には首都南京を占領しました。この時、世界から非難された南京大虐殺事件（→126ページ）を引き起こしました。

▶ 1937年12月17日、日本軍の南京入城式。先頭が松井石根・中支那方面軍司令官

◀漢口（ハンカオ）爆撃に向かう日本軍の九六式陸上攻撃機の編隊（1938年3月25日撮影）

長期泥沼の戦争へ

　南京は占領したものの、蒋介石政府（中国国民政府）を屈服させることに失敗した日本は、翌38年1月16日、「爾後国民政府を対手とせず」という近衛首相の声明を発表し、蒋介石政府を滅ぼすまで戦争をすることを宣言しました。

　国民政府が武漢に軍・政府機関を移して抗戦をつづけると、日本は大軍を動員して武漢作戦を行ない、一方、香港・広東からの国民政府への物資補給を絶つために広東作戦も行ないました。

　日本軍は38年10月に武漢と広東を占領しますが、蒋介石政府はさらに奥地の重慶に首都を移して、あくまでも対日抗戦をつらぬきました。日本が長期にわたり中国侵略戦争を行なうことになったため、植民地朝鮮も戦時体制に動員され（→136～145ページ）、朝鮮人の苦痛が強まることになりました。

二つの戦場

　1939年までに日本は約85万の陸軍兵力を中国に送りこみ、重要都市と鉄道線路のほとんどを占領しましたが、中国の抵抗をやめさせることはできませんでした。日本は、国民党副総裁で蒋介石に次ぐ地位にあった汪精衛を重慶から脱出させ、1940年3月、南京に国民政府（汪精衛政権）を作らせましたが、この傀儡政権を支持する中国国民はほとんどなく、日本の工作は失敗しました。

　一方、中国共産党が指導する八路軍と新四軍は民衆を民兵に組織し、日本軍の占領地を解放して抗日根拠地を築き、勢力を拡大しました。衝撃を受けた日本軍は、解放区の徹底的破壊をめざす「掃討戦」を押し進めるようになりました。日本軍は正面で国民政府軍を攻撃し、後方では共産党軍と戦うという二つの戦場を持ったのです。

日中全面戦争からアジア太平洋戦争へ

　重慶に移転した国民政府は、ビルマ（現ミャンマー）方面などからのいわゆる「援蒋ルート」（蒋介石政府を援助するルート）により、アメリカやイギリスなどから軍需物資の供給を受けながら抗日戦争をつづけました。アメリカやイギリスが中国支援を強め、日本への経済制裁を強めるようになると、日本は軍需物資を確保するために東南アジアへの進出をめざすようになります。

第Ⅲ章 2節 日本の侵略戦争
2. アジア太平洋戦争

> 日中戦争に行きづまった日本が、どのようにアジア太平洋戦争に突入していったのか、その原因を考えてみましょう。

日本の戦争準備

　日中全面戦争に突入する前年、1936年6月に、日本はアジア太平洋戦争の戦争計画になった次のような「帝国国防方針」を決定しました。そして陸軍を中心にしてソ連と戦争をするための軍備拡張を進める一方、海軍を中心にしてアメリカ・イギリスと戦争をするための軍備強化につとめました。

▲1941年12月8日未明（日本時間）、日本海軍航空隊は米太平洋艦隊の基地・ハワイ真珠湾に奇襲攻撃をかけた。写真は艦橋が傾いて炎上する米戦艦アリゾナ。

> 　帝国の国防は、日本と衝突の可能性が大きく、強大な軍事力をもつアメリカ、ソ連を目標とし、あわせて中国、イギリスとの戦争に備える。このため帝国の国防の兵力は、東アジア大陸ならびに西太平洋を征圧するという国防方針を実現するものが必要である。（要約）

ヒトラーの戦争に便乗した日本

　1939年9月1日、ヒトラーを総統とするナチス-ドイツがポーランドに侵攻すると、イギリス・フランスはただちにドイツに宣戦布告をして第二次世界大戦が始まりました。その後40年5月、ドイツはオランダへの侵入を皮切りに電撃戦を進め、翌6月にはパリを占領してフランスを降伏させ、ついでイギリス本土への空襲を開始しました。
　日本の戦争指導者たちは、ドイツの勝利に便乗して、主人のいなくなった東南アジアの植民地をそっくり手に入れ、石油、錫、ゴムなどの軍需資源を獲得できる絶好の機会が到来したと考えました。さらに「援蔣ルート」を遮断して中国を降伏させ、日中戦争の泥沼化を解決できるとも考えたのでした。

1940年9月、日本軍は北部仏印（フランスの植民地であった現在のベトナムの北部）を侵略し、ほぼ同時に日独伊三国同盟を結び、ドイツとの結びつきを強めました。41年6月にドイツがソ連に侵攻して独ソ戦が始まると、日本軍は7月に南部仏印に進駐し、サイゴン（現在のホーチミン市）周辺に航空基地と海軍基地、陸軍の輸送基地の建設を始めました。

マレー半島上陸と真珠湾攻撃

　日本が東南アジア侵略へ動き始めると、アメリカは日本への鉄鋼、屑鉄の輸出をストップし、ついで石油の輸出も止めました。イギリス、オランダもこれに同調して日本に対する経済封鎖を強めると、日本の軍部は危機感をつのらせ、「ＡＢＣＤ（America,Britain,China,Dutch）包囲陣」の圧迫をはね返すには戦争以外に道はないと、日本国民に宣伝するようになりました。

　1941年12月8日未明、日本の陸軍はイギリスの植民地であるマレー半島上陸作戦を行ない、イギリス軍に奇襲攻撃をかけました。続いて、海軍航空隊がハワイ真珠湾に停泊中のアメリカ太平洋艦隊に奇襲攻撃をかけた後、日本はアメリカ・イギリスに宣戦布告を行ない、アジア太平洋戦争が始まりました。

第二次世界大戦の一環となる

　日本につづいてドイツ・イタリアもアメリカに宣戦布告したので、戦争は文字どおり第二次世界大戦となりました。

　長期にわたり戦争を計画、準備してきた日本軍は、イギリス軍やアメリカ軍がヨーロッパの戦争を優先して戦闘準備が整っていなかったため、両国の軍隊を次々と攻撃して撤退させ、開戦後半年のうちに、イギリス領のマレー半島・香港・シンガポール・ビルマ（現ミャンマー）、オランダ領東インド（現インドネシア）、アメリカ領のフィリピンなど、東南アジア、南太平洋の一帯を占領して軍事支配下に置きました。

第Ⅲ章 2節

日本の侵略戦争
3.「大東亜共栄圏」のまぼろし

> アジア太平洋戦争を始めた日本政府は、戦争を「大東亜戦争」と呼ぶことに決定しました。その目的は何だったのでしょうか。

「大東亜新秩序の建設」

> 今度の対米英戦は、支那事変（日中戦争）をも含め大東亜戦争と呼称する。大東亜戦争と称するのは、大東亜の新秩序建設を目的とする戦争であることを意味するもので、戦争地域を大東亜のみに限定する意味ではない。（要約）

「大東亜の新秩序建設」というのは、1940年7月に近衛文麿内閣によって発表、宣伝された構想です。日本がドイツ、イタリアと同盟して欧米列強の世界支配を崩壊させ、欧米勢力の植民地支配から「アジアを解放」して、「八紘一宇（世界を天皇のもとに一つの家とする）」の「大精神」のもとにアジア諸民族がともに栄える「大東亜共栄圏」を実現させる、というものでした。

日本は占領した先ざきで神社を建て、神道を強制して天皇を現人神（人の姿となってこの世に現れた神）として崇拝させようとし、学校教育その他の場で日本語を「東亜の共通語」として学ばせようとしました。

▲大東亜会議（1943年11月）の参加者。左から、バーモウ首相（ビルマ）、張景恵国務総理（「満州国」）、汪精衛行政院院長（「南京国民政府」）、東条英機首相（日本）、ワンワイタヤコン首相代理（タイ）、ラウレル大統領（フィリピン）、チャンドラ・ボース首班（自由インド仮政府）。

「大東亜会議」の招集

　1943年11月、東条英機首相は、アジアに新しい秩序が形成されたことを誇示するために「大東亜共栄圏」の代表を東京に集め、大東亜会議を開きました。招集されたのは、日本軍が占領しているところにつくられた傀儡政府、すなわち「満州国」、中国・南京の汪精衛政権、タイ、ビルマ、フィリピン、「自由インド仮政府」の代表たちでした。会議では次のような大東亜共同宣言を採択、発表しました。

> 　米英は自国の繁栄のために、他民族を抑圧し、大東亜に対しては侵略、搾取を行ない、大東亜を隷属化し、安定をくつがえそうとした。これが大東亜戦争の原因である。大東亜各国は提携して大東亜戦争を完遂し、大東亜を米英の束縛から解放して、共存共栄、自主独立、人種的差別のない共栄圏を建設し、世界平和の確立に役立てようとするものである。（要約）

「大東亜共栄圏」の実態

　しかし、日本が「大東亜戦争」を開始した本当の目的は、政府が決定した「南方占領地行政実施要領」（1941年11月20日）に述べられているように、「占領地に対しては差しあたり軍政を実施して、治安を回復し、重要国防資源を急いで獲得し、作戦軍が自活できるようにする」ところにありました。重要国防資源とは石油、錫、タングステン、ゴムなどであると書かれています。「自活する」とは、日本軍が占領した現地で、食糧をはじめ軍の維持・活動に必要な物資を手に入れるということです。

　大東亜会議の開催を決めた1943年5月の御前会議（天皇の出席した重要会議、→122ページ）で決定した「大東亜政略指導大綱」では、「マライ、スマトラ、ジャワ、ボルネオ、セレベスは帝国領土と決定、重要資源の供給地として開発し、民心を把握するように務める」と定められました。

　以上に見たように、欧米列強に取って代わった日本の占領地支配は、「大東亜共栄圏」とは名ばかりで、戦争遂行のための資源、資材、労働力の調達を目的にしたものでした。東南アジアの占領地では、鉄道建設や軍用道路建設、飛行場建設などの土木工事や鉱山労働に多くの現地住民が強制動員されました。シンガポールやマレーシアでは、多数の華僑（中国系住民）が反日活動の疑いをかけられて虐殺されました。やがてインドネシアやフィリピン等日本軍の占領地で組織的な抗日運動が展開されるようになります（→164ページ）。

日本の侵略戦争
4. 総力戦体制

第Ⅲ章 2節

> 第一次世界大戦以降、戦争は軍隊だけでなく、国家の総力をあげて戦う総力戦となりました。日本の場合、総力戦のための仕組みはどのようにつくられたのでしょうか。

テロリズムから軍部独裁へ

「満州事変」の後、日本の国内では陸海軍の青年将校を中心にテロリズムが荒れくるうようになりました。1932年5月15日、海軍の青年将校らが首相官邸などを襲撃、首相を暗殺しました（五・一五事件）。その後も陸軍の中堅将校の策動が続きますが、36年2月26日にはついに陸軍の青年将校たちが約1500人の兵を動かしてクーデターを決行しました。反乱兵たちは首相官邸や陸軍省、警視庁などを占拠して大蔵大臣など要人3名を殺害しました（二・二六事件）。

当時、陸軍内部では、クーデターで軍部の独裁政権を樹立して国家改造=「昭和維新」を断行しようとする皇道派（急進派）と、既成の政治勢力も巻き込んで軍の主導で総力戦体制をつくろうとする統制派とが激しい派閥抗争を続けていました。皇道派の反乱は、統制派によって3日間で鎮圧されましたが、これ以後、武力による威嚇効果を背景に、統制派は政治への影響力を決定的に強め、翌年には軍事費を約3倍に激増させます。そして37年7月、盧溝橋事件をきっかけに中国に対する全面侵略戦争へと突き進んでいくのです。

「国民精神総動員」と国家総動員法

日中全面戦争の開始から間もない1937年9月、政府は「挙国一致（国を挙げて団結する）」「尽忠報国（忠義を尽くして国に報いる）」をスローガンに「国民精神総動員運動」に着手します。各道府県に実行委員会がつくられ、やがて町には町内会、村には部落会、さらに隣近所で隣組（→149ページ）が組織され、それを通して貯蓄や献金、勤労奉仕などが強制的に割り当てられていきました。

つづいて翌38年4月には国家総動員法が公布されます。この法律では、戦争遂行のために必要な「物的資源」は議会の承諾なしに勅令（天皇の命令）で統制・運用できるとされ、「人的資源」もまた物資と同様、必要に応じて動員できるとされていました。そしてその戦闘力・労働力として「人的資源」の供給を確保するため、同年に発足した厚生省によって国民の「健康状態」も戦時体

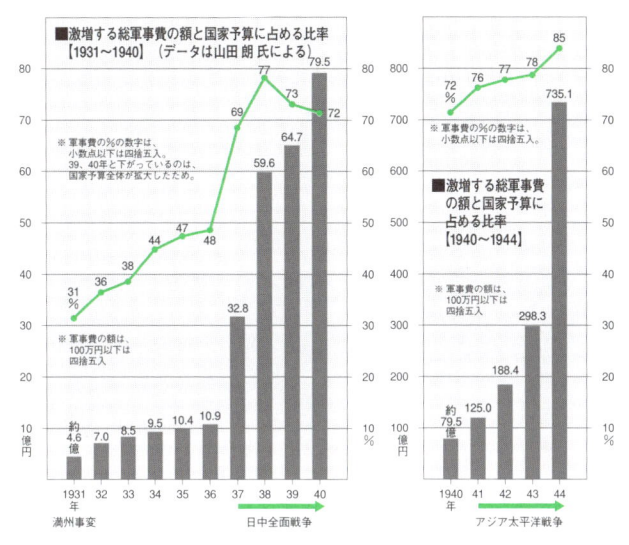

第Ⅲ章　侵略戦争と民衆の被害

▲1943年春、東京・有楽町の円形ビル・日劇の壁面いっぱいに掲げられた「撃ちてし止（や）まむ」のスローガン入りの巨大ポスター。3月10日の第38回陸軍記念日を期して、日本陸軍は大運動を展開、全ての雑誌の表紙にこのスローガンを刷り込むよう命じた。

制の中に組み込まれ、管理されていったのです。

国民を戦争へ総動員する仕組み

　1940年、ナチス・ドイツの「電撃的勝利」に目を奪われた日本では、ナチスばりの一国一党の実現をめざして次々と政党が解散、10月には「大政翼賛会」が発足します。これにより複数政党制を前提とする議会制度は消滅します。

　同年、政府は労働組合を解散させ、戦争協力のため「大日本産業報国会」を設立して、ストライキなどを全面的に禁止しました。

　また、この当時すでに食料、衣料、燃料その他の生活必需品は配給制となっていましたが、町内会、部落会、隣組がその配給ルートとなっていたため、国民は誰もそこから逃れることができなくなっていました。こうした生活統制組織は、国民を互いに監視させあう役割も果たすことになりました。

　雑誌や新聞、映画からラジオ、小説にいたるまで、すべての情報が検閲を受け、戦争を賛美・肯定するものだけが掲載や放送を許されました。政府は増加する戦死者を「英霊」としてたたえ、お国のために戦争で死ぬことは「名誉」なことだとして、新たな兵士を戦場へ送り出していきました。

　このように、天皇を頂点にした軍部の支配体制の下で、政治・経済・軍事・文化・メディア・教育・生命など、すべてが戦争のために統制・動員されていきました。こうして、日本のファシズム体制が確立したのです。

コラム　昭和天皇の戦争指導

　戦前の日本において天皇は現人神とされ、大日本帝国憲法では、天皇は日本国の主権者として国のすべてを統治すると定められていました。天皇には軍隊を指揮・統率する最高の権限（統帥権）があり、開戦と終戦を決定する権限も天皇にあったのです。日本の軍隊は天皇の軍隊という意味で「皇軍」と呼ばれました。

　一方、「天皇は神聖にして侵すべからず」（同憲法第3条）とされ、天皇に政治や軍事の責任を負わせることはできないとされていました。かわりに政治は各国務大臣が天皇を補弼して（助けて）責任をとり、軍事は統帥部（陸軍は参謀本部、海軍は軍令部）が天皇を補翼して責任を負うことになっていました。

　1937年に日中全面戦争を開始すると、拡大する戦争を指導するために、皇居内に大本営を設けました。大本営は陸海軍の最高司令官である大元帥・天皇の総司令部という意味で、戦争指導の最高統帥機関となりました。この大本営は参謀総長と軍令部総長を幕僚長とし、陸海軍大臣も参列した軍部指導者だけの会議でした。

　大本営陸海軍首脳が天皇の御前で行なった会議が大本営御前会議で、下の写真にあるように、左右に陸海軍のトップが座り、中央の奥に昭和天皇が座っています。この会議では、重要な戦略・作戦について審議し、決定しました。この会議では、陸軍統帥部や海軍統帥部からの上奏（意見や事情などを天皇に申し上げること）に対して、天皇は御下問（質問）や御言葉を与えるというかたちで戦争指導・作戦指導に深くかかわりました。

　昭和天皇はこのほかにも、戦闘の勝利や軍事行動の成功に対して賞賛、激励の勅語や嘉賞（お誉め）の言葉を与え、国民の戦意高揚、国威発揚のために積極的な役割を果たしました。

▲大本営御前会議（1943年4月27日）

第Ⅲ章　侵略戦争と民衆の被害

コラム　伝単（ビラ）のなかの戦争

　戦場では、敵国の兵士の戦闘意欲を失わせるため、あるいは戦わないで投降するよう呼びかけるため、さまざまな謀略の伝単（ビラ）が作成され、敵側陣地にまかれました。それぞれのビラが何をはたらきかけようとしたのか、その効果も含めて考えてみましょう。

①日本軍が中国人に向けたビラ▶
諸君はいったいどの道を選ぶのかみよ！　匪賊の道を選び、抵抗を続ければ、このように悲惨になるみよ！　良民の道を選べば王道楽土にいたる

◀②日本軍がアメリカ兵に向けたビラ
君の背後では、あの女たらし、あの徴兵忌避者。そうとも、悪者は金持ちでハンサムだし、勢力はあるさ。今頃は君の彼女を手に、ウィンクしながら、そう"銃後の僕たちはこのとおり感謝している"と言っているぞ。

③中国軍が日本兵に向けたビラ（文字のビラ）
戦線の諸君！　命を無駄にするな　苦しい生活あわれな家族を思い出せ　誰が諸君をどん底におとしたか？　目を開け！　親愛な日本の兵士よ　日支両国の兄弟よ！　連合して侵略者と圧迫者を打倒し、仲良く真正の　自由解放に進もう

④アメリカ軍が日本兵にむけたビラ（文字のビラ）
犬死　意義ある生涯　名誉の死とは何か
それは確かに国家の為になる勇ましい行為をなしつつ最後を遂げることである。
犬死は名誉の死ではない。名誉の生とは何か。
それは自己を保持し、国家の為最善を尽くすのである。名誉の生は名誉の死より困難であり、勇敢である。

第Ⅲ章 3節

日本軍による中国民衆への残虐行為
1. 戦場における民衆と難民

> 日本が侵略戦争を始めてから、中国の民衆の生命は、どのような脅威を受けたのでしょうか。その家庭や財産は、どのような損害を受けたのでしょうか。中国の民衆はどのような戦争状況を生きたのでしょうか。

四散する難民

満州事変が発生して後、100万を数える満州の農民と都市の住民たちが、戦火を逃れ、あるいは占領した日本軍当局の下で「帰順した民」となることを嫌って、華北や南方へ流民となって移動していきました。日本の侵略戦争が拡大するとともに、避難、流亡、移動していく人の波は中国各地に広がり、膨大な数の難民が生まれました。交通手段が使えなかったので、ほとんどの難民は徒歩で移動しなければならず、餓えや寒さ、病気に見舞われたうえに、日本軍機の爆撃まで受けたため、多くの難民たちが命を失いました。

日本軍の徴発

日本軍は、食糧・軍需品を供給・補充する後方支援を軽視していたため、戦場においては、食糧や燃料などの軍需物資を現地で徴発する作戦を実施しました。日本軍は、自分たちは戦勝者なのだから略奪するのは当然の権利であると見なし、勝手に民家に侵入して財物を略奪し、家屋を焼き払い、女性を見つければ強かんしました。住民は少しでも抵抗すると、容赦なく殺害されたのです。

▲京滬鉄道(南京―上海)線路に沿って逃れてゆく難民(中国国民政府・軍事委員会政治部編『日寇暴行実録』1938年7月版)

■河北省賛皇県白鹿村の農民、丁国華の回想

あるとき、行軍中の日本軍の一部隊がわれわれの村で宿営しました。……わが家の全員を一部屋に押し込めると、日本兵は二つの部屋を占拠しました。彼らは、丁喜来の家の大きな豚をつかまえてきて、殺して食べました。翌日出発する時、わが家のロバを連れ去り、私の兄を人夫として拉致していきました。兄は山西省へ通じる道をよく知っていたので、すぐに逃げ帰ってきました。しかし、私の従兄弟の斉銀伝は拉致されて人夫にされたまま行方不明となり、帰ることはありませんでした。(王之鑑編著『日本軍の暴行の目撃記録』から)

強制連行と強制労働

　日中全面戦争の当初から、日本国内では労働力不足が問題となりました。日本の政府と軍部・企業は、中国の労働者を強制連行して労働力の確保をはかる方法を採用することにしました。日本の当局は、宣伝を使ってかどわかしたり、県や村に強制的に徴集させたり、あるいは武力で脅して拉致、連行するなどして、大量の労働者を確保しました。これらの労働者には日本へ送られた者もいますが、多くは満州に強制連行されました。

　アジア太平洋戦争に突入して以後、日本は中国の全占領地で強制労働をさせる体制を推し進め、中国人労働者を使って各地の資源開発や軍事施設の建設を急ぎました。戦局が悪化するにつれて、日本国内の膨大な数の青年・壮年を徴兵して戦線へ送り出したため、国内の労働力はいっそう欠乏しました。日本は1943年から、強制連行した中国人労働者を日本本土や朝鮮、さらには南太平洋にまで送り出すようになりました。

　中国人労働者は、各地で残酷な酷使と迫害を受けました。満州に強制連行された労働者たちは、銃剣をもった日本兵の監視下で労働を強制され、おもに鉱山での採掘や道路建設の作業に従事させられました。労働条件はたいへん劣悪で、死亡率はきわめて高いものでした。死亡した労働者を埋葬した場所は、「万人坑（万人はたくさん、坑は埋葬地の意味）」となりました。

　中国から日本に強制連行された4万人の労働者は、35の企業、135カ所の作業場に振り分けられました。日本の外務省の統計報告によれば、過酷な労働と劣悪な生活条件のために、少なくとも6800人が死亡しました。

　1000名近くの中国兵捕虜と民間人が連行された、秋田県の花岡鉱山では、鹿島組（現在の鹿島）が強制した過酷な労働のため、死者が続出しました。1945年6月30日夜、鹿島組出張所の中国人労働者たちは、残酷な虐待と迫害に耐えかねて一斉蜂起をし、集団で脱走しました。しかし、日本の憲兵隊らに鎮圧され、暴行と拷問で100人が殺害されました。これが有名な花岡事件です。花岡鉱山では合わせて419人の中国人労働者が命を奪われました。

▲日本軍に線路建設の強制労働をさせられる中国人労働者

第Ⅲ章 3節 日本軍による中国民衆への残虐行為
2. 南京大虐殺

> 南京大虐殺は、1937年12月に日本軍が当時の中国の首都・南京の占領前後から、中国の軍人・民間人に対して行なった殺害、放火、強かん、略奪などの暴力行為の総称です。それはどのように発生したのでしょうか。

上海から南京へ

　盧溝橋事件につづいて日本軍は、1937年8月13日、上海に侵攻しました。そして中国の抗戦意志をくじくため、8月15日から12月まで、中国の首都であった南京に対して無差別爆撃を行ないました。

　上海の戦闘で、日本軍は中国軍の強力な抵抗の前に苦戦を強いられ、3カ月後にようやく上海を占領しました。日本軍はひきつづき、3つのルートに分かれて、南京への進撃競争を始めました。日本軍の各部隊は南京へ向かう途中、「現地の徴発によって給養（軍事物資をまかなう）すべし」という命令に基づいて徴発を行ない、徴発行動にともなう殺害、放火、強かん、略奪などの行為を各地で繰り広げたのです。

南京陥落

　12月1日、日本の大本営は松井石根指揮下の中支那方面軍（上海派遣軍と第10軍よりなる）に対し「中支那方面軍司令官は海軍と協同して敵国首都南京を攻略すべし」と命令し、日本軍の南京進攻が開始されました。中国国民政府は10余万の防衛軍を配備しましたが、日本軍は早くも南京の近郊を占領し、飛行機と重砲で南京城内を爆撃し、12月13日、南京はついに陥落しました。

南京難民区の設置と解散

　日本軍の南京侵攻が直前に迫った1937年11月、南京にとどまっていた宣教師など外国人の代表は、危険な状況にある南京を離れることができない難民のために、避難できる場所を設定しようと、「南京安全区（難民区）国際委員会」という国際救援組織を設立しました。安全区内には25カ所の難民収容所が設けられ、最も多かった時には、約25万人の難民を収容しました。

　ところが日本軍は、1938年2月、南京安全区国際委員会を解散するように命じ、一般の市民は難民区から出て家に戻るように命令したのでした。

第Ⅲ章　侵略戦争と民衆の被害

虐　殺

　日本軍は南京を占領すると、南京城の内外で大規模な掃蕩作戦を展開し、城内に隠れていた敗残兵、いわゆる「便衣兵（私服兵）」や撤退できなかった多数の中国軍兵士の捜索を行ないました。日本軍が行なった「便衣兵狩り」「敗残兵狩り」は、帽子をかぶった頭の跡や肩や手のひらにできたタコなどを調べて、軍人である証拠と見なしたのです。多くの民間人の男性が元兵士と見なされて連行されました。難民区に避難していた男性市民も不幸をまぬがれることはできずに、拉致、連行されました。

　日本軍によって捕らえられた中国の軍人・民間人は、長江沿岸と南京郊外に連行されて集団虐殺されました。日本軍はさらに南京の大通りや路地、住宅、寺院・廟、村など、いたるところで殺戮を続けました。

> ■第十六師団師団長・中島今朝吾の12月13日の日記
> 　大体捕虜にはしない方針なので片端よりこれを片付けることにした。……佐々木部隊だけでも処理したものは約1万5千、太平門における守備の一中隊長が処理したものは1300、仙鶴門付近に集結したものは約7,8千人あり、まだ続々と投降してくる。（南京戦史編集委員会編『南京戦史資料集』〈偕行社、1989年〉）

　1946年の中国国民政府の南京軍事法廷の調査によれば、日本軍によって集団虐殺され遺体焼却、証拠を隠滅されたものは19万人余り、個別に虐殺され、遺体を南京の慈善団体が埋葬したものは15万人余りでした。

　東京裁判（→180ページ）の判決書では、「日本軍が占領してから最初の6週間に、南京とその周辺で殺害された一般人と捕虜の総数は、20万以上であったことが示される」としています。

略奪と強かん

　南京に侵入した日本軍は、いたる所で略奪、放火をはたらきました。南京城内の南部は、南京で最もにぎやかな商業地区であり人口が密集する住宅地区でしたが、この一帯が最も深刻な被害を受けました。主な通りのいくつかが廃墟と化しました。

　日本軍は略奪や放火をはたらきながら、集団で、あるいは個別に、女性を暴行しました。難民区に避難していた女性でもまぬがれることはできず、侵入してきた日本兵に強かんされました。ドイツ人のジョン・ラーベは、1938年1月14日、ジーメンス中国本社（上海）のW・マイアー社長への書簡のなかで「約2万人の中国人女性が強かんされた」と記しています。

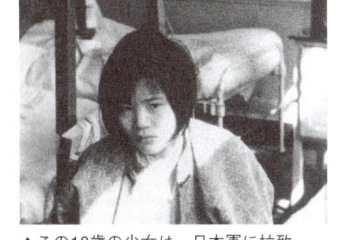

▲この18歳の少女は、日本軍に拉致され、38日間にわたって、毎日7回も10回も強かんされ、重い性病を移された末に釈放された。（アメリカ人牧師ジョン・マギー撮影、アメリカのエール大学図書館所蔵）

　日本政府と軍部は、日本国民には厳重な情報統制を行ないましたが、南京大虐殺は世界に報道され、国際世論から厳しい批判を受けたのです。

第Ⅲ章 3節

日本軍による中国民衆への残虐行為
3. 無差別爆撃・三光作戦と「無人区」の設定

> 日本の中国侵略戦争が長期持久戦の段階に入ってから、日本軍は占領地に対してどのような軍事作戦を実施したのでしょうか。

無差別爆撃

　日本軍は、国民政府の抗戦意識を失わせ、屈服、投降を迫るため、1938年から1943年にかけて、膨大な数の飛行機を出動させ、中国抗戦の政治・軍事の中心であった重慶に対して「戦略爆撃」を行ないました。そのため、多数の市民が犠牲になりました。

　1941年6月5日、日本軍機24機が三隊に分かれて繰り返し重慶を爆撃し、空襲は5時間にもおよびました。この時、十八梯大地下壕にたくさんの市民が避難しましたが、人数が多すぎたうえに通風が悪かったため、1200人前後の市民が窒息死しました。これが有名な「六・五大地下壕事件」です。

▲重慶の「六・五大地下壕事件」の犠牲者

　中国の辺境に位置するいくつかの省を除いて、他の全省が日本軍機の爆撃を受けました。軍隊・軍事施設と民間人とを区別しない無差別爆撃は、民衆に大きな災難をもたらし、人々の生活を長期間にわたり恐怖に陥れました。

三光作戦

　日本軍は、華北において中国軍がおさえていた地域、とくに中国共産党が解放した抗日根拠地に対して掃討作戦を実施しました。それは、日本軍に抵抗する軍人・民衆の生存条件を徹底的に破壊することをめざした作戦で、中国では焼光（焼き尽くし）、殺光（殺し尽くし）、搶光（奪い尽くし）した「三光作戦」と呼んでいます。日本軍はこれを「燼滅掃討作戦（燃えかすがなくなるまで徹底的に滅ぼす作戦）」と呼びました。

　北坦村の虐殺事件は、日本が華北で行なった「三光作戦」の一つです。1942年5月、日本軍の北支那方面軍の第110師団の一大隊が冀中（河北省中部）抗

日根拠地の定県の東南25キロにある北坦村を急襲しました。村は平原にあって、220世帯、1227人が住んでいました。村民たちは日本軍から逃れるため、全村をつないで掘っていた坑道に隠れました。

その坑道に日本軍は毒ガスを投入したのです。中毒死と射殺によって1100人あまりが殺害されました。女性は、毒ガスで殺害されたほか、多数が強かんされました。村の家屋36軒が焼かれ、食糧や財産も略奪されました。

「無人区」の設定

日本軍は抗日勢力を孤立させるため、農民多数を居住地から強制的に追い立て、一定の場所に建設した「集団部落」(→107ページ)に集中して居住させました。こうして、広い地域を「無人区」に設定し、民衆と抗日軍との連絡を切断しようとしたのです。

日本軍は万里の長城を「満州国」と華北との境界地帯にしていましたが、1941年秋から42年にかけて、共産党と八路軍の指導のもとに、長く伸びる長城線の南北に、広大な帯状の抗日根拠地が築かれました。これに脅威をいだいた日本軍は、傀儡の「満州国」軍を動員して、この区域一帯の住民を集団部落に強制移住させたあと、もとの村々を焼き払い、抵抗する住民を殺害し、長城線上500キロ以上にわたって「無人区」を設定しました。住む家や畑を失って、膨大な数の農民が飢えや寒さ、疫病などで死んでいきました。

日本軍は、農民が「無人区」に住んで耕作することを厳しく禁止しました。集団部落内では米穀を統制する政策が実施され、農民たちは穀物を食品に加工する道具まで没収されました。日本軍は農民が生産したいっさいの食糧・果物類を倉庫に保管することを定めて、個人が蓄えたり、売買することを厳しく禁止しました。従わなければ、厳罰を受けました。集団部落の生活は農民の身体の自由まですべてを奪ったのです。

▲抗日軍とゲリラは、日本軍の拠点を包囲してトーチカ(コンクリートで固めた陣地)を攻撃し、遮断壕を埋めて、日本軍の「根拠地封鎖政策」を粉砕した。左、後方の円筒型の構築物は日本軍のトーチカ。

第Ⅲ章 3節

日本軍による中国民衆への残虐行為
4. 細菌戦・毒ガス戦と人体実験

> 第二次世界大戦中、日本は国際法に違反して化学兵器と生物兵器（細菌兵器）を製造し、使用しました。そのため、中国の人々がどのような危害をこうむったのか、実態を見てみましょう。

化学戦部隊と細菌戦部隊の成立

　第一次世界大戦後、日本陸軍はひそかに化学兵器の開発を行ない、毒ガス製造工場を設立しました。日本は、中国への侵略戦争を始めると、化学戦部隊を中国の戦場へ派遣しました。関東軍は、ソ戦に対する化学戦を準備するため、化学戦部隊、516部隊を満州のチチハルに創設しました。
　1932年、石井四郎（陸軍軍医、医学博士）は、東京の陸軍軍医学校で細菌戦の準備を始めました。1936年5月30日、日本は「軍令陸甲第七号」により、ハルビンの平房に「関東軍防疫給水部」の名前で細菌戦部隊を正式に創設し、石井四郎が初代の部隊長に就任しました。1941年からは「満州第731部隊」と改称し、ハイラル、牡丹江、林口、孫呉などに支隊を設立しました。

「特別移送」と人体実験

　関東軍の憲兵隊は、逮捕した抗日運動の活動家やソ連のスパイ工作員をひそかに731部隊まで移送して、細菌実験の「材料」（マルタ〈丸太〉と呼んだ）にしました。これを当時「特別移送」と呼びました。1999年と2001年、黒竜江省と吉林省の公文書館で、関東軍憲兵隊が残していった「特別移送」の資料が発見されました。
　731部隊は、「特別移送」されてきた人たちを秘密の監獄に入れて、ペスト、チフス、パラチフス、コレラ、馬鼻疽など数十種もの細菌実験に使いました。さらに凍傷実験、人間の血と馬の血を交換する実験、人体を逆さづりにする実験などを行ない、生体解剖まで行ないました。化学戦部隊と共同で毒ガス実験も行ないました。元731部隊員の証言によれば、少なくとも3000人がここで犠牲になりました。

化学戦と細菌戦の実施

　盧溝橋事件のすぐ後、日本は化学戦（毒ガス戦）部隊を編成して中国へ派遣

第Ⅲ章　侵略戦争と民衆の被害

▲今も残る731部隊のボイラー跡。敗戦直前、日本軍が撤退するとき爆破された残骸。

▲ハルビン平房にあった731部隊の全景

しました。1937年7月28日、日本の参謀総長は、毒ガス使用許可の指示を出しました。以後、日本の各部隊では化学戦に従事する兵員を養成、訓練して、中国戦場で化学兵器を使用するようになります。

中国の統計によれば、日本軍の化学兵器使用作戦数は2000回以上、死傷者は国民党軍兵士4万7000人、うち死者6000人、八路軍兵士が3万7000人、うち死者は1500人、民間人と捕虜の死傷者は1万余人に上ります。

1939年、731部隊は、中国とモンゴル国境のノモンハンで起こしたソ連軍との戦闘（ノモンハン事件）において、初めて細菌兵器を使用しました。その後、日本は侵略戦争を拡大すると、関東軍、北支那・中支那・南支那の各方面軍および東南アジアの軍隊においても「防疫給水部」の名称で細菌戦部隊を創設しました。中国の浙江、湖南、山東、広東などにおいて細菌兵器を使用したため、多数の住民が被害を受けました。湖南省の常徳では、実名が判明した死者が7463人に達しました。

遺棄化学兵器の危害

1925年に調印されたジュネーブ議定書は、化学兵器や生物兵器（細菌兵器）の使用を禁止していました。そのため、731部隊は、敗戦直前に撤退する時に、捕虜を殺害、建物を破壊して証拠の隠滅をはかり、重要な資料と物資は日本に持ち帰りました。その時、病原菌を植え付けられたネズミや家畜が周辺に逃げ出したため、ハルビン近郊ではペストが流行し、1950年代初めになってようやく終息しました。

日本軍が大量の化学兵器（毒ガス弾・毒ガス筒）を中国に遺棄して撤退したため、戦後になって、遺棄毒ガスによる死傷事件が、絶えることなく発生しています。最近の数年間においても、日本軍が秘密裏に埋めた毒ガスが発見され、死傷者が出ています。化学兵器禁止条約に基づいて、日本と中国は1999年、「中国における日本の遺棄化学兵器の廃棄に関する覚書」を結び、日本政府の責任で、遺棄毒ガスの解体、処理の作業を始めました。

第Ⅲ章　3節

日本軍による中国民衆への残虐行為
5. 日本軍の性暴力

> 日中戦争中、日本軍は中国の女性に対して、どのような性暴力を加えたのでしょうか。被害女性たちは、身体を傷つけられただけでなく、精神をも深く傷つけられました。そのことを念頭に置いて、事実を見てゆきましょう。

強かん行為

日本軍の兵士の多くが、中国の農村において、女性を発見すると強かんに走りました。日本軍は、部隊の戦闘力を高め、士気の低下を防ぐことができるとして、兵士たちが中国

■第59師団第54旅団第110大隊伍長・富島健司の手記
　私は、1943年の暮れ、1ヶ月近く、渤海湾の沿岸地帯を荒らしまわったときのことを思い出しました。私は、男の人を見かければ、手当たり次第に殴り、むごたらしい殺しかたをした。女の人を見つけたら「命だけは助けてやるから、俺の言うことを聞け」とわめき立て、辱めた。それでも哀願したり、拒もうものなら「この野郎、こんなに武士の情けをかけているのに、わからん奴だ」と、生きていけなくなるほど殴りつけ、銃剣で殺していったのだった。（中国帰還者連絡会編『新編　三光　第一集』光文社、より）

の女性に暴行を加えることを容認していました。しかし陸軍刑法では、強かんに対しては厳罰が規定されていました。そのため日本兵は、被害女性が憲兵に訴えることを恐れて、強かんした女性を殺害してしまうことが少なくありませんでした。

1937年12月、日本軍の第十八師団（牛島部隊）は、安徽省の蕪湖に侵攻すると、現地の逃げ遅れた女性たちの多くを強かんしました。そして暴行を加えた女性を全員刺殺してしまいました。

日本軍は60歳を越えた老女から10余歳の少女まで、区別することなく暴行を加えました。被害を受けた女性の身体は傷つき、子どもを生めない体にされた人もいました。そしてだれもが精神のトラウマ（後遺症）に苦しんだのです。

日本軍「慰安婦」制度

1931年末、日本海軍は、将兵（将校と兵士）の性の要求を解決するため、上海の日本風俗店を特別慰安所に指定しました。1932年3月、上海派遣軍副参謀長・岡村寧次らは、性病が将兵に広がることと、日本兵の強かん事件が多発し世論の非難を招くことを防ぐため、海軍のやり方をまねて慰安所の設置を決定

第Ⅲ章　侵略戦争と民衆の被害

しました。最初は日本国内から「慰安婦団」を招いて、将兵に性を提供するための場所を設置しました。これが日本軍「慰安婦」制度の始まりです。

日本軍「慰安婦」制度は、「満州国」に広まり、日本の中国侵略戦争の拡大にともなって、中国各地に広げられていきました。1937年12月、南京で中国人女性に対する大規模な暴行事件が起こると（→127ページ）、日本軍は華中一帯に慰安所を設置するようになりました。

「慰安婦」制度は、中国人女性への強かんや日本軍将兵が性病にかかるのを防ぐという名目で設置されましたが、実際には両方とも防ぐことはできませんでした。「慰安婦」にされたのは、主に朝鮮人女性や中国人女性でした。戦場とされた中国の場合は、女性が日本軍の作戦のなかで拉致されたり、仕事があるとだまされたり、抗戦中に捕虜となった女性が強制されたりして「慰安婦」にさせられました。日本の植民地だった朝鮮の女性の場合は、朝鮮国内で仕事があるとだまされて、遠い戦場へ連れて行かれた場合が多かったといいます。

アジア太平洋戦争がはじまると、陸軍中央が慰安所の設置に乗り出し、フィリピン、インドネシアなどの東南アジア・太平洋地域で現地の女性を「慰安婦」にするなどして、慰安所を広げていきました（→144ページ）。

日本軍は慰安所の設置、管理、統制、「慰安婦」の募集、輸送に関与し、日本の外務省、内務省、朝鮮総督府、台湾総督府など日本の国家機関も「慰安婦」募集や移送に関わりました。その意味で、「慰安婦」制度は、日本の軍・国家ぐるみの「女性に対する戦争犯罪」ということができます。

慰安所の女性たちは外出の自由、身体の自由がなく、「慰安」をことわれば、殺されるかもしれない状況におかれました。人格をもった女性の性を戦争をつづけるための道具にしたのです。英語では「慰安婦」のことを「sexual slave」（性奴隷）という表現をします。

「慰安婦」にされた女性たちは心身に深い傷を負い、生涯にわたりトラウマに苦しんだのです。

▲上海崇明島で生活していた朱巧妹は、戦争中に日本軍によって「慰安婦」にされ、耐え難い苦難を受けた。日本軍の暴行に憤慨した彼女の夫は、抗日ゲリラ隊に参加して、犠牲になった。彼女は、2005年2月、95歳で亡くなった。

コラム　鳳儀萍（ほうぎひょう）——強制労働者の証言

　1944年8月、14歳の中学生になったばかりの鳳儀萍さんは、上海（シャンハイ）の四川路橋（しせんろ）を歩いていたところ、日本軍の見張りの兵隊に敬礼をしなかったとしてつかまりました。そして、日本へ強制連行され、北海道栗山町角田炭鉱で強制労働に従事させられました。

　毎朝5時、日本人の現場監督に木刀（ぼくとう）や鞭（むち）でたたき起こされて、石炭掘りに行かされ、夜の10時まで働かされました。食べるものはごくわずかな米、たくあん、ジャガイモだけでした。

　一年もたたないうちに、彼と一緒に強制労働をさせられた290余名の中国人労働者のうち、90人がすでに死亡していました。彼は幸い、九死に一生を得て日本の敗戦まで生き続けることができました。

　1945年11月、明優丸に乗って上海に帰りました。帰ってみると、母親が自分の行方不明を嘆き、心配するあまりに亡くなっていたことを知りました。

　1949年8月、鳳儀萍さんは国立江蘇（こうそ）医学院医学部に入学しました。その後、広州医学院泌尿器科の教授を務めました（すでに退職）。彼は、今でも角田炭鉱で死亡した強制労働者の名簿を保管しています。

▲鳳儀萍さん

第Ⅲ章　侵略戦争と民衆の被害

コラム　元日本兵の証言

　2003年11月17日、東京高等裁判所の法廷に、近藤一さんという83歳になった元日本兵が立って、日中戦争のときに自分が日本軍の兵士として中国の民衆にくわえた残虐行為の事実を証言しました。その裁判は、日本軍が山西省の北部の抗日根拠地に対して三光作戦を実施したときに日本軍のために性暴力の被害をうけた中国人女性たちが、日本政府が事実を認めて誠実に謝罪を行ない、必要な補償をすることを求めて起こしたものでした。次に紹介するのは、その時の近藤さんの証言の一部です。

　私たちは教育によって、中国人は人間以下の人種だと教え込まれ、中国人を殺そうが豚や鶏を殺すのと同じでべつに罪にもならないし、殺すことは天皇のため、日本の国のためになると思っていました。1941年9月ごろ、山西省北部の抗日根拠地に掃討作戦に行きました。八路軍がいるという情報が入ると、その部落に進撃します。すると八路軍は逃げますから、逃げたあとの部落に入って、金や物資、衣料などを略奪し、隠れている女性を探して、何人かの兵隊で輪かんしてしまうのです。強かんや輪かんのあとは殺すのが通例でした。
　1943年の春、山西省と河北省の間の山地に掃討作戦に行き、各部落の家を壊して農民が住めないようにして、広い地域を「無人区」にしました。壊した家のレンガをつかい、中国人の男子を使役に使って、10数個のトーチカを建てましたが、工事が終わると中国人は必ず殺しました。
　私は、私を含めた日本軍兵士が中国で殺した罪のないたくさんの人々のこと、強かんや輪かんをして殺したり、辱めたりした女性たちのことを思うと、夜も眠れない気持ちになります。私たちの犯した罪の重さや被害者の苦しみは消えることはありませんが、日本の国としての誠心誠意の謝罪や償いがあれば、少しは私たちの心の重みも楽になります。

　近藤さんは「命のかぎり戦争の事実を語っていきたい」と全国で証言活動をつづけています。

▶戦争の語り部として自分の加害体験を証言する近藤一さん

第Ⅲ章 4節

朝鮮の戦争基地化と民衆の被害
1. 皇民化政策

> 皇民化政策とは、朝鮮人を「皇国臣民」、つまり天皇に忠実な日本国民につくるために進められたものです。その目的は、日本の侵略戦争に朝鮮人を総動員するところにありました。皇民化政策の理念と具体的な施策を見てみましょう。

「日本と朝鮮は一つである」

「内鮮一体は半島統治の最高指導目標である。形も心も血も肉もことごとくが一体にならなければならん」——これは南次郎朝鮮総督が言った言葉です。なぜそう言ったのでしょうか。日本は中国侵略を拡大しながら本格的な戦時体制に入っていきましたが、戦争が泥沼化したため日本人だけで戦争を行なうのは困難となり、朝鮮人を戦争に動員することが必要となりました。それも、できるだけ朝鮮人を自発的に戦争に参加させるのが望ましかったのです。そこで、日本（内）と朝鮮（鮮）は一つだという意味の「内鮮一体」を強調したのでした。学校では「内鮮一体」をくりかえし教え、町や村に「内鮮一体」と書いたポスターを掲示したり、立て札を立てました。「内鮮一体」はどこでも目にする日常的なスローガンとなりました。

皇国臣民の誓詞を暗誦せよ

朝鮮人は正午になると、必ず仕事の手を休めて、天皇のいる東京に向かって深くお辞儀をしなければなりませんでした。また児童・生徒・学生も毎日、運動場に整列し、日本の宮城（皇居）のある東方に向かってお辞儀をしました。そして「皇国臣民の誓詞」を暗誦しなければなりませんでした。

■皇国臣民の誓い（国民学校〈小学校〉用）
1、私どもは大日本帝国の臣民であります。
2、私どもは互いに心を合わせて天皇陛下に忠義を尽くします。
3、私どもは忍苦鍛錬して立派な強い国民となります。
　　（朝鮮総督府『施政30年史』1940年〈原文はカタカナ混じり文〉）

日本人でない朝鮮人が、日本の天皇の「臣民」として忠誠を尽くすとくり返し言わなければならなかったのです。朝鮮人は行事などで集まれば、必ずこの「皇国臣民の誓詞」を大声で唱えなければなりませんでした。結婚式場でも、

第Ⅲ章　侵略戦争と民衆の被害

宮城遥拝：ある農村での光景。家族全員が正午に仕事の手を休めて庭に集まり、東京に向かって深くお辞儀をしている。

新郎・新婦はもちろんのこと、列席者まで起立して斉唱したのです。

日常生活でも日本語を使用せよ

　「内鮮一体」の目的を達成するために最も優先されたのは、朝鮮人すべてが日本語を使えるように教育することでした。学校では1939年から朝鮮語を教えなくなりました。1942年からは日常生活での日本語常用運動が実施されました。生徒・学生は学校の内と外でちゃんと日本語を使っているのか、互いに監視しなければなりませんでした。朝鮮語を使うと、罰せられました。役所でも、業務時間は必ず日本語を使用するようにしました。違反すると罰金を払わなければなりませんでした。朝鮮人なのに日本語を使わなければ日常生活を送るのが難しいという、おかしな世の中になりました。

創氏改名

日本精神の発揚を鼓吹するために建物に掲げられた垂れ幕

　1940年から朝鮮では「内鮮一体」政策の一環として、創氏改名がはじまりました。

　朝鮮の「姓」と日本の「氏」は違います。姓は血のつながりを表すのに対して、氏は家（いえ）の名称とされていたからです。たとえば「姓」は結婚したり養子に行ったりしても変わりませんが、「氏」はその相手先の家のものに変わります。朝鮮にはまったく存在しなかった「氏」を朝鮮人に強制的につけさせたのが「創氏」です。また、日本式の名前に変えることを「改名」といい、合わせて創氏改名といいます。これは個人の名前を変えるだけでなく、朝鮮の伝統的家族制度を解体して天皇制日本の家族制度に再編成し、祖先とのつながりを断ち切ることを意味しました。

　南次郎総督がこの制度を導入したのは、朝鮮での徴兵制実施を念頭に置いていたからです。朝鮮人から名前まで奪って無理やりに日本人に仕立て上げ、戦争の弾よけとするために、朝鮮の慣習を無視した政策を実施したのです。総督府はさまざまな方法で創氏改名を強要しました。申告制でしたが、事実上強制でした。創氏改名をしない生徒は学校にも通うことができませんでした。

　創氏改名によって「姓」がまったく無くなったわけではありませんでしたが、いろんな場面で日本式の名前が強要されました。一族で届け出を拒否した者もいましたし、総督府の圧力により一族で「創氏」することにしたものの、後に祖先に申しわけないことをしたとして、自殺した人もいました。

第Ⅲ章 4節　朝鮮の戦争基地化と民衆の被害
2. 戦時体制下の軍需工業

> 日本の侵略戦争が拡大し、朝鮮には戦時に必要な物資と労働力を提供する軍需基地の役割が担わされました。そのため、軍需工業を中心にした工業化が進展しました。こうした工業化は、はたして朝鮮人に恩恵をもたらしたのでしょうか。

軍需工業の発展

　満州事変以後、日本は朝鮮の軍需基地化に着手しました。日中戦争以後、本格的な戦時体制に入ると、軍需産業を育成するために力を注ぎました。南次郎朝鮮総督は「帝国の大陸前進兵站基地としての朝鮮の使命を明確に把握しなければならない」と強調し、十分な軍需物資を供給できるよう軍需工業の育成につとめました。

　この目的を達成するため、日本政府は企業が朝鮮半島に進出するのを積極的に支援しました。1938年に公布された国家総動員法（→120ページ）が、このために利用されました。国家総動員法は、政府が戦争に必要な人的・物的資源を自由に動員できることを認めた法でした。朝鮮総督府はこの法により、工業

▲興南窒素（ちっそ）肥料工場。日本の企業家、野口遵（したがう）が1927年、興南に最初に化学肥料を生産する朝鮮窒素肥料株式会社を設立した。この地域には600万坪の総面積に肥料、石油、カーバイト、油脂産業など重化学工業団地が設立され、当時、世界屈指の大規模コンビナート（複合工業集団）として注目をあびた。

第Ⅲ章　侵略戦争と民衆の被害

原料である綿花、鉄、石炭などを軍需品として指定し、これを生産者から直接買い上げ、朝鮮に進出している企業に安い価格で提供したのです。また、金融機関を通して低利で資金を融資しました。こうした支援を受けて、日本の企業が朝鮮半島に進出し、重化学工業基地を形成していったのです。三井、三菱、住友などのような日本の財閥も朝鮮に進出し、軍需産業を育成しました。京城紡織、大興貿易、朝鮮飛行機工業など一部の朝鮮人企業も恩恵を受けました。

重化学に集中した工業構造

1938年頃には、工業生産額が農業生産額を上回るほど工業化が進みました。中でも金属工業、化学工業、電力などが急成長しました。1930年当時は軽工業の比重が73％、重化学工業の比重が27％だったのに、1940年になると、軽工業は48％に縮小し、重化学工業が52％を占めるまでになりました。重化学工業は、地下資源が豊富な朝鮮半島の北部地域に集中しました。安価な原料と労働力を使って多くの利益を得られた紡織工業、機械工業などはソウルを中心に南部地域で発展しました。しかし大規模な工場はいずれも日本人の所有でした。またその生産品の大部分は日本へ移出される軍需工業に関連したものでした。

■民族別の資本金の比率（％）
（1944年末、資本金100万円以上の場合）

業種	朝鮮	日本
金属	1.8	98.2
機械器具	15.1	84.9
化学	0.1	99.9
ガス電気水道	0	100
窯業	0	100
紡織	15.6	84.4
製材木材	15.3	84.7
食料品	2.2	97.8
印刷製本	68.2	31.8

（朝鮮商工会議所『朝鮮経済統計要覧』1949年）

没落する中小商工業、苦しむ民衆

このように軍需産業は成長しましたが、一般の商工業者は没落の一途をたどりました。銀行の融資がすべて軍需産業に集まったために、中小商工業者は利息の高い個人経営の金融に頼らざるを得ませんでした。民衆は生活苦におちいりました。ほとんどの物資が戦争のために供出させられたので、農産物も工業製品もすべて朝鮮総督府の統制の下に置かれました。当然、生活必需品は不足しました。人々は不足した生活必需品を闇市場で買い求めるしかなく、物価は上昇するばかりでした。工業の発展で新興都市が生まれ、港湾はにぎわっても、国を奪われた朝鮮人は経済成長の分け前にはあずかれず、その成果は占領者であった日本と日本人が独り占めしたのです。

第Ⅲ章 4節

朝鮮の戦争基地化と民衆の被害
3. 戦争物資動員

> 日本は侵略戦争に必要な各種物資を朝鮮で集めました。戦争物資として徴集された品目は実に多様でした。金をはじめ、石炭・鉄などの地下資源、米・麦などの農産物、牛・豚などの畜産物、木材・木炭などの林産物、魚介・海苔などの水産物、繊維製品、金属品など、朝鮮で産出するありとあらゆるものが含まれていました。中でも地下資源と食糧が、略奪の主な対象となりました。

鉱山開発と金属製品の供出

　朝鮮総督府は戦争物資を調達するため、鉱山の開発に乗り出しました。そのため朝鮮半島に進出した日本の財閥に、補助金または奨励金の名目で鉱山開発資金を集中的に提供しました。日本が最も必要としたのが、金でした。金は国際貿易で使用できたからです。1944年頃、日本の鉱山業者が掘り出した金の量は、朝鮮半島全体の金生産量の90%に達しました。金の次に重要視され、開発されたのは、タングステン・黒鉛・マグネサイト・螢石・雲母などでした。これらの鉱物は兵器生産には欠かせない原料ですが、日本ではほとんど生産されなかったからです。

　アメリカ、イギリスとの開戦後は地下資源だけでなく、金属製の生活用具まで収奪の対象とされました。農機具、食器、祭器はもちろんのこと、教会の鐘や寺の仏像まで供出させ、それらで兵器を製造しました（金属製品の供出は日本国内でも行なわれました）。

▲強制供出させた真鍮（しんちゅう）の器などを集めて記念撮影する日本人

第Ⅲ章　侵略戦争と民衆の被害

◀供出を督励するビラ。「大いに和して協力する力が戦争勝利の原動力」と書かれている。

食糧供出と飢える民衆

　人々の生活に何よりも深刻な打撃を与えた戦争物資の供出は、食糧でした。朝鮮総督府は戦争に必要な軍糧米を確保するために、農民が生産した米を安い価格で強制的に買い集めました。これを供出といいます。戦争末期には、米はもちろんのこと、麦や雑穀、ジャガイモ、サツマイモまで収奪しました。軍服の原料である綿花、麻なども供出対象にしました。

　一般に戦争中は人々の生活は苦しくなります。朝鮮人にはその上に差別が加わりました。食糧配給においては、日本人には米を与えましたが、朝鮮人には満州産の雑穀とベトナムから輸入した安南米が与えられました。魚、卵などは日本人にしか配給されませんでした。その上、配給量が絶対的に不足していました。もともと朝鮮人の1人当たりの米の需要量は日本人の5分の1に満たなかったのですが、戦争も末期になると、飢えをしのぐこともできない量しか配給されませんでした。いたるところで食糧泥棒が出現し、春には空腹のために山野草をつんだり、木の皮をはぐ人々が増加しました。

> 　日ごとにソウルは暗く、陰鬱になっていった。大部分の店が戸を閉めた。配給所の周辺には無数の人々が列をなしていた。人々は飢えに加えて寒さにも苦しめられた。1944年から1945年にかけて冬でもほとんどの家庭で火をたくことができなかった。公共施設も同様だった。石炭一袋で40ウォンだったが、それも一日使える量でしかなかった。ほかの都市も同じような状況だった。（パーニャ・イサッコブナ・シャブシィナ『植民地朝鮮で』から）

第Ⅲ章 4節

朝鮮の戦争基地化と民衆の被害
4. 人力動員

> 侵略戦争に動員されたのは、物資だけではありませんでした。日本は朝鮮人を、軍人、労働者、「慰安婦」として強制動員しました。祖国を奪った日本のために命を投げ出さなければならなかったので、朝鮮人の肉体的・精神的な苦痛はより深刻でした。次にその人力動員の実態を見てみましょう。

志願兵制から徴兵制に

　日中戦争までは朝鮮人は軍隊に入れませんでした。しかし日中戦争が長びくと、日本は不足する軍人数を補うために朝鮮の青年を戦場に駆り出しました。早くも1938年には、小学校を卒業した17歳以上の青年を対象にした陸軍特別志願兵制度を実施しました。志願とはいうものの、官憲が兵士を集めたため、実質的には強制でした。戦況が悪化した1943年からは朝鮮人学生も対象にした学徒兵動員が始まり、翌44年にはついに朝鮮人にも徴兵制を適用したのです。

▲志願兵訓練所。志願兵が戦場に出る前に軍事訓練を受けている。

　このようにして、日本が敗戦するときまで約20万人を超える朝鮮人青年が自国のためにではなく、日本のために命をかけて戦わなければなりませんでした。徴兵者の中には脱出に成功し、独立運動に合流した人もいました。

朝鮮人を戦争に総動員せよ

　朝鮮人を戦争に総動員するために、朝鮮総督府は国民精神総動員運動を展開し、朝鮮半島全域で戦時総動員体制を確立しました。上は朝鮮総督府から下は村まで、総動員連盟がつくられました。各村に結成された部落連盟の下には、日本の隣組（→149ページ）と同様に10軒の家をひとまとめにする愛国班が設置されました。愛国班では、共同作業班をつくり、農機具と家畜を共同利用し、共同託児所をつくって共同炊事をするようにしました。息がつまりそうな監視の仕組みでした。この網の目のような組織は、物資はもとより人的資源までも統制し、動員する役割を果たしました。

　強制動員された朝鮮人の数は、次のように推定されます。

第Ⅲ章　侵略戦争と民衆の被害

■朝鮮半島内外への朝鮮人の強制動員（推計、単位：人）

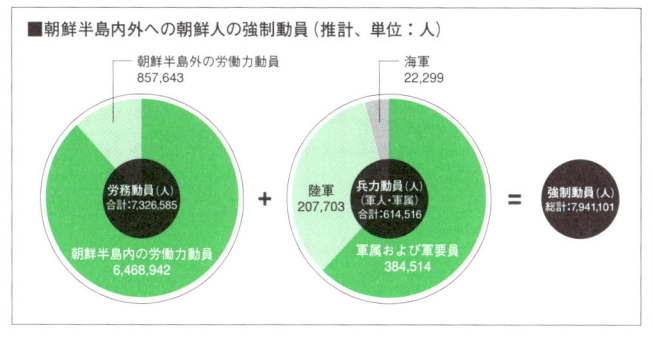

朝鮮半島外の労働力動員　857,643
海軍　22,299
労務動員(人)　合計：7,326,585
朝鮮半島内の労働力動員　6,468,942
＋
陸軍　207,703
兵力動員(人)（軍人・軍属）合計：614,516
軍属および軍要員　384,514
＝
強制動員(人)　総計：7,941,101

（注）日本軍「慰安婦」など女性連行被害者を除く（金旻栄「強制動員被害者に対する調査および人員推定」『被強制動員生存者生活実態調査研究』〈韓国学中央研究院、2003年〉より作成）

強制連行された労働者たち

　上のグラフに見られるように、朝鮮人は主に労働者として動員されました。労働力動員は、はじめは公開募集の形式をとっていましたが、後には官公署が主導する方式に変わりました。戦争末期には必要な労働力をいつでも動員できるように徴用制を実施しました。

　日本に連行された労働者は炭鉱や飛行場、港湾建設工事、トンネル工事、軍需工事など危険な作業場に配置されました。彼らの生活は悲惨でした。ろくに食べるものも与えられず、賃金ももらえないまま、民族差別を受け、命がけの危険な仕事をさせられたのです。そのため数多くの

▲女性たちの集団労働。朝鮮総督府は女子挺身隊勤労令を下し、朝鮮人女性を軍需工場などに動員した。

人々が命を失いましたが、それに対する補償は受けられませんでした。身体的・精神的な苦痛を受けた朝鮮人労働者にとっては、生還することだけが唯一の希望であり、目標でした。彼らがいなくなった故郷で数十年間、消息すらつかめず、夫や父や兄弟を待ち望んだ家族の苦しみはいまなお癒されていません。

■貝島炭鉱株式会社・大之浦炭鉱に動員された朝鮮人労務者・朴魯直の場合
　一日の作業時間はノルマを果たすまでは交代できず、仕事量を完了するまで10時間以上も働かされました。作業服を与えられず、着用していた服を毎日つくろって着つづけました。坑内で働く人は浮浪者同然でした。寝床は地べたに敷いた敷き布団に毛布一枚で、寒い冬を過ごし、ノミに悩まされ睡眠も十分に取れませんでした。空腹なので、野菜くずなどごみため場で見つけては拾って食べました。一番つらかったのが空腹でした。逃亡してつかまると死ぬほど殴られるので、逃亡すら考えられませんでした。2年間、リスが輪の内側で回転運動をするような何も変わらない飢えの日々でした。
　　　　　　　　　　　　（金仁徳編著『強制連行史』景仁文化社）

第Ⅲ章 4節

朝鮮の戦争基地化と民衆の被害
5. 日本軍「慰安婦」として連行された朝鮮人女性たち

> 日本軍「慰安婦」とは、日本の侵略戦争当時、日本軍慰安所に連行され、強制的に性暴力を受けながら生きなければならなかった女性たちのことです。朝鮮人女性が日本軍の性暴力という戦争犯罪によってどのような苦しみを受けたのかを見てみましょう。

軍「慰安婦」として連行された女性たち

軍「慰安婦」の中には日本人女性も多く含まれていましたが、数多く連行されたのは朝鮮人女性でした。朝鮮人「慰安婦」は中国、東南アジアへと日本軍が進駐しているところにはどこにでも連行されました。日本軍は占領地である中国、フィリピン、インドネシアなどの現地の女性も軍「慰安婦」にしました。

日本軍「慰安婦」と呼ばれた各国の女性の数は、最少8万人から最大15万人に達すると推定されています。

連行された朝鮮人女性の大部分はまだ10代の未成年者でしたが、中には既婚女性も混じっていました。彼女たちの中には工場に就職させてやるとか、金もうけをさせてやるという募集人のことばに騙され、慰安所に連れて行かれたケースが多く見られました。戦争末期には、誘拐・人身売買によるほか、拉致されるケースが増えていきました。

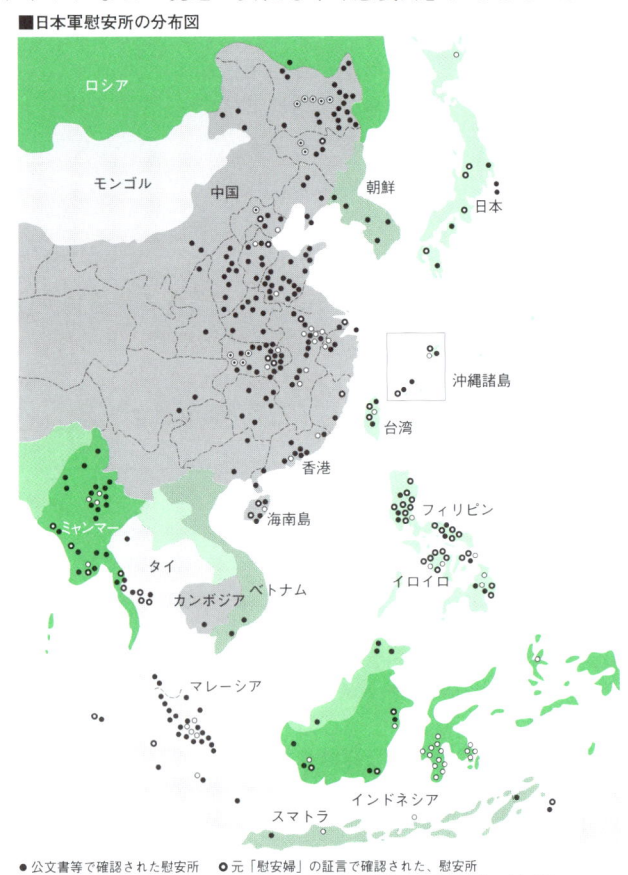

■日本軍慰安所の分布図

● 公文書等で確認された慰安所　　● 元「慰安婦」の証言で確認された、慰安所
○ 軍部隊記録、元兵士の証言で確認された慰安所　　◎ 中国の朝鮮人元「慰安婦」の生存地域

第Ⅲ章　侵略戦争と民衆の被害

地獄のような軍慰安所での生活

　軍慰安所は、日本内地はいうまでもなく、日本軍駐屯地ならどこにでも存在しました。軍「慰安婦」は当初は軍人たちに反抗したり、逃亡を企てたりしました。しかし厳重な監視下に置かれ、運命をのろいながら諦めるしかありませんでした。名前も「花子」「芳子」など日本式の名をつけられました。名前でなく番号で呼ばれるケースもあったといいます。朝鮮語の使用は禁止されました。名前も言葉も失ったまま、彼女たちはつらい歳月を耐えるしかありませんでした。

▲1944年9月、米軍写真班が中国雲南省拉孟で写した4人の朝鮮人。このうち、臨月の「慰安婦」は、2000年に東京で開催された「女性国際戦犯法廷」（→209ページ）で北朝鮮側の証人として出廷した朴永心さんである。

終わらない苦痛

　日本が敗戦を迎えると、軍「慰安婦」たちはそのまま捨て置かれました。日本軍が敗走しながら集団虐殺したケースもあります。日本兵とともに連合軍捕虜収容所に入れられ、苦労したあげくに帰国した人もいます。日本人にまちがわれ、現地の住民から殺された悲惨なケースもあります。帰国しても、恥ずかしくて家族や郷里の人々に合わせる顔がないと、帰郷をあきらめた人の数もかなり多いといいます。日本軍「慰安婦」として連行された朝鮮人女性。彼女たちは朝鮮人が植民地支配により受けた傷のなかでも、最も痛ましい被害者です。彼女たちはいまなおつらい記憶と病気に苦しみながら、困難な人生を生きています。

■朴ドゥリさんの場合
　1924年9月2日、慶尚南道蜜陽で生まれた朴さんは、17歳の年（1940年）に、村を訪ねた日本人募集人の「日本の工場で働かせてあげる」という甘言にだまされ、台湾に連れて行かれ、「慰安婦」生活に投げ込まれました。慰安所では20人余りの朝鮮人女性とともに5年ほど暮らしました。そこでは「フジ子」と呼ばれましたが、一日におよそ10人の軍人を相手にしなければなりませんでした。慰安所の主人は日本語を使うことを強要しました。食事も十分に与えられず、おなかをすかすことが多く、月経時にも休めませんでした。慰安所では右の大腿部がはれる性病にかかり、手術を受けました。また慰安所の主人と管理人にひどく殴られたことが原因で、難聴になってしまいました。

コラム 「親日派」と「漢奸(かんかん)」

　日本の敗戦後、韓国において「親日派」、中国において「漢奸」とよばれた、日本の統治に積極的に協力した人物たちを処理する問題が起こりました。

　韓国の独立後、大多数の国民は、日本植民地当局の侵略戦争政策に従い、徴兵・徴用などの強制動員政策に協力した親日派の処罰を求めました。しかし、アメリカの占領期に、朝鮮総督府の官僚や警察官が引き続き任用されたので、親日派の問題は未処理のままとなりました。

　1948年、大韓民国が建国されると、「反民族行為処理法」に基づいた反民族行為特別委員会(反民特委)が設置されて、親日派に対する調査と逮捕を開始しました。しかし、初代大統領・李承晩(イ・スンマン)は親日派を保護したので、彼らの清算は不十分に終わりました。

　解放後60年近くをへた2004年、韓国政府はようやく親日派を清算することを妨害する勢力を抑えて、「親日反民族行為真相糾明(きゅうめい)特別法」を制定して、親日派の調査を行なうようになりました。

　中国で「漢奸」とは、漢民族のなかの「奸臣(かんしん)」(悪いたくらみをする家来)を指します。一般には、歴史が大きく変わる時に、外から来た侵略者に対して降伏した人物を指します。

　満州事変以後、日本は満州や華北・華中などの地域に傀儡(かいらい)政権を立て、漢奸たちを利用して、国民政府や中国人民に敵対する政策を実施しました。中国近現代史においては、このような政権は「漢奸政権」、あるいは「傀儡政権」と呼ばれます。

▲汪精衛の「平和の門」(漫画)

これらの政権は、たとえば「満州国」の「五族協和」や汪精衛(おうせいえい)政権の「和平建国」のスローガンのように、どんなに立派な大義をかかげようとも、実際は日本統治者の傀儡にすぎなかったのです。

　抗日戦争勝利から1947年まで、中国大陸では戦争中に日本に協力した中国人を数万人規模で裁いた「漢奸裁判」が行なわれました。新中国になってからも、漢奸は大衆運動のかたちで厳しく糾弾(きゅうだん)されました。

第Ⅲ章　侵略戦争と民衆の被害

■コラム　絵画で「慰安婦」の被害を告発した
　　　　　姜徳景ハルモニ（ハルモニは韓国語でおばあさんのこと）
　　　　　カン ドッキョン

　姜徳景さんは、1929年に慶尚南道の晋州で生まれました。父親は姜さんが幼いときに亡くなり、姜さんは母方の親戚に育てられることになりました。1944年、16歳のときに、吉野国民学校高等科1年生だった姜ハルモニは、日本人の担任教師の勧めで勤労挺身隊第一期として日本に渡り、富山県の不二越軍需工場で働くことになりました。

　一週間ごとに昼夜交代する労働に毎日12時間従事するのも苦しかったけれど、それ以上に苦しかったのは空腹でした。ご飯と味噌汁、たくわんだけの生活が切なくて、夜中に逃げ出しましたが、軍人につかまえられました。このときから日本軍の部隊について「慰安婦」生活を強いられました。日本の敗戦で帰郷した彼女は、結婚をせずに生涯ひとりで暮らしました。

　1993年から1997年まで、姜徳景さんは、被害者治癒の一環として始められた絵画に才能を発揮し、亡くなるまで「慰安婦」生活を描写した数十枚の絵を残しました。ハルモニたちの絵は被害証言とともに、自らが経験した被害事実を世界の多くの人に知らせるメッセージとなりました。亡くなるまで日本政府の謝罪を要求した姜徳景さんは、慰安婦の受けた被害を堂々と世に知らせた歴史の証言者として記憶されるでしょう。

姜徳景画「責任者を処罰せよ」▶

第Ⅲ章 5節

日本民衆の加害と被害
1. 戦時総動員と民衆の戦争協力

> 日本の侵略戦争は、国民生活を犠牲にして強引に進められました。その様子を具体的に見てみましょう。

すべてを戦争のために

　アジア太平洋戦争が始まり、兵士にとられて軍需工場の労働者が足りなくなると、技術系の学校の卒業生や、戦争に関係ない仕事をしていた労働者は、強制的に軍需産業に回され、未婚女性や生徒・学生も否応なしに軍需工場に動員され（勤労動員）、職業を自分で選べなくなりました。それでも足りない労働力は朝鮮・中国からの強制連行でおぎなわれました。戦争の末期には中等学校以上はほとんど授業がなくなり、学ぶこともできなくなったのです。

◀遠い岩手県から横須賀の海軍航空技術廠（しょう）に動員された遠野（とおの）高等女学校四年生たち。宿舎に集団で宿泊して工場で働いた。頭には全員「神風」と書いた日の丸のはちまきをしめている。

軍隊が国民をおさえる

　いざという時には兵役につく予備役の兵などを日本では在郷軍人と呼びました。彼らを組織した在郷軍人会は、軍の指導のもとに国民を戦争に協力させるためのさまざまな事業を行ない、学校の軍事教練を指導しました。こうして学校の生徒から現役兵、在郷軍人まで、学齢期から40歳までの男子を軍がおさえ

る仕組みができあがっていたのです。

　「満州事変」の年、1931年に31万人だった兵士数は、戦争の拡大につれて増え続け、敗戦の年1945年には719万人にふくれあがりました。戦争末期には徴兵年齢が19歳から45歳までに拡大され、大学生も10数万人が兵士にさせられました。それでも足りずに、日本は朝鮮・台湾にも徴兵制をしき、朝鮮・台湾の若者を「日本兵」として戦場に駆り立てていったのです。

戦争協力のしくみ

　国民をお互いに監視させ、戦争に協力させるための組織として、警察と役所の管理のもとにつくられたのが隣組です。約10軒の家を単位とする隣組は、全国で130万にもなり、出征兵士の見送り、国防献金や金属回収、勤労奉仕、防空演習などを行なって戦争に協力しました。食料はじめ生活必需品の配給は隣組を通じて行なわれたので、国民はこれに協力しないと生きていけなかったのです。

戦争にかりたてる教育

　学校では、「天皇は神の子孫であり、国民の使命は、天皇に従わない者を滅ぼして世界を一つの家とする（八紘一宇）大事業をおたすけすることにある」と教えました。

　そんなことは誰が決めたのか、などと疑うことは許されませんでした。学校の儀式では、天皇・皇后の写真に対して最敬礼した後、「いざというときには身をなげうって天皇のために尽くせ」という教育勅語が読み上げられ、「天皇陛下のお治めになる世の中が永遠に続きますように、という歌である」と教えられた「君が代」を斉唱しました。

> 日本ヨイ国、キヨイ国、世界ニ一ツノ神ノ国。日本ヨイ国、強イ国　世界ニカガヤクエライ国。（国民学校［小学校］2年　修身［道徳］教科書、1941年版）

　このように、他のアジアの人々に対する根拠のない優越感をあおり、「神の国」の日本が他のアジア諸民族を支配するのは当然だと教えました。

　算数の教科書の計算問題でも、「1そうの軍艦に、大砲が7つずつあります。7そう分を合わせると、大砲はいくつになるでしょう」というように、教育全体が戦争一色に染め上げられたのでした。

　政府は「神の国」というウソで国民を教育し、新聞やラジオも「乱暴な中国をこらしめろ」、「鬼畜米英（鬼やケダモノのようなアメリカとイギリス）を撃滅せよ」などと宣伝しました。教育・報道・軍隊・隣組などの力によって、国民は侵略戦争に積極的に協力するようになっていったのです。

第Ⅲ章 5節 日本民衆の加害と被害
2. 民衆の生活と抵抗

> 足かけ15年にもおよぶ戦争の時代に、民衆はどんな生活をしていたのでしょうか。また、なぜ日本の民衆は無謀な戦争に反対しなかったのでしょうか。戦争に反対した人はいなかったのでしょうか。

戦時下の民衆の生活

政府はアジア太平洋地域にまで拡大した戦争をすすめるために、軍需産業の拡充と経済の軍事化をはかりました。1938年4月の国家総動員法は、国内の経済活動と国民生活のすべてにわたって国家が統制し、国民を戦争に動員するためのものでした。

▲アジア太平洋戦争中、国民はすべてをなげうって戦争に協力することを求められた。「国債債券は戦う祖国の血液」とＰＲしながら、戦時郵便貯金を奨励する移動郵便車（1942年6月）。

1940年以降は、食料、日用雑貨、衣類など生活必需品のほとんどすべてが配給制になり、戦局の悪化とともに配給物資の量は減っていきました。そのため配給なしでは1日たりとも生活を維持できない国民は、食糧難による栄養不足と物資不足でたいへん苦しい窮乏生活を強いられました。

> 空腹の私は大切にしまってあった「食パン」をかじったことがある。すでにカビが生えており、その部分だけ除いて食べた。「戦地の兵隊さんのことを考えよ、泥水をすすり草を食べてたたかっている」と。お米は1944年頃にはなかなか手に入りにくくなり、45年では…（略）…お目にかかれなくなった。サツマイモや大豆なら良い方でカボチャやヒマワリの種まで煎って食べた。（1941年当時小学校5年生だった人の体験記）

しかし政府は、「ぜいたくは敵だ！」「ほしがりません勝つまでは」などのスローガンでいっそうの節約を強要しました。街で少しでも華やかな服装をしている女性を見かけると、女性団体などが「華美な服装はつつしみましょう」な

どと印刷したチラシを押しつけて注意しました。男性は軍服に似た国民服、女性はモンペ姿が一律に強要されました。都市の住民は闇取引や買出し、物々交換でかろうじて生命をたもっていました。農村も労働力不足で食糧の生産が減り、強制的に米を供出させられたために、自分たちが食べるものも不足しました。

民衆の抵抗

　日本が満州事変を起こした1931年ころまでは、戦前の歴史の中では反戦運動が最も活発な時期でした。国際反帝同盟の日本支部がつくられ、朝鮮や中国の民衆との連帯を主張し、全国各地で戦争反対、日本の中国侵略反対の宣伝をくりひろげました。しかし、政府は治安維持法（→98ページ）の発動を強め、戦争に反対する人々を大弾圧しました。多くの国民は「忠君愛国」の教育によって、天皇・国に対する忠誠と服従の精神を子どものころから植えつけられており、戦争に反対する考えなど持てないようにされていました。さらに、思想・信仰の自由、言論・出版・報道の自由などはなかったので、多くの国民は無批判に戦争に駆り立てられていったのです。

　そうした中でも、アメリカのキリスト教団体・灯台社の日本支部は「戦争は殺人罪である」として兵役拒否を唱えたため、1939年、灯台社の人々数百名が治安維持法違反で検挙されました。このように宗教者や社会主義者など一部の人々は、投獄されても戦争に反対しました。また、戦争が長期化すると、民衆の中には厭戦気分が広がり、労働者の中には逃走・欠勤が増大し、軍需工場で兵器の破壊や意識的に不良品を作るものまで出てきました。ごく少数ですが、中国大陸には長谷川テルのように反戦活動をした日本人や日本軍兵士がいました（→169ページ）。さらに、軍隊の中で反戦組織をつくって戦争反対の宣伝活動をした人たちもいました。

　長谷川テル（中国では緑川英子と名乗った）は、1932年、奈良女子高等師範学校在学中にエスペラントを習ったことから検挙され、学校を追われました。36年、24歳で中国人留学生の劉仁と結婚し、劉が抗日救国運動のため帰国すると、その後を追って37年春、上海に渡り、戦争に反対する対日放送に従事しました。1937年9月、中国・上海から「ありったけの声で日本の兄弟たちに」「誤って血を流してはならない。あなたがたの敵は、海を越えたこちら側にはいないのだ！」と呼びかけました。（1947年、35歳で死去）

長谷川テル・劉仁夫妻▶

第Ⅲ章 5節

日本民衆の加害と被害
3. 東京大空襲と都市空襲

> 日本は侵略戦争を拡大した結果、連合軍の反撃を受けることになりました。アジア太平洋戦争末期には、日本の各地がアメリカ軍機による空襲を受けます。人々はどのような被害を受けたのでしょうか。

日本全土に対する空襲

　アメリカ軍は、1944年夏、サイパン・グアムなどのマリアナ諸島の日本軍を全滅させると、そこを基地として、B29爆撃機の大編隊による日本全土への爆撃を行なうようになりました。まずはじめは、飛行機工場などの軍事施設や工場、交通施設などをねらった攻撃でした。
　しかし1945年に入ると、都市への無差別爆撃となり、一般市民がその犠牲となりました。3月の東京大空襲をはじめ、横浜、大阪など全国で約150の主要都市が爆撃されました。この空襲と原子爆弾（→156ページ）のために死亡した非戦闘員は約38万人、焼失家屋は240万戸以上にのぼると言われています。
　各地で空襲が始まるようになると、政府は小学生を都市部から農村部に移すことにしました。これを「学童疎開」といいます。小学校3年生（のち2年生）以上の子どもたちが、親元を離れて学校ごとに地方の旅館やお寺で飢えに苦しみながら共同生活をしたのでした。

東京大空襲

　1945年3月9日の夜から10日にかけて、東京の下町（現在の墨田区・江東区など）地域には「春一番」の強風が吹いていました。そこに、B29爆撃機334機による焼夷弾（高熱で焼き払うための爆弾）の「無差別じゅうたん爆撃」が2時間にわたって行なわれました。これは、じゅうたんを敷きつめるようにその地域全体を焼きつくしてしまおうという攻撃です。
　まず、一定地域の周囲をドーナツ状に爆撃し、火災を起こして住民が逃げられないようにした上で、そのドーナツ状の輪の中に徹底的に焼夷弾を落としていくのです。折からの強風にあおられて、下町一帯は一面"火の海"と化しました。この2時間の爆撃で約10万人が死亡し、約100万人が家を焼かれたり、怪我をするなどの被害を受けました。学童疎開で家を離れていた間に、東京に残っていた家族がみんな亡くなり、孤児になってしまった子も多くいました。

第Ⅲ章　侵略戦争と民衆の被害

▲一面、廃墟と化した大空襲後の東京の街（現在の東京都中央区日本橋浜町、新大橋付近）

■東京大空襲の被災体験を語り伝えている橋本代志子さんの話
　私は、乳飲み子の息子を背負って、父母と一緒に逃げました。橋のたもとまでくると、倉庫が燃えており、その火が強風にあおられて、巨大なバーナーの炎のようでした。背中の息子が「ギャー」と泣くので振り向くと、口の中に火の粉が入り、喉が真っ赤に燃えていました。その炎を指でかき出し、泣き叫ぶ子を胸に抱きました。「代志子、飛び込め」。言われた通り、息子をしっかりと抱いて夢中で川に飛び込みました。それが父母との別れでした。

何のための無差別爆撃だったのか

　日本が行なったアジア太平洋戦争は、日本の国民すべてが侵略戦争に動員されて協力した総力戦でした。そのために、日本の総力戦体制をささえた一般市民も、アメリカ軍の爆撃の標的にされてしまったのです。日本軍もまた、中国の都市に対する無差別爆撃を行なって大きな被害を与えました。
　それにしても、戦闘員ではない一般市民に対して、なぜ、このような無差別爆撃が行なわれたのでしょうか。それは、総力戦の戦略目標が、相手国の軍事兵力、軍事生産力を破壊し、国民の生活と生命まで破壊して戦闘意欲を失わせ、降伏を迫ることにおかれるようになってしまったからでした。

第Ⅲ章　5節

日本民衆の加害と被害
4. 沖縄戦

> 沖縄戦は、日本南端の沖縄を戦場に、日本軍とアメリカ軍とが戦った、アジア太平洋戦争最後の、そして最大の決戦です。人が爆弾を抱いて突っ込んでゆく「特攻隊(とっこうたい)」が最も大量に投入された戦闘でもありました。沖縄戦とはどんな戦闘だったのでしょうか。

小さな島の3カ月の激戦

沖縄戦は、西太平洋上に広がった日本軍の拠点が米軍によって次々に攻め落とされ、日本の敗戦が明らかとなった1945年3月23日、アメリカ軍の砲爆撃によって始まり、4月1日のアメリカ軍の沖縄本島中部の海岸への上陸から、6月23日の日本軍の組織的戦闘の終結まで3カ月にわたって続きました。

沖縄本島は南北120キロの小さな島です。この島を、アメリカ軍は1500隻の艦船で包囲し、戦闘部隊18万人を含む54万の大兵力で攻撃しました。それに対し日本守備軍は、現地で徴集した補助兵力を含め11万でした。

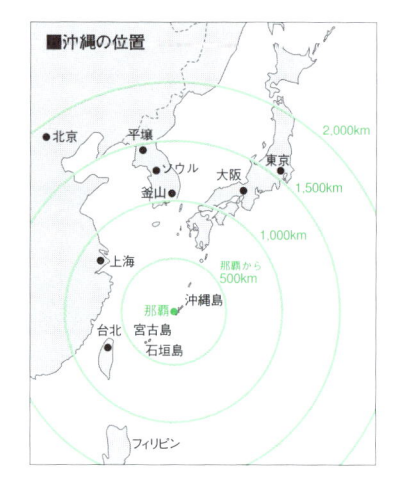

小さな島で、兵力も圧倒的に劣勢だったのに、3カ月も持ちこたえたのは、日本軍が「持久戦(じきゅうせん)」の作戦をとったからです。サンゴ石灰岩(せっかいがん)でできている沖縄本島中南部には数多くの鍾乳洞(どうくつ)があります。日本軍はそうした洞窟や、新たに掘った地下陣地にたてこもって戦い続けたのです。

日本軍は、なぜ「持久戦」をとったのか。当時、日本政府・軍部は、アメリカ軍を日本「本土」に迎え撃つ「本土決戦」を予定していました。しかし、その準備ができていなかったため、時間かせぎが必要だったのです。そこで、アメリカ軍をできるだけ長く沖縄に引きつけておくため「持久戦」作戦がとられたのでしたが、そのため小さな島で長期にわたって全住民が戦闘に巻き込まれ、当時の人口約60万の沖縄県民の実に4人に1人が命を奪われたのでした。

軍人を上回った住民の死者

沖縄戦での戦没者数は、沖縄県の資料では全体で約20万、うち住民の犠牲者

第Ⅲ章　侵略戦争と民衆の被害

◀戦争の巻き添えになった住民。1945年6月21日、米軍撮影。米軍の説明では「砲撃による死」となっているが、現場の様子から「集団自決」ではないかと考えられている。

が9万4千人を占めます。一方、軍人の戦死者も約9万4千人ですが、その中には沖縄現地召集の防衛隊や学徒隊などの死者約2万8千人が含まれており、合わせると沖縄県民の死者は12万2千人、さらにマラリア病死や餓死などを加えると沖縄の犠牲者数は15万人前後になるだろうと推定されています。

　この住民の死者の中には、戦闘に巻き込まれた上での死者だけでなく、軍の「軍民共死」の思想によって「集団自決」に追い込まれた結果の死者や、スパイ嫌疑で殺害されたケース、また避難していた壕から日本の軍隊によって追い出されたための死者が数多く含まれています。

　こうした沖縄戦の苦い経験から、「軍隊は住民を守らない」という教訓が、平和への強い願いとともに、沖縄の人々の心に焼き付けられたのです。

「平和の礎」

　沖縄本島南端の糸満市摩文仁には、第二次世界大戦から50年を記念して建立された刻銘碑「平和の礎」があります。そこには敵・味方、加害者・被害者の別なく24万383人（2006年6月現在）の戦没者の名前が刻まれています。

　一般住民、日本軍の軍人・軍属、アメリカ軍人などのほかに、韓国の戦没者341人の名前も刻まれています（同上。なお北朝鮮は82人、台湾は28人）。というのも、沖縄戦には朝鮮から推定1万人もの人が連れてこられ、「軍夫」として陣地構築や弾薬運搬などに従事させられたからです。また、地元の調査によれば、沖縄戦の前、沖縄には100をこえる軍の「慰安所」が設けられており、そこには朝鮮から連れてこられた女性が日本軍「慰安婦」として多数収容されていたことが明らかになっています。

　近年、毎年40万人を超える日本の中学・高校生が修学旅行で沖縄を訪れています。日本では異色の歴史・自然・文化にふれることができるとともに、そこでは戦争の実態を最も深く学ぶことができるからです。

第Ⅲ章 5節

日本民衆の加害と被害
5. 広島・長崎への原爆投下

> 1945年8月6日、広島、9日、長崎で、アメリカは世界ではじめて原子爆弾を投下しました。アメリカが、開発したばかりの原子爆弾の投下を急いだのは、日本の降伏を早め、戦後世界においてソ連よりも優位に立とうとしたからでした。原爆の被害は、どのようなものだったのでしょうか。

人類史上最初の原子爆弾

　原爆は、地上から500〜600メートルの上空で爆発し、大火球となりました。その下にいた人々は、これまで出会ったことのない大きな被害を受けました。その要因は、三つあります。

　一つは熱線です。爆発瞬間の温度は数百万度、1秒後の火球表面は、太陽の表面温度と同じ5000度、爆心地近くにいた人は骨の中まで焼かれてしまいました。3〜4キロも離れていたのに、ひどい火傷をした人もいました。

　二つめは爆風です。爆発とともにまわりの空気が膨張し、すさまじい爆風が起こりました。爆心地から0.5キロの地点で秒速280メートル、2.6キロ地点でも36メートルの爆風が吹き、人間が吹き飛ばされたり、たたきつけられたりしました。7キロ離れた家のガラスが吹き飛んだ例もあります。

　三つめが放射能です。多量の放射能を浴びたため、歯茎からの出血や鼻血、吐血、下痢、高熱、皮膚に紫色の斑点、髪の毛が抜けるなどの急性放射能障害を起こして、大勢の人が死んでいきました。

原爆投下後まもない広島市（米軍撮影）。右上は現在、「世界遺産」に登録されている原爆ドーム。

第Ⅲ章　侵略戦争と民衆の被害

　次の文は、被爆した、あるお母さんの話です。このようにして、大切な家族を失った人が数多くいます。

> 　大閃光とともに、ガラガラと家が崩れ始めた。夢中で外に飛び出し、外で遊んでいた２人の子を抱きかかえ、その場にすくんでしまった。「おかあちゃーん」という長女の悲鳴でわれにかえった。崩れた家がもうもうと土ぼこりをあげている。瓦をかきわけ、板をひっぱり、太い材木をどかし、声のするあたりを掘り続ける。助けてくれる人も道具もない。やがて、長女の声が「いたいよー」「熱いよー」に変わり、だんだん弱くなっていく。火の粉がふりそそぎ、長女を押さえつけている材木にも火がついてしまった。黒い煙と火の熱の中、とうとう「○○ちゃん、堪忍してね」と言って駆け出した。「おかあちゃん、熱いよー」という声がいつまでも追いかけてきた。

原水爆禁止を求めて

　原爆のために、1945年末までに広島で約14万人、長崎で約７万人が亡くなりました。日本人だけでなく、強制連行された朝鮮人や捕虜として収容されていた人など、他の国の人々も大きな被害を受けました。生き残った人も、白血病などに苦しめられたり、家族を失って苦労したり、目にみえない放射能が自分の身体を内側から壊し続けているのではないかという不安を感じながら、生きていかなければなりませんでした。

　被爆者は、戦後、非人道的な原爆被害の実態を訴え、原水爆禁止運動に立ち上がりました。一方、約７万人が被爆したと言われる朝鮮人などの外国人被爆者は、長い間、日本政府の被爆者援護政策の対象とされず、二重の苦しみを負わされてきました。

　佐々木禎子さんは、２歳の時、広島で被爆しました。その時は怪我ひとつせず、小学校ではリレーの選手もするほど元気な子でした。ところが12歳の時、突然、原爆症の一つである「白血病」にかかってしまいました。病院に入院した禎子さんは、「早くよくなって、みんなと一緒に勉強したい」と願い、「折り紙で鶴を千羽折れば病気が治る」という話を聞いて、折り鶴を折り続けました。しかし、644羽まで折ったところで、禎子さんは亡くなりました。発病してから９か月後のことでした。

　この話を聞いた禎子さんの友だちは、「今後、絶対に戦争をくり返さない」という願いをこめて、「原爆の子」の像をつくることを、日本中の人々に呼びかけました。広島の平和公園の中にある「原爆の子」の像の前にはいつも、世界各地から寄せられた、平和の願いをこめた「千羽鶴」が飾られています。

コラム 特攻隊と青年学徒

　日本海軍は、アメリカ海軍との大海戦に敗北して、航空機の発着に必要な航空母艦の多くを失った後には、爆弾を搭載した航空機を陸上基地から発進させて相手の軍艦に体当たり攻撃する航空特攻を行なうようになりました。航空特攻で陸海軍が失った機数は2443機、搭乗員などの数は3940人と推定されています。特攻機の命中率は総出撃数の12％であったと推定されていますので、ほとんどがただ撃ち落とされるためにアメリカの艦隊に突撃していったのでした。

　特攻隊のパイロットには、大学生から学徒出陣で兵士になった学徒兵が多くいました。その中には、日本の侵略戦争に疑問をもっていたり、反対であったりした青年学徒も少なくなかったのです。また、特攻隊員にさせられて戦死していった朝鮮人の若者もいました。

■上原良司（慶応義塾大学経済学部生。1945年5月、特攻隊員として沖縄戦において戦死。22歳）の遺書（要約）

　長き学生時代を通じて得た信念からすれば、自由の勝利は明白で、権力主義の国家は一時的にさかんであっても最後には敗れます。ファシズムのイタリアとナチズムのドイツがすでに敗れたのは、その証明です。特攻隊のパイロットは操縦桿をとる機械で、人格もなく感情もなく、理性もなく、ただ敵の空母に向かって吸いつく磁石のなかの鉄の一分子にすぎないのです。理性をもっては考えられないことで、自殺者と同じで、精神の国日本においてだけ見られることです。こんな精神状態でいったなら、死んでもなんにもならないかも知れません。明日は出撃です。明日は自由主義者が一人この世から去っていきます。

◀学徒特攻兵の上原良司

コラム　日本の総力戦と女性

　このイラストは、戦争中の婦人雑誌に掲載された「総力戦体制における婦人の役割」という論説のさし絵で、女性の役割を教え宣伝しています。
　真ん中には「生めよ人的資源」とあり、赤ちゃんが描かれています。つまり、女性に課せられた第一の役割は「戦争のための人間材料」を大量生産する「軍国の母」になることでした。
　政府は「大東亜共栄圏」建設のためには人口増が緊急だと、早婚や1夫婦5子政策を推進し、10人以上の子沢山を表彰するなどしました。まさに「生めよふやせよ国のため」です。
　「国家」は「家」を拡大したものとされ、個人的であるべき結婚・出産・家族愛も国策に直結させられ、戦死は家の名誉とされました（下の資料参照）。
　第二は、不足する男に代わる労働力、「産業戦士」の役割です。戦争末期には植民地を含め未婚女性を強制動員しました。
　この他にも、家庭を守り、隣組に属し、本土決戦に備え、大日本国防婦人会の活動などの"銃後の守り"を固め、草の根から戦争を支えました。
　皮肉なことに、選挙権もなく家事・育児にしばられていた女性たちにも、こうして社会活動の場が与えられたともいえます。そのため生きがいを持った人々もいました。女性運動の指導者たちの多くも公職につき国策に協力しました。
　なぜ、侵略戦争に女性たちは協力したのか、協力させられたのか、多様な角度から考えて、未来に生かしたいものです。

▶「銃後の婦人」一九三九年六月号にのったイラスト

■「軍国の母」の嘆き
　青木トキは、7人の息子のうち5人まで徴兵され、一人が戦死したとき「5勇士の母」として讃えられた。『東京日日新聞』で「5人までが軍国のお役に立ち、こんな嬉しいことはない。欲を言えば7人全部が軍人でなかったことだ」と語った。しかし、息子の遺品が家に届いたとき、トキはその遺品のシャツに鼻をすりつけて必死で匂いをかぎ、「ああ、これは間違いないよ。宗一だよ」と言って、シャツに顔を埋めて泣いた。（『朝日新聞』1976年7月9日付）

第Ⅲ章 6節

日本の侵略戦争の失敗
1. 中国の抗日戦争

> 日本が1931年から開始した中国侵略戦争に対して、中国人民は民族の存立と国家の危機を救うために立ち上がりました。中国人民はどのように抗日戦争を戦ったのでしょうか。そして、どのように日本帝国主義に勝利したのでしょうか。

日本軍の速戦速決作戦の挫折

　日本は緒戦において、軍事や経済のいずれの分野でも戦局を優勢に進めました。日本軍は速戦速決作戦を立てて大攻勢をかけ、「3カ月で中国を滅ぼす」とまで豪語しました。

　日本軍の大攻勢に対して、中国では第二次国共合作（国民党と共産党との協力）にもとづいて抗日民族統一戦線を成立させ、全国民、全民族が全土で抗日戦争を戦うための政治・軍事体制を築きました。緒戦の段階では、軍事装備にすぐれた日本軍が、北京・上海・南京などの都市を次々に占領して主要な鉄道・交通をおさえました。それに対し、武器と装備に劣る中国軍は、広大な国土の広さを利用して、日本軍の兵力を消耗させていく防衛戦略をとり、日本軍の速戦速決作戦を挫折させました。

▲盧溝橋事件のさい緊急出勤した中国軍兵士

国共合作による持久戦

　日本の侵略に抵抗する中国は、正面戦場では、国民政府軍（国民党軍）が正規軍として日本軍と戦闘を繰りひろげ、激しく抵抗しました。上海戦、武漢戦、長沙戦などの防衛戦において、大作戦を展開して中国人民の抗戦意志を示しました。

　日本軍の占領地の後方の戦場では、共産党軍と民衆が、「地雷戦」「地道戦（坑道を使ったゲリラ戦）」「雀戦（あちこちから襲撃するゲリラ戦）」など多様なゲリラ戦術をもって日本軍を牽制し、消耗させました。1940年には八路軍（共産党軍）のおよそ百の部隊が参加して「百団大戦」を決行し、日本軍に大きな打撃を与えました。

　正面戦場と後方戦場の戦闘がおたがいに補いあう役割を果たしたので、抗日戦争は持久戦となりました。日本軍は広大な中国の領土を占領しましたが、戦線は

◀ 百団大戦での八路軍

第Ⅲ章　侵略戦争と民衆の被害

伸びて広がっただけで、国民政府を降伏させる力はなく、中国を征服するという目的は実現することができませんでした。

日本軍は、正面戦場において、局地的な打撃を与えて国民政府に降伏を迫る一方で、軍事作戦の重点を日本軍の後方の抗日根拠地に移し、大規模な掃討作戦を展開しました。

1941年にアジア太平洋戦争が始まると、中国は連合国の一員となりました。アメリカ・イギリスなどの連合国は、中国戦区を設定して中国に空軍基地を建設しました。中国軍はビルマ（現ミャンマー）にも派兵され、連合国軍と対日共同作戦を行ないました。

中国軍の反攻作戦

1943年に連合国軍が攻勢に転ずるようになると中国軍も徐々に日本軍に対する反攻作戦を開始しはじめました。正面戦場では、1945年に中国軍がビルマ北部・雲南西部を占領していた日本軍を攻撃し、同年6月には広西省の桂林や柳州を取り戻しました。その後、中国軍は1945年夏までに、日本軍と傀儡軍の47万余人を壊滅させ、70余りの都市を解放し、国土の大半を取り戻しました。

1945年8月9日、ソ連が中国東北地方の日本の関東軍に総攻撃を開始したのと同時に、抗日根拠地の軍隊と民衆は、日本軍に対する大規模な反攻作戦を開始しました。

抗日戦争の最終的勝利

1945年8月8日、ソ連はアメリカ、イギリスとのヤルタ秘密協定に基づいて日本に対して宣戦布告を行ないました。ソ連軍は満州に進撃すると、つづいて朝鮮北部を占領しました。8月6日と9日、アメリカは広島と長崎に原子爆弾を投下しました（→156ページ）。日本はすでに戦争を継続する力を失い、8月15日、無条件降伏を受け入れました。9月9日、南京において中国戦区における日本軍の降伏文書調印式が行なわれ、中国人民はついに抗日戦争の最終的な勝利を勝ち取りました。

中国政府の発表によれば、抗日戦争における中国の軍人と民間人の死傷者は総計約3500万人、財産の損害は約6000億ドルにのぼります。中国の人民は民族の独立と解放のために大きな犠牲を払いました。中国の抗日戦争は、日本の陸軍兵力の60％以上および相当の海空軍力を牽制し、世界の反ファシズム戦争の勝利に大きく貢献しました。このことは、戦後、中国の国際的地位の向上をもたらしました。

第Ⅲ章 6節

日本の侵略戦争の失敗
2. 朝鮮人の抵抗と建国準備

> 日本が戦時総動員体制を強化し、生活が暗く閉ざされるにつれ、朝鮮人の中には独立に対する希望を失う人々もいました。しかし反対に、このようなときにこそ民族解放に備えて建国準備をしなければならないと思う人々も多くなりました。ではその建国準備はどのようにすすめられたのでしょうか。

建国プランへの合意

　日本が戦争を拡大するにつれ、大規模な戦争を行なう能力が優れているアメリカなど連合国が勝利するだろうと予測されました。状況が有利に展開すると見た独立運動家たちは、自力で独立の時期を早めようと活発に動き始めました。当時、代表的な朝鮮の独立運動団体は大韓民国臨時政府、朝鮮独立同盟、在満韓人祖国光復会、建国同盟などでした。中国の重慶と延安を中心に活動した大韓民国臨時政府と朝鮮独立同盟は1941年、建国同盟は1944年に建国綱領を発表しました。

■大韓民国臨時政府・建国綱領（抜粋）
4．国民の権利と義務：普通選挙は満18歳以上の男女が選挙権を行使し、信仰、教育、居住年数、身分、財産状況、経歴を問わない。
6．経済体制：大生産機関の資産を国有にし、土地・鉱山、漁業、農林、水利、沼沢と水上・陸上の公共運輸産業と銀行・電信・交通などと大規模農・工・商企業と都市・工業区域の主要資産は国有財産にし、中小企業は私有財産とする。
7．教育：6歳から12歳までの初等教育と12歳以上の高等基本教育に関する一切の費用は国家が負担する。

■朝鮮独立同盟・建国綱領（抜粋）
1．全国民の普通選挙による民主政権の樹立。
6．朝鮮にある日本帝国主義資産および土地を没収し、日本帝国主義と密接な関係にある大企業を国営とし土地分配を実施する。
9．国民の義務教育制度を実施し、これに必要な経費は国家が負担する。

■建国同盟・建国綱領（抜粋）
3．建設部門において一切の市政を民主主義的原則にもとづき進め、とくに労働大衆の解放に重きを置く。

　大韓民国臨時政府と独立同盟の建国綱領を見れば、解放後、民主共和国を樹立し、民主主義と社会主義制度の長所を生かした社会経済体制を確立するとい

■解放直前の主要抗日勢力

(地図中の地名)
ハバロフスク
朝鮮工作団委員会
北京
建国同盟
ソウル
延安
朝鮮独立同盟
重慶
大韓民国臨時政府

第Ⅲ章　侵略戦争と民衆の被害

う点で合意していたことがわかります。建国同盟も、具体的には論じていませんが同じ方向をめざしていました。

力を合わせて日本を駆逐しよう

建国プランで合意をみたことは、理念の違いをこえて全勢力が独立のため協力することに合意したことを意味します。もちろん、連合戦線を形成するのは容易ではありませんでした。しかし、日本を追い出して独立を実現するためには、協力しなければならないという共通認識ができたために、各団体が統合のために活発に動きました。さらに各団体は地域を越えてすべての勢力を統一するために努力しました。日本の降伏が予想以上に早かったため、残念なことにこれは実現しませんでした。しかし建国の方向に合意し、統合の努力をしたということは貴重な経験だったといえるでしょう。

手を結んだこと以上に重要なことは、これらの団体が武装独立運動を強化したことです。大韓民国臨時政府は1941年12月に日本に正式に宣戦布告をし、韓国光復軍の武装を強化しました。ビルマ（現ミャンマー）戦線に韓国光復軍を派遣し、アメリカ軍とともに朝鮮内へ進軍するための特殊訓練をすることにしました。朝鮮独立軍は、中国の八路軍とともに胡家荘の戦いなど大小の抗日戦争に参加しました。建国同盟も、実現はしませんでしたが、労農軍と遊撃隊を組織して軍事行動計画を立てました。

1945年5月、ドイツが降伏し、6月、沖縄がアメリカ軍に占領されると、ソ連にいた朝鮮人隊員も朝鮮工作団委員会を組織しました。日本が敗戦すれば、朝鮮で新しい民族国家を建てるのに参加するためでした。

1945年、朝鮮の独立は連合国の勝利で得たものだともいえます。それは、多くの困難のなかで、団結してねばり強い運動を展開しなければ、決して成し遂げることはできなかったでしょう。

▲インドに派遣された韓国光復軍。韓国光復軍は1943年秋、英国軍の協力要請でミャンマー、インド戦線に派遣され、捕虜の訊問、宣伝活動を担当した。

日本の侵略戦争の失敗
3. 東南アジア占領地民衆の抵抗

> 日本の東南アジア侵略に対して、各地で抵抗運動が高まっていきました。では、日本が宣伝した「大東亜共栄圏」という考え方は、東南アジアの人々にどのように受けとめられたのでしょうか。東南アジアで暮らしていた民衆の視点から見てみましょう。

長い間独立を求めていた東南アジアの民衆

　日本が東南アジアに侵略する以前、その大部分は長期にわたって欧米列強の植民地になっていました。そのため植民地支配下の人々は、民主的な政治や豊かな生活を奪われており、一日も早い独立と争いのない平和な世界を求めて抵抗を長い間続けていました。

　そこへ日本軍が、欧米の植民地支配からアジアを解放し、諸民族の共存共栄をはかることをうたって進駐してきたのでした。「独立と解放」を強く望んでいた東南アジアの人々は、日本に対する期待をふくらませました。ところが、実際に日本軍がやってきてみると、その大きな期待はたちまち失望へと変わっていきました。

占領統治の実態と抵抗運動

　日本軍は、東南アジアの占領地で軍政をしいて直轄支配を行ないました。各地で戦争に必要な食糧や石油などの資源を奪い、飛行場や鉄道建設のために現地の人々を労働力として徴発しました。インドネシアでは、約400万人が「ロームシャ（労務者）」として、食事も充分に与えられない厳しい状況下で過酷な労働を強制されました（この「ロームシャ」は、今日、インドネシア語になっています）。さらに民族旗や民族歌を禁止して、日の丸と君が代を強制し、新しく神社を建ててそこへの参拝を強要するなど、皇民化政策をおしすすめました。

　東南アジアの人々にとって、日々の生活や財産、文化から言葉までも奪う日本軍の統治は、それまで自分たちを支配してきた欧米列強に代わる新たな侵略にほかなりませんでした。そのため、東南アジアでは日本に対する抵抗運動が活発化していきました。中でもフィリピンでは、アメリカによって植民地からの「独立」を約束されていたこともあり、日本軍の侵攻を新たな支配の始まりととらえて、フクバラハップ（抗日人民軍）などの抵抗組織が各地につくられ、

▲フィリピンで日本軍とのゲリラ戦を戦ったフクバラハップ（抗日人民軍）のメンバー

激しく抵抗しました。

　また、日本の中国侵略に対して、同じ民族として強い反感を持っていたシンガポールやマレーの華僑（外国に住む中国人）たちは、日本軍に対する財産の提供を拒むとともに、義勇兵となって立ち上がりました。こうした人々を、日本軍は容赦なく弾圧し、虐殺しました。しかしそれは、東南アジアの抗日運動をさらに高揚させていくことになりました。

アジアの抵抗に敗れた日本

　日本の支配に抵抗する組織は、東南アジア各地につくられました。タイの自由タイや、シンガポールとマレーのマラヤ人民抗日軍、ビルマのパサパラ（反ファシスト人民自由連盟）などです。ベトナムでは、もとの支配者のフランスと新たにやってきた日本の支配に抵抗するため、ベトミン（ベトナム独立同盟）が結成されました。

　彼らは東南アジア各地でゲリラ戦を行ない、日本軍を苦しめました。また、皇民化政策に対抗して各地に古くから伝わる歌や歴史を村々で教えたり、一般の住民向けに新聞を発行したりして抗日の気運を盛り上げていきました。

　東南アジアの民衆は、戦争のない平和な生活や植民地支配からの独立を求め、地域に深く根ざした組織的な抗日運動を行ないました。日本が掲げた「大東亜共栄圏」は、日本の敗戦によって消滅し、その後まもなく東南アジア諸民族は次々と独立を達成していくことになります。

第Ⅲ章 6節

日本の侵略戦争の失敗
4. 反ファシズム戦争の勝利と日本の降伏

> 第二次世界大戦は第一次世界大戦とは異なる特徴をもち、それは戦後社会にも大きな影響を与えました。どこが違っていたのか、考えてみましょう。

反ファシズム戦争としての第二次世界大戦

■連合国共同宣言〈1942.1.1　ワシントンで署名〉各政府の敵国に対する完全な勝利が、生命、自由、独立及び宗教的自由を擁護するため、及び自国の領土と他国の領土において人類の権利と正義を保持するために必要であること、各政府が、世界を征服しようとしている野蛮かつ獣的な軍隊に対する共同の闘争に現に従事していることを確信する。（要約）

　第二次世界大戦は、ファシズム国家のドイツ・イタリア・日本が行なった侵略戦争に反対して、アメリカ・イギリス・ソ連・中国を中心にした多くの連合国が戦った戦争でした。降伏の仕方は3国で相違し、そのため、3国の戦後社会のありかたも異なるものになりました。

【イタリア】1943年7月、国王と軍部が結んでムッソリーニ首相を追放して監禁、ファシズム政権を崩壊させました。新政権はドイツに対して宣戦布告し、イタリアは連合国の一員となりました。1945年4月、ドイツ軍に救出されてスイスへ逃れようとしたムッソリーニは、パルチザン（市民遊撃隊）に捕らえられ、処刑されました。

【ドイツ】1944年7月、ドイツ軍幹部によるヒトラー暗殺事件は失敗。1945年4月、ソ連軍がベルリンに突入してくると、ヒトラーは自殺してナチス政府は崩壊。ドイツ軍は5月7日に連合国に無条件降伏し、米・英・仏・ソ4カ国により分割して直接占領されました。

【日本】1945年8月15日、アメリカ、イギリス、ソ連、中国が日本に対し無条件降伏を勧告したポツダム宣言を受諾したことを、天皇が「終戦の詔書」として放送、戦争終結を宣言。8月末にアメリカ軍が日本の本州に上陸、9月2日に東京湾のアメリカ軍艦ミズリー号の艦上で降伏文書の調印式を行ないました。連合軍は日本政府を存続させて間接占領統治を行ないました。

ポツダム宣言——日本の降伏の条件

■ポツダム宣言〈1945.7.26、米、英、ソ、中国による共同宣言〉無責任な軍国主義を世界から駆逐して、平和、安全、正義の新しい秩序をつくるために、日本国民をだまして世界征服の行為を行なう過ちを犯した権力と勢力は永久に除去する。日本国の戦争遂行能力を破砕するまで、連合国軍の占領を続ける。日本政府は日本国民の民主主義的傾向を復活強化させる必要があり、言論、宗教・思想の自由と基本的人権の尊重が確立されなければならない。(要約)

　第二次世界大戦が反ファシズム戦争であったために、日本は独立と主権、領土を保障されて、非武装、戦争放棄を定めた日本国憲法を制定して、民主主義国家として生まれ変わることができたのです。

アメリカによる天皇の免責

■マッカーサーと天皇の会見〈1945.9.27、東京のアメリカ大使館〉
天皇：今後は平和の新日本建設のためにできるかぎりのことをしたいと思います。
マッカーサー：陛下の終戦の聖断によって、日本の軍隊と国民が整然とこれにしたがったのは見事でした。
天皇：閣下の指揮下の米軍の占領が無事に行なわれて、満足に思います。今後とも閣下のご尽力を期待しております。

　アメリカは、軍部と右翼勢力の反乱を防止して日本の占領を平和的に行ない、日本国民が革命的な行動に立ち上がることと共産主義化を防ぐために、東京裁判（→180ページ）において天皇を戦争犯罪人として裁かない方針を決めました。そして、天皇を民主主義国として再建する日本の象徴にすえることにしたのです。
　こうした日本の降伏の条件が、戦後の日本社会のあり方に、戦争責任の問題も含めて、大きな影響を与えることになりました。

マッカーサーを訪問した昭和天皇（1945年9月）▶

コラム　大韓民国臨時政府

　1919年、朝鮮民族は日本の植民地支配に抵抗して三・一運動を展開しました（→76ページ）。その成果として上海(シャンハイ)に大韓民国臨時政府が樹立されました。大韓民国臨時政府は国務院、臨時議政院、法院を備えた三権分立の共和制政府として出発しました。

> ■大韓民国臨時憲章
> 一、大韓民国の主権は大韓人民全体にある。
> 一、大韓民国の人民は一切平等である。
> 一、大韓民国の立法権は議政院が、行政権は国務院が、司法権は法院が行使する。

　大韓民国臨時政府の内部は、初めから外交重視論と武装闘争重視論とで意見が対立していました。両者の差異を縮めるために1923年に国民代表会議が開かれましたが、合意に失敗し、大韓民国臨時政府は大きな打撃を受けました。

　ようやく存続していた大韓民国臨時政府がふたたび活発に活動を展開できたのは、韓人愛国団のおかげでした。韓人愛国団は大韓民国臨時政府の主席だった金九(キムグ)の指揮下に組織された抗日闘争組織でした。韓人愛国団員の李奉昌(イボンチャン)と尹奉吉(ユンボンギル)が日本軍の司令官らに向かって投げた爆弾が世の注目を集め（→113ページ）、中国国民党政府の支援を受けるようになって、再起のチャンスをつかんだのです。

　日本の侵略戦争が拡大すると、大韓民国臨時政府は武装勢力である韓国光復軍を創設して対日宣戦を布告します。1944年には左右の団体が合作(がっさく)（協力）して統一戦線政府が生まれました。政府として国際的な承認を得るために外交努力もしました。解放を迎える準備が着実に進んでいました。

　ところが1945年8月、韓国光復軍が計画した国内進攻作戦は、日本の突然の降伏(こうふく)で不発に終わりました。その上、アメリカが大韓民国臨時政府を承認しなかったために、金九をはじめとするリーダーは、1945年11月に、政府要人でなく個人の資格で帰国しなければなりませんでした。しかし国民は、長年国外で祖国の独立のために闘ってきた大韓民国臨時政府の指導者を熱烈に歓迎しました。

中国の重慶にあった大韓民国臨時政府庁舎。1944年4月から12月まで臨時政府要員たちが活躍したところであり、ここで祖国の解放を迎えた。

第Ⅲ章　侵略戦争と民衆の被害

コラム　日本兵反戦同盟

　戦時中の日本軍は、日本兵に捕虜になることを禁止し、捕虜になる前に自殺せよ、と定めていました。そのような中にあっても、中国の戦場で中国軍の捕虜になった日本兵たちが、教育をうけて日本の戦争が侵略戦争である事実に目を開き、日本軍に向けて命がけで投降や前線からの離脱を呼びかける反戦運動を行ないました。

　そのような日本兵捕虜の反戦運動を組織、指導した二人の日本人がいました。一人は鹿地亘というプロレタリア文化運動のリーダーで、中国国民政府（重慶）側で活動し、日本人民反戦同盟西南支部（1939年11月結成）を組織して運動を展開しました。もう一人は、野坂参三という共産主義者で、モスクワのコミンテルン（国際共産党）で活動していたとき、中国共産党の要請をうけて中国の延安へ派遣されたのでした。彼は日本兵士反戦同盟延安支部（1940年5月結成）を組織し、さらに捕虜になった日本兵士の教育のため、同じく延安に日本労農学校を創設しました。

▲日本兵士反戦同盟を組織した鹿地亘（中央）

　下に紹介したのは、「戦陣訓」を書き替えたものです。「戦陣訓」は1941年に当時の東条英機・陸軍大臣が日本軍の軍規の乱れを引き締めるために通達したものです。反戦同盟は表紙が本物と同じパンフレットを印刷、中身を下のように書き替えて密かに日本軍に配りました。

■書き替えた「戦陣訓」のパンフレット
本訓
第一　皇国　大日本は天皇の国なり。それは万世一系の天皇を煙幕にして、実権を財閥と地主の番頭である軍部官僚たちが握り、国民に永遠に君臨するものである。
第二　皇軍　軍は天皇統帥の名目に護られて政治の干渉を受けず、逆に軍は政治に干渉して、皇国を駆り立てて戦争に導く動力である。正義に対しては暴力を、弱者に対しては専政を加える、これは世界の潮流に逆行する神と武力の精神である。
第三　軍規　皇軍の軍規の神髄は大元帥天皇陛下の名を笠に着る軍部に対して絶対、従順にしたがう崇高な精神にある。

第Ⅲ章 《まとめ》

　第Ⅲ章では、日本が中国、さらにアジア・太平洋地域を侵略して、未曾有の被害を与え、その侵略戦争に朝鮮や台湾などの植民地の民衆を動員して、大きな犠牲を強いた歴史を学びました。
　日本が足かけ15年にわたる侵略戦争で、中国や朝鮮、アジアの人々に加えた残虐行為の事実、膨大な損失と損害、屈辱と苦痛、苦難の歴史に対して、加害者と被害者という対立する立場にある日本と中国・韓国の若者たちがどう向き合っていくのか、つらく、困難な問題ですが、東アジアの平和の未来のためには避けて通れないことです。
　「前事不忘、後事之師（歴史を忘れずに未来の教訓にする）」という中国の諺のように、日本の侵略戦争と植民地支配の歴史からどのような歴史の教訓を引き出し、東アジアの平和を築きあげるための歴史認識を身につけていくかが大切です。

(1) 日本は「アジアの盟主」であると自認して、アジアの国々を侵略し、統治するのは当然であると考え、侵略された各国の民衆に多大な苦痛を与えました。日本の軍国主義はどこから、どのようにして生まれたのでしょうか。東アジアの歴史の中で考えてみる必要があります。その中から軍国主義の傾向にどう反対し、新しい戦争の発生をどう防いだらよいのか、歴史のヒントが得られるはずです。

(2) 日本国民は、なぜ合理的な思考を失って、総力戦と呼ばれる侵略戦争の体制に動員されたのでしょうか。日本人の民族優越意識と他民族に対する偏見は、どのようにつくられたのでしょうか。日本の天皇制や軍部の独裁政治体制、軍国主義教育が果たした役割などから考えてみましょう。

(3) 中国や朝鮮、そしてアジア各国の民衆は、想像を絶するような困難を乗りこえて侵略国日本に勇敢に闘争を挑みました。侵略され、支配されたアジアの諸国民の闘いが、日本帝国主義を敗北させ、世界反ファシズム戦争の重要な一翼をになったことの歴史的な意義を考えてみましょう。

(4) 日本が行なった侵略と加害の戦争について、人類史的な視点から考える必要があります。とりわけ日本人は、侵略されたアジア民衆の立場に立って、自分たちが受けた戦争被害体験と、日本が行なった加害行為とを結びつけて考える必要があります。そうしてのみ、日本人は東アジアの人々との和解を実現し、平和と繁栄の新しい東アジア世界を建設することができるのです。

第Ⅳ章　第二次大戦後の東アジア

　1945年8月15日。この日、東アジア諸国は異なる「8・15」を経験しました。

　日本では8月15日、昭和天皇のラジオ放送を通じて、敗戦を知らされました。この日は戦争に敗れた「敗戦の日」なのですが、日本では「戦争が終わった日」であるとして「終戦の日」と言ったりします。

　しかし、同じ8月15日を、アジア諸国はまったく反対の迎え方をしました。

　朝鮮では日本の植民地支配からの解放の喜びのなかで、「独立万歳」を叫ぶ人々でいっぱいでした。朝鮮では、8月15日のこの日は1910年から1945年まで、35年に及ぶ日本の支配の暗黒時代から「光がよみがえった日」なので「光復」、または「解放」といっています。

　1931年から足かけ15年も戦ってきた中国でも、8月15日を抗日戦争勝利の日として迎え、日本が降伏文書に調印した翌日の9月3日を「抗日戦争勝利の日」として、誰もが戦争からの解放と勝利を祝いました。

　一方、第二次世界大戦中に同じ連合国として協力して戦ってきたアメリカとソ連は、大戦末期には戦後の処理をめぐって対立するようになりました。戦後を迎え、この米ソ対立は、アメリカを中心とする資本主義諸国とソ連を中心とする社会主義（共産主義）諸国との対立に発展し、「冷戦（冷たい戦争）」と呼ばれました。冷戦とは、実際に戦争はしないがきびしく対立しあっている緊張状態のことです。全世界的な規模に広まった冷戦は、東アジアそれぞれの国家の成り立ちや国際関係にも大きな影響を与えていきました。それは、いったいどのようなものだったのでしょうか。

　第Ⅳ章では、東アジア諸国が1945年8月15日からはじまる「戦後」に、それぞれどのような出発をして、どのような歩みをたどったのか、お互いはどのような関係だったのかを見ていくことにします。

第Ⅳ章 1節

3 国の新しい出発
1. 日本の敗戦と戦後改革

> 第二次世界大戦に敗北した日本は、連合国軍の占領下におかれました。連合国は、アジアの人々に大きな被害を与えた侵略戦争を二度と起こさせないため、日本の軍事力を解体し（非軍事化）、民主主義を根づかせること（民主化）を、戦後改革の目的としました。この改革によって日本はどのように変わっていったのでしょうか。

民主国家への出発

下の絵には「天降る贈り物」という題がついています。上から降ってきているのは爆弾ではなく、「民主主義革命」と書かれたパラシュートのついたドラム缶です。降らしているのはアメリカで、それを喜んで受けとろうとしているのは日本の人々です。実際、日本を占領したGHQ（連合国軍最高司令官総司令部）は、次々に指令を出しました（下の表参照）。といっても、改革は単純にGHQが上から押しつけたのではありません。戦後改革の多くは、民衆が願っていたことであるとともに、戦前からの改革運動で主張されてきたことでもありました。だからこそ改革が急速に進んだのです。

人権指令	政治犯の釈放、治安維持法の廃止など
五大改革指令	①女性解放 ②労働運動の助長 ③教育の自由化・民主化 ④圧政的な制度の廃止 ⑤経済機構の民主化
財閥解体指令	大企業の分割など
農地改革指令	地主の土地所有を制限
神道指令	国家と神道の分離など
公職追放令	旧官僚の職場追放など

◀「天降る贈り物」（加藤悦郎画）

日本国憲法の制定

現在の日本国憲法はこうした流れのなかで制定されました。1946年11月に新しい憲法が公布され、翌年5月に施行されました。この憲法は、戦前とは違って国民に主権があること、戦争を放棄したこと、基本的人権の保障を広く定め

たことに大きな特徴がありました。右のイラストは、憲法第9条に書かれた「戦争放棄」を説明した絵で、平和憲法の特徴をよく示しています。どういう願いが込められているか考えてみましょう。

戦争の最高責任者だった昭和天皇は、極東国際軍事裁判（東京裁判）でも戦争の責任を問われることなく（→181ページ）、新しい憲法によって日本国民統合の「象徴」として残ることになりました。

▶文部省発行の中学生向け教科書『あたらしい憲法のはなし』（1947年）の中の、憲法第9条を説明したさし絵。
【日本国憲法第9条】
1. 日本国民は、正義と秩序を基調とする国際平和を誠実に希求し、国権の発動たる戦争と、武力による威嚇又は武力の行使は、国際紛争を解決する手段としては、永久にこれを放棄する。
2. 前項の目的を達するため、陸海空軍その他の戦力は、これを保持しない。国の交戦権は、これを認めない。

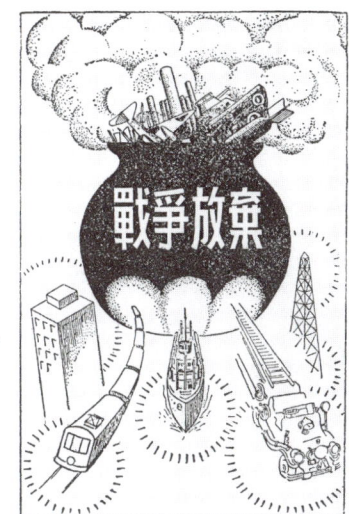

戦後改革と「冷戦」の影

日本の戦後改革は、日本を民主主義と平和主義の方向へ変化させる大きな転換点となりました。しかし、それには限界もありました。

たとえば沖縄は、日本の本土と状況がまったく違っていました。沖縄では、日本が連合国に降伏するより前から、米軍による占領と直接統治がはじまりました。日本に復帰（1972年）するまで、沖縄では住民の本土との往来も米軍の厳重な管理下に置かれ、パスポートが発行されないと許可されず、また通貨も米軍が発行する軍票やドル紙幣が使われるなど、アメリカの支配下におかれました。米軍の基地もたくさん建設され、今でも面積でいえば沖縄全体の10分の1が基地で、これは日本全体の米軍基地の4分の3にあたります。このように沖縄にとっての「戦後」は、民主化とも非軍事化ともほど遠いものでした。

また戦後改革は長続きしませんでした。アメリカとソ連との対立、中国での内戦（→176ページ）、朝鮮での南北分断（→174ページ）など、東西冷戦が深刻になるにつれて、アメリカは、1948年頃から占領の方針を変え、「反共（反共産主義）の砦」としての日本の復興をめざしました。阪神教育闘争（→196ページ）で非常事態宣言が出されたことが象徴的ですが、戦後改革は徐々に初期の勢いを失い、冷戦の影響が強くなっていったのです。

このような限界をもちながらも、日本の戦後ははじまりました。韓国や中国の戦後と対照させながら、日本の戦後改革の意義と問題点を考えてみましょう。

第Ⅳ章 1節

3 国の新しい出発
2. 朝鮮の解放と分断

> 1945年8月15日、日本が連合国に降伏したため、ついに朝鮮は植民地支配から抜けだすことができました。しかし朝鮮人による政府ができたのはそれから3年が過ぎたあとでした。それも南側と北側に別々の政府ができてしまいました。どうして朝鮮は、解放を迎えながらもすぐに独立できず、結局は分断されてしまったのでしょうか。

分断線となった北緯38度線

　右の写真は、北緯38度線を表示したクイです。もともと北緯38度線は、アメリカとソ連が日本軍の武装解除を名目にして分けた境界線でした。しかし冷戦体制が深まっていくと、この線は朝鮮を分ける分断線として固定化されていきました。

建国のための自治組織

　解放を迎えた朝鮮人の間では、社会を安定させ新しい国を建てようという動きが出てきました。解放直後のソウルや全国各地には、朝鮮建国準備委員会という組織がつくられ始めました。この組織に参加した人々は、治安と行政をととのえて社会を安定させようとしました。各地域の朝鮮建国準備委員会の支部は、人民委員会という自治組織に引き継がれました。

▲北緯38度線をあらわすクイ。38度線を境界に、南は米軍が、北はソ連軍が占領した。

　しかし朝鮮南部を占領したアメリカ軍は、人民委員会をはじめとする朝鮮人の自治的な行政組織を認めませんでした。これに対してソ連軍は、人民委員会を認めて、共産党政権が成立することを支援しました。

米ソの対立と南北の対立

　新しく生まれる朝鮮をどんな性格の国につくるのがよいのかについて、朝鮮人の間でも意見の違いがありました。資本主義の社会にすべきだという人々もいれば、社会主義を支持する人々もいました。朝鮮南部では、アメリカ軍政の統治に協力する政治家もいれば、反対する政治家もいました。二つの立場の

人々を統合して、力を集めようとする動きも現れました。しかし、このような動きは成功をおさめることができませんでした。

朝鮮社会の葛藤(かっとう)は、1945年12月にモスクワで開かれたアメリカ、イギリス、ソ連の三国外相会談以降、激しくなりました。この会議では、朝鮮の独立のために臨時政府を樹立するが、独立の能力を備える時まで最長5年を期限にアメリカ、イギリス、中国、ソ連が信託統治をすることで合意しました。朝鮮の一部には、この決定が臨時政府の樹立により朝鮮の独立をもたらすものと見て賛成した人々もいました。一方、外国による信託統治は朝鮮人の統治能力を過小評価するものとして反発する人々もいました。

アメリカとソ連は、モスクワ三国外相会議の合意事項を実行に移すために、1946年と1947年の2回にわたって米ソ共同委員会を開きました。しかし、両国はその主張を繰り返すだけで、たいした成果もなく終わってしまいました。

南・北に分断政府の樹立

米ソ共同委員会が不調に終わると、国際連合は人口比例による総選挙で朝鮮に政府を樹立することを決定しました。しかし、朝鮮北部とソ連は、国際連合の決定では人口の多い朝鮮南部に有利だと考え、これに従えば政治的な主導権を朝鮮南部とアメリカに奪われることを恐れて、この決定を拒否しました。

朝鮮北部とソ連の拒否に直面した国際連合は、先に朝鮮南部だけの単独政府を建てることにしました。この計画が実行されれば分断が固定化されると心配した人々は、平壌(ピョンヤン)で南北の政党と社会団体が参加する会議を開きました。済州(チェジュ)島では、朝鮮南部だけの選挙に反対する武装蜂起が起こりました。しかしこれらの動きも、南での単独政府の樹立を防ぐことはできませんでした。済州島の蜂起を鎮圧(ちんあつ)する過程で、軍と警察、右翼青年団体によって、たくさんの民衆が虐殺されました(済州島4・3事件、その後に麗水・順天事件)。

■南北単独政府の樹立過程

南北会議	4.3事件	大韓民国政府樹立	朝鮮民主主義人民共和国 樹立	麗水・順天事件
平壌:1948.4	済州島:1948.4.3	ソウル:1948.8.15	平壌:1948.9.9	麗水・順天:1948.10.19

結局、解放されてちょうど3年目の1948年8月15日、朝鮮南部には大韓民国が樹立され、朝鮮北部にも翌9月に朝鮮民主主義人民共和国が樹立されました。こうして朝鮮は、世界的な冷戦体制と朝鮮国内の対立によって統一国家を打ち立てることができないまま、南北に引き裂かれてしまいました。南北間の対立と冷戦体制の深まりは、朝鮮を新たな戦争へと引き込んでいきました。

第Ⅳ章 1節

3 国の新しい出発
3. 中華人民共和国の成立

> 1949年の中華人民共和国の誕生は、第二次世界大戦終結後の世界に大きな影響を与えました。新中国は、どのように誕生したのでしょうか。またその成立は、国際情勢にどのような影響を与えたのでしょうか。

新中国の成立

　抗日戦争に勝利した中国では、戦後世界が冷戦時代に入るとその影響を受け、国民党と共産党が協力する「国共合作」も終わりを迎えました。政権に復帰した国民党は、アメリカの援助を受けて共産党との内戦を開始しました。

　民衆、とくに農民の支持を失った国民党は、完全に敗退して、蔣介石は残った集団を率いて台湾へ逃げました。代わって毛沢東の指導する中国共産党が政権につきました。

　1949年10月1日、毛沢東は北京の天安門の上から、中華人民共和国の成立を宣言しました。人々は新しい独立国家を、親愛を込めて「新中国」と呼びました。新中国の首都は北京とされ、毛沢東が国家主席、周恩来が政務院（後に国務院）総理になりました。中国の国土面積は960万平方キロメートル、当時の人口は4億6000万人でした。

　新中国は、ソ連を中心とした社会主義陣営に加わることになり、世界の政治勢力の対比を大きく変化させました。また、帝国主義に抑圧されてきた第三世界の人々に希望を与えました。

▲建国式典（油絵）　中央は建国を宣言する毛沢東。

新中国建設の展開

　新中国の成立後、土地改革によって農民は土地を獲得し、労働者は自分たちで工場を管理するようになり、働く人々の社会的な地位は大きく変化し、労働意欲が高まりました。国家資本による鉱山の開発、発電所、大規模工場の建設も進められました。

　中国の国外にいた専門家たちは、新しい国家を歓迎し、建設に貢献しようと、恵まれた生活や仕事の場を捨て、さまざまな障害を越えて、ヨーロッパ・アメ

リカ・日本などから中国に帰国しました。専門家、知識人の帰国ブームが起こったのです。銭学森・李四光・華羅庚などの著名な科学者は、その代表といえます。彼らは新中国の建設と発展に大きな貢献をはたしました。

中華人民共和国憲法

1954年に制定された中華人民共和国憲法は、「公民は法律の下に平等である」という原則を確定し、公民は広範な権利と自由をもつようになりました。憲法は少数民族が居住する地域で自治政策を実施することを特別に規定しました。中国の少数民族は漢族に比べて人口は圧倒的に少数ですが、生活条件、教育の機会は漢族と同等に保障され、少数民族の言語や風俗などの文化も保護されて、発展しました。

憲法は、女性の参政権、教育を受ける権利、働く権利などを明確に保障して、女性が社会活動に参加する権利を十分に発揮させ、就学率、就業率はいずれも大きく向上しました。当時、「女性は天の半分を支える」と言われました。

平和五原則

新中国が成立したときは、世界が資本主義陣営と社会主義陣営に分かれて鋭く対立する冷戦構造に突入した時代でした。西側（資本主義陣営）は中国を国際的に孤立させ、封鎖する政策を実行しました。

中国政府は、アジア各国との連携をつよめ、1954年、周恩来総理は朝鮮問題を解決するために開かれたジュネーブ会議の休会の際、インドを訪問し、ネルー首相との間で、社会制度の異なる国家間の共存関係をめざす外交関係の平和五原則を確認し、世界に提言しました。すなわち、領土保全と主権の相互尊重、相互不侵略、相互の内政への不干渉、平等および互恵、平和的共存です。

この原則は、1955年のバンドン会議（アジア・アフリカ会議とも呼ぶ）で採択された平和十原則に受け継がれ、国際関係の基本原則の一つとなっていきました。

■中華人民共和国憲法（1954年制定）の一部
・中華人民共和国は統一された多民族国家である。
・各民族は一律に平等である。いかなる民族に対しても蔑視や抑圧を禁止し、各民族が団結する行為を破壊することを禁止する。
・各民族はそれぞれが自分たちの言語や文字を使い発展させる自由を持つ。また自分たちの風俗習慣を維持、もしくは改革する自由を有する。
・各少数民族が居住する地域において自治を行なう。各民族が自治を行なう地域は中華人民共和国の不可分な一部分である。

コラム　マッカーサーの2つの顔

ダグラス・マッカーサー（1880-1964）はアメリカの軍人ですが、東アジアに大きな影響を与えた人物です。大戦中に陸軍元帥となった彼は、戦後、連合国最高司令官に任命され、日本と朝鮮半島南部を統治する最高責任者となりました。戦後のマッカーサーに対する評価はさまざまですが、そのうちまったく異なる2つの側面を見てみましょう。

【「解放者」マッカーサー】　マッカーサーは日本の非軍事化をすすめようという強い信念をもち、前に見たような改革を行ないました。そのためか、特に日本占領の初期には、マッカーサーを日本の「解放者」とみなす世論が形成されました。マッカーサー宛に日本国民から一日に数百通もの手紙が届くこともありましたが、その多くは感謝状でした。「神の如きマッカーサー元帥」「大きな御心の元帥様」、そんなことばが連なり、天皇の写真の代わりにマッカーサーの写真を掲げる者まであらわれました。

【強烈な反共主義者マッカーサー】　しかしマッカーサーには、まったく別の厳しい顔がありました。それは非常に強い反共産主義の思想をもち、冷戦の強まるなかで司令官としての力をふるった顔です。それが一番強くあらわれたのが朝鮮戦争のときです。戦争が起きると、彼はすべての作戦を指揮する司令官となり、朝鮮半島に日本から米軍を送りました。その空白を埋めるため、日本に警察予備隊を組織させたのも彼です。

最初は北朝鮮の軍を全滅させると意気ごんでいた戦闘が泥沼化すると、彼は原爆の使用と中国本土への攻撃を主張しました。度をこえた主張や行為を繰り返したため、マッカーサーは司令官を解任されてしまいました。

この2つの顔は、マッカーサー個人の性格もあるでしょうが、アメリカの東アジア政策のもつ「2つの顔」も象徴していたといえるのではないでしょうか。

▲朝鮮戦争時、前線をジープで視察するマッカーサー。車中の右側にいるのがマッカーサー。

第Ⅳ章　第二次大戦後の東アジア

コラム　遠かった故国

　日本は戦争中に約72万人の朝鮮人、約4万人の中国人を日本国内に強制的に連行してきて働かせました。朝鮮人の中にはその他にサハリン（樺太）や「満州」（中国東北地方）、南方に行かされた人々もいます。一方、日本人は、軍人も含めて約660万人が国外にいました。そのうち約77万人が朝鮮に、約155万人が満州にいました。第二次世界大戦後、これらの人々はいっせいに故国に帰ろうとしました。しかし、帰ることができなかったり、帰る途中で亡くなってしまった人もたくさんいました。

【「満蒙開拓団」の悲劇】戦前に日本の国策にしたがって満州に移民した日本人農民（満蒙開拓団）や、「満蒙開拓青少年義勇軍」として送られた少年たちの中には、8月9日のソ連参戦後、日本軍の「盾」とされたり、逃げる途中に飢えや寒さのために命を落としてしまった人が少なくありませんでした。また、やむをえず親と別れて中国に残され、中国人の養父母に育てられた子（中国残留日本人孤児）は3千人以上にのぼります。

【浮島丸事件】日本が連合国に降伏してから9日目の8月24日、京都府の舞鶴港に入港した浮島丸が突然爆発して沈没してしまいました。浮島丸は、戦時下に動員された朝鮮人労働者とその家族約4千人を乗せて、日本の青森から朝鮮・釜山に向かう途中でした。戦争中に米軍が投下した機雷にふれたためと言われていますが、日本軍が関与したという説もあります。549人（政府発表）が亡くなりましたが、その他の消息はつかめていません。

【サハリン棄民】敗戦まで日本領土だったサハリン南部には、多くの日本人が住み、また戦時期には朝鮮人が労働者として動員されました。戦後、ソ連領となったサハリンには、日本人約30万人、朝鮮人約4万3千人が残されました。しかし、引き揚げの対象となったのは日本人だけで、朝鮮人はそのままサハリンに置き去りにされ、故国に帰ることができませんでした。

▲「中国残留孤児」たちの第1回目の来日（1981年3月）。新幹線で京都見物へ向かう孤児たち。

第Ⅳ章 2節

問われる日本の「過去の清算」
1. 東京裁判

「東京裁判」は正式には「極東国際軍事裁判」といいます。ドイツでのニュルンベルク裁判とともに、第二次世界大戦を引き起こしたナチス・ドイツと日本の国家指導者たちの戦争犯罪を裁(さば)くために連合国が設けたものです。

第一次世界大戦までは戦勝国が敗戦国に賠償金(ばいしょう)や領土の割譲(かつじょう)などを求めていましたが、それがまた次の戦争の火種(ひだね)となりました。そこで、国際裁判で審理した上で、責任を問うという考えが生まれ、「通例の戦争犯罪」以外に「平和に対する罪」「人道に対する罪」という新しい原則を加え、国家指導者の刑事責任を問う国際裁判所を設けました。東京裁判では何が裁かれたのでしょうか。

平和に対する罪	侵略戦争、または条約に違反する違法戦争の計画、準備、開始、遂行(すいこう)、共同謀議(ぼうぎ)
人道に対する罪	戦前の行為を含む一般住民に対する殺戮(さつりく)、殲滅(せんめつ)などの非人道的行為、または政治的・人種的宗教的理由による迫害
通例の戦争犯罪	戦闘員、または非戦闘員が相手交戦国に対して行う違法行為

(『東京裁判ハンドブック』[青木書店1989年]による)

▲「極東国際軍事裁判」(東京裁判)の法廷で起立するA級戦犯たち

裁かれたもの

　東京裁判は、東京・市ヶ谷の旧陸軍省・大本営（現在の防衛庁の所在地）で1946年5月から2年半にわたり、連合国11カ国出身の裁判官が、「平和に対する罪」を犯したとされるA級戦争犯罪人として28人（うち3人は裁判中に病死などで免訴）を審理したものです。政府や軍が、敗戦直後に証拠隠滅のため膨大な資料を焼却したため、証拠は証人からの証言中心で困難もありました。

　しかし、アジア太平洋戦争の開戦の過程、日本軍による拷問・強かん・南京大虐殺・捕虜への非人道的行為など、この裁判がなければ決して明らかにされなかった事実が報じられたことは大きな意味を持ち、日本国民は初めて知る事実に衝撃を受けました。1948年11月の判決で東条英機（アジア太平洋戦争開戦時の首相・陸相）、板垣征四郎（陸相、満州事変を引き起こし、「満州国」を推進）、松井石根（中支那方面軍司令官、南京虐殺の時の最高責任者）ら7名が死刑に処せられ、南次郎（陸相、元朝鮮総督）ら16人に終身禁固刑という判決が下されました。

裁かれなかったもの

　日本をほぼ単独占領したアメリカは、裁判に大きな発言力を持ちました。天皇を利用して占領をスムーズにすすめようという方針から、天皇側近や政治家と結び、「戦争責任は東条ら陸軍軍人にある」として昭和天皇の免罪を図りました。官僚、財閥などの責任も問われていません。オーストラリア出身のウェブ裁判長が「戦争を行なうには天皇の許可が必要であった。もし、彼が戦争を望まなかったならば、その許可を差し控えるべきであった」という異例の個別意見を発表しましたが、判決には生かされていません。

　米英との戦争に重点が傾き、植民地とされた台湾・朝鮮は取り上げず、日本軍の「慰安婦」制度等の性暴力も正面から扱われませんでした。731部隊や毒ガス等の細菌戦・化学戦の責任者も、研究データをアメリカに渡す条件で免責されました。

残された課題

　日本はサンフランシスコ講和条約で、この東京裁判の判決を受け入れました（第11条）。アメリカの冷戦政策のため裁判は第1次だけで打ち切られ、その後、戦犯容疑者はすべて釈放、25人のA級戦犯も死刑になった7人以外は全員釈放されました。東条内閣の商工大臣でA級戦犯容疑者の一人だった岸信介は、のちに首相となりました。アジアに対する戦争責任はきわめて曖昧なままになっており、改めて戦争責任・戦後責任について明らかにすることが残された課題となっています。

第Ⅳ章 2節

問われる日本の「過去の清算」
2. サンフランシスコ講和条約と賠償・補償問題

アジア太平洋戦争での日本軍の行為による被害に対して、アジア各国の被害者からは、今でも「何の補償もない」という声があがっています。しかし、日本政府は「賠償問題はすべて解決済み」としています。なぜこのような食い違いが起こったのでしょうか。サンフランシスコ講和条約を通して考えてみましょう。

サンフランシスコ講和会議と講和条約

サンフランシスコ講和条約は、正式には「日本国との平和条約」といいます。アジア太平洋戦争を正式に終わらせ、戦争のもたらした被害に対する賠償などを取り決め、連合国との関係を正常化するために結ばれたものです。そのために1951年9月に開かれたサンフランシスコ講和会議には、日本を含め52カ国が参加しました。

しかし、これに対しては、隣国の韓国と中国から反対の声があがりました。

李承晩（イスンマン）・韓国大統領は、「日本帝国主義と最も長くたたかった韓国人が、対日講和条約の署名国から除かれたのはまったく理解できない」と述べ、また中国の周恩来・首相兼外相は「アメリカが勝手に講和会議を進め、中国のように日本と戦争した国を除いたのは、本当の平和条約を結ぶのを破壊するものだ」と強く抗議しました。

▲サンフランシスコ講和条約に調印する吉田茂首相（1951年9月8日）

さらに日本国内でも、南原繁（なんばらしげる）・東京大学総長はじめ代表的な知識人の集まりである平和問題談話会が、「日本は、二つの世界の片側の国とだけ講和するのではなく、憲法の平和の精神を守って、全（すべ）ての国と講和しなければならない」という声明を発表しました。

会議に招かれなかった中国と韓国

どうしてこのような反対意見が出されたのでしょうか？

実は講和会議には、中華人民共和国も台湾（中華民国）も、また韓国（大韓民国）も北朝鮮（朝鮮民主主義人民共和国）も招待されませんでした。中国・

台湾の参加については、アメリカとイギリスで意見が分かれ、結局どちらも招請しないことになりました。韓国も参加を求めましたが、敗戦国の旧植民地は連合国ではないという理由などによって除かれました。北朝鮮は最初から議論の対象となっていませんでした。また会議に参加した国の中でも、ソ連など3カ国は条約に署名しませんでした。

サンフランシスコ講和条約の調印と同じ日に、日米安全保障条約が調印されました。このことに象徴されるように、日本はアメリカが主導する西側の国際社会に復帰した一方で、中国や韓国との関係は改善されなかったのです。

あいまいなまま残った賠償・補償問題

条約は27条からなりますが、賠償については次のように定められていました。

> **第14条** 日本は、戦争中の被害に対して連合国に賠償すべきだが、今の日本の経済状態ではそれがむずかしい。したがって賠償を望む連合国があれば、（お金や物ではなく）日本人が労務を提供する形での賠償について交渉を始めること。この条約で特に定める場合をのぞき連合国は賠償をすべて放棄する。（要約）

この条項にもとづいて下の表のようにほとんどの連合国が賠償を放棄しました。東南アジアの4カ国にだけ賠償が行なわれましたが、どれも実態は「賠償」という名の経済協力ないし貿易で、被害者個人への補償は行なわれませんでした。

また条約では、日本が正式に中国での特殊の権利や利益を放棄し、朝鮮の独立を認め、台湾の領土権を放棄しました。しかし、植民地だった朝鮮や台湾は、この条約にもとづく賠償は認められず、ただ財産をどうするかといったことについて、日本と直接話し合って決めるように定められただけでした。つまり講和条約では、植民地支配と戦争による朝鮮と中国の被害に対する賠償・補償は認められず、すべて2国間の交渉にまかせられたのでした。

このように、東アジアの和解と平和という観点から見て、サンフランシスコ講和条約は多くの課題を残したのです。

参加国	連合国中46カ国（アメリカ、イギリスなど）	賠償を放棄
	フィリピン、インドネシア、南ベトナム	賠償（＝経済協力）
	ソ連、ポーランド、チェコスロバキア	調印を拒否 （ソ連は1956年の日ソ共同宣言で賠償請求を放棄）
非参加国	ビルマ（現ミャンマー）	参加を拒否、講和会議後に賠償協定（経済協力）
	中華人民共和国	1972年の日中共同声明で賠償請求を放棄（台湾は1952年の日台条約で賠償請求を放棄）
	大韓民国	1965年の日韓基本条約で「経済協力」
	朝鮮民主主義人民共和国	日本との国交はまだ正常化していない

第Ⅳ章 2節 問われる日本の「過去の清算」
3. 植民地支配と戦争が残した社会問題

> 戦前の日本による植民地支配の下で、強制連行された人々も含めて、多くの朝鮮人や台湾人が「日本国籍」をもって日本に住むようになりました。また、戦争中には中国人が日本に強制連行されました。戦後、これらの人々はどうなったのでしょうか。

日本に住むようになった朝鮮人・台湾人

　日本の敗戦のとき、日本には200万人以上の朝鮮人がいました。当時の朝鮮人口の1割弱です。植民地支配がなければ、これほど大量の朝鮮人が海を渡ることはなかったでしょう。敗戦の翌年にはこのうち4分の3の人たちが自力で帰国しました。しかし、帰国の願いを持ちながらも、日本からの財産持ち出しに厳しい制限があったり、朝鮮半島の南北分断にともなう混乱で祖国での生活の目途がたたなかったりしたために、約65万人が日本に残りました。これらの人々とその子孫が、現在の在日韓国・朝鮮人（ときに日本籍も含む）※となりました。また、同じような経緯で日本に残った台湾人もいました。

「日本国民」から「外国人」へ

　日本が連合国軍の占領下におかれた間、在日朝鮮人や台湾人は「日本国籍を持つ」とされましたが、実際は「外国人とみなす」という矛盾した扱いを受けました。たとえば、日本政府は「日本国民」だから日本の教育を受ける必要があるとして、朝鮮人の民族教育を取り締まりました。その一方で、1947年5月には「外国人登録令」を適用し、「外国人」としての登録を義務づけました。1952年4月、サンフランシスコ講和条約により日本が独立を回復するやいなや「日本国籍」を失わせ、一般外国人と同じ「出入国管理令」の適用対象としました。そして、「国籍上、日本人ではない」として、国民年金や児童手当などの社会保障や、就職・住居などで国籍差別を受けることになりました。

忘れられた戦後補償

　植民地支配の下、約45万人の朝鮮人や台湾人が「日本人」として軍人・軍属に組み込まれ、うち約5万人が戦没しました。

	復員兵	戦没者	合計
台湾	176,877	30,306	207,183
朝鮮	220,159	22,182	242,341
合計	397,036	52,488	449,524

（厚生省援護局業務一課調べ［1990年9月］）

※南北分断前の外国人登録令（1947年）では外国人登録証の国籍欄は朝鮮半島全体を表す「朝鮮」でしたが、その後、韓国籍に変える人が増えたため、現在の日本社会では「在日韓国・朝鮮人」という呼称が一般化しまし

1948年、GHQの反共政策の下、日本政府は「朝鮮人学校取扱要綱」を都道府県知事に通達。朝鮮学校の設立を認めず、日本の学校への通学を強要した。これに対し在日朝鮮人は各地で反対闘争に立ち上がり、とくに神戸では検束者3百名をこす大闘争となった。写真はこの阪神教育闘争一周年記念大会(1949年4月)

また労働者として、日本各地やサハリンなどの炭坑、鉱山、工場、土木建設現場などに集団的に連行されました。その数は日本本土に連行された朝鮮人だけでも約72万人に及びます。

日本政府は1952年4月から日本人の元軍人・軍属への個人補償を始めましたが、朝鮮人・台湾人の元軍人・軍属には「日本人ではない」として補償をしませんでした。これを不当だとして日本に住む朝鮮人元軍人・軍属は、1952年から補償を求める運動を始めました。最も早い戦後補償を求める運動でした。

1970年代には広島や長崎で被爆して帰国した朝鮮人（推定4万3千人）、サハリンに置き去りにされた朝鮮人（約4万3千人）、台湾人の元日本軍兵士などが補償を求めて日本の裁判所に訴えましたが、関心を寄せる日本人は多くありませんでした。

また、戦争中に日本は、中国の占領地から中国人約4万人を日本各地に連行し強制的に労働をさせました。戦後は中国に帰りましたが、しかし、中には劉連仁のように、敗戦直前に脱走して13年間も北海道の山中で逃亡生活をつづけ、1958年に「発見」された中国人もいました（→201ページ）。

こうした戦後補償を求める訴えに再び光が当たったのは、1990年代に入って日本軍「慰安婦」問題が国際的に取り上げられるようになってからです。

残された社会的な差別

2003年末現在、日本には約191万人の外国人が住んでいます(総人口の1.5％)。このうちもっとも多いのが韓国・朝鮮人（約61万人）、次いで中国人です。在日韓国・朝鮮人の大部分は日本で生まれ育った2～5世の世代です。日本でも1982年に「内外人平等」を定めた難民条約が発効したので、社会保障等での国籍差別は少なくなりました。しかし、戦後補償問題や社会的な差別はなお未解決のまま残されています。

た。その後日本国籍を取得した人々もいます。本書では、植民地支配の結果日本に在住することになった朝鮮人とその子孫を広い意味で「在日朝鮮人」と呼ぶことにします。

コラム　その他の戦犯裁判

ニュルンベルク国際軍事裁判の法廷 ▶

　東京裁判の他に、第二次世界大戦の戦争犯罪を裁いた裁判を見てみましょう。
【ドイツ・ニュルンベルク裁判】ニュルンベルク裁判は、米ソ英仏の４カ国によって、ナチスの主要戦争犯罪人・組織を裁いた国際軍事裁判です。東京裁判に先立って1945年11月から１年にわたりドイツのニュルンベルク市裁判所で開かれ、死刑を含む判決が下されました。この裁判は、「人道に対する罪」「平和に対する罪」という新しい考え方を取り入れて、歴史上はじめて戦争を起こした個人の刑事責任を追及し、東京裁判などその後の戦犯裁判に大きな影響を与えました。

　ドイツではこのニュルンベルク裁判の後にも、独自に国内法でナチスに加担した官僚、企業家、法律家、医師などを裁き、追及をつづけました。1979年には「時効」を廃止し、永久に追及することが可能になりました。

【日本・ＢＣ級戦犯裁判】日本の戦争犯罪については、東京裁判の他にＢＣ級裁判がありました。東京裁判が戦争指導者であるＡ級戦争犯罪人を裁いたのに対し、ＢＣ級戦犯裁判では捕虜や一般市民などへの虐殺・虐待などの「通例の戦争犯罪」を裁きました。米・英・豪・フィリピン・中国（国民政府）など連合国７カ国によって、1945年10月から51年４月にかけて49カ所の法廷で日本人元軍人・軍属5700人が起訴され、984名が死刑判決を受けました。フィリピンのマニラ裁判では、山下奉文陸軍大将が「マニラの大虐殺」の指揮官責任を問われて死刑になりました。

　このＢＣ級戦争犯罪人の中に、「元日本兵」として裁かれ有罪とされた朝鮮人148人、台湾人173人がいたことはあまり知られていません。ほとんどが捕虜収容所の監視員にさせられた軍属でした。これら朝鮮人・台湾人は「日本国民」として刑を執行されましたが（死刑はそれぞれ23人、26人）、刑務所を出ると日本政府は「日本人ではない」として戦後補償の要求をしりぞけました。なお、日本人元戦犯は補償（軍人恩給）を受けました。

■元ＢＣ級戦犯の李鶴来さんの証言（1925年朝鮮生まれ。タイ捕虜収容所に勤務。豪州裁判で死刑判決、その後減刑。1955年、同進会を結成し、援護と補償を求めて今も運動を続けている）
「私たちは物乞いではない。日本政府に一言『すまなかった』と頭を下げさせたいだけだ。それが自分たちを徴用し、しかも戦犯にまでした日本の責任だと思うからだ」（内海愛子『朝鮮人ＢＣ級戦犯の記録』より）

コラム　戦後補償の国際比較

　日本の戦後補償は、日本人元軍人・軍属など旧日本軍の関係者を中心に行なわれ、国内の民間人（原爆被爆者以外）や旧植民地出身者、アジアの戦争被害者個人への補償はほとんど除かれました。日本以外の諸外国では、戦争被害者にどのような戦後補償をしたのでしょうか。

【ドイツ】ドイツ（旧西ドイツ）では、1950年に連邦援護法が制定され、軍人と民間人の差をつけない戦争犠牲者援護が行なわれました。1956年には連邦補償法が成立して、ユダヤ人大量殺戮などのナチス犯罪による被害者に対して、年金などの形で支給する措置がとられました。

　その後も、連邦補償法などで救済できなかった犠牲者にも特別の基金や規定が設けられました。戦後から2030年までに支払う補償の予定額は1200億マルク（約9兆4千億円）に達する見込みです。国家間の法的責任は完了しましたが、2000年7月に「記憶・責任・未来」基金によって、強制労働をさせられた人々への個人補償も始められました。

【フランス】フランス政府は1919年以来、植民地出身者に対しても、軍人の負傷や遺族への補償を行なってきました。たとえばフランスの植民地だったアフリカのセネガルは1960年に独立しましたが、植民地時代にフランス軍に勤務して戦病死したセネガル人や遺族に対して、セネガル国籍になった後も障害年金や遺族年金を支給しています。

【アメリカ・カナダ】第二次大戦中にアメリカ政府は、日系人12万人を「敵性外国人」として強制的に集団収容しました。戦後1970年代に日系2・3世が補償運動を起こし、1988年に「市民自由法」がつくられました。

　右の手紙は1990年から生存者一人ひとりに送られた大統領の公式謝罪の手紙です。同時に2万ドル（当時約200万円）の個人補償金も支払われました。その対象者は6万人でしたが、過ちを犯したのは政府なので対象者を探す責任は政府が負うという考え方のもとで、どこの国籍を取り、どこに住んでいても補償されました。

　カナダでも、アメリカにならって同様の謝罪と補償を行なうとともに、日系コミュニティへの助成を行ないました。

▲第二次大戦中の日系米国人の強制収容を謝罪するジョージ・H・W・ブッシュ米大統領（現大統領の父）の手紙（『ハンドブック 戦後補償・増補版』〈梨の木舎〉より）

第Ⅳ章 3節

東アジアの分断と国交正常化
1. 東アジアの冷戦と朝鮮戦争

> 第二次大戦が終わった後も、東アジアではすぐに平和が訪れるどころか、むしろ対立関係が深まっていきました。戦後、世界は急速に冷戦体制へと向かいましたが、東アジアではこの対立がとくに激しく、ついに朝鮮戦争（1950～1953年）となって火を噴きます。戦後東アジアにおける冷戦とはいったいどのようなものだったのかを考えてみましょう。

朝鮮戦争

右の図は、戦後の東アジアでどんな動きがあったかを示した地図です。

戦後、1953年までの間にめまぐるしく国際関係が動いています。第二次世界大戦が終わっても、東アジアは激動をつづけていました。そしてついに、ふたたび戦争が勃発しました。

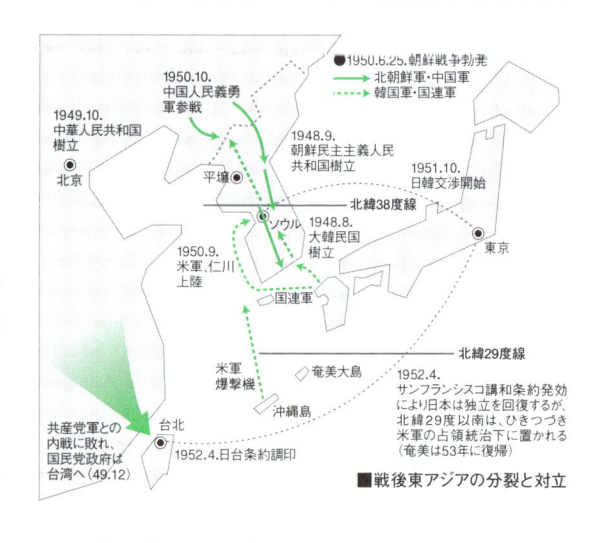

地図の主な記載：
- 1950.6.25.朝鮮戦争勃発
- 北朝鮮軍・中国軍
- 韓国軍・国連軍
- 1949.10. 中華人民共和国樹立 北京
- 1950.10. 中国人民義勇軍参戦
- 1948.9. 朝鮮民主主義人民共和国樹立 平壌
- 1951.10. 日韓交渉開始
- 北緯38度線
- 1948.8. 大韓民国樹立 ソウル
- 1950.9. 米軍、仁川上陸
- 国連軍
- 東京
- 米軍爆撃機
- 北緯29度線
- 奄美大島
- 沖縄島
- 1952.4. サンフランシスコ講和条約発効により日本は独立を回復するが、北緯29度以南は、ひきつづき米軍の占領統治下に置かれる（奄美は53年に復帰）
- 共産党軍との内戦に敗れ、国民党政府は台湾へ（49.12）
- 台北
- 1952.4.日台条約調印

■戦後東アジアの分裂と対立

朝鮮半島に2つの政府ができた後、南北両政府の間では対立が続いていました。ところが1950年6月25日、この対立はついに「冷たい戦争」をこえて朝鮮戦争という「熱い戦争」となりました。北朝鮮の人民軍が統一をめざして先に南進をはじめたのです。

この戦争は南北の政府間だけのものにとどまりませんでした。まずアメリカを中心とした国連軍が、南の韓国側で参戦しました。国連軍はソウルと北緯38度線を回復するだけにとどまらず、韓国側による統一をめざして北の人民軍を中国との国境にまで追いつめました。すると、こんどは中国人民義勇軍が北朝鮮側で参戦しました。日本は平和憲法があったため、直接参戦はしませんでしたが、アメリカ軍の後方基地として戦争に協力しました。このように朝鮮戦争は、東アジアを中心とした国際戦争となったのでした。

その後、戦線は38度線前後で一進一退を繰り返しました。結局、1953年7月27日に休戦協定が結ばれましたが、今日まで平和条約は結ばれていません。

朝鮮戦争は何をもたらしたか

　朝鮮戦争では、朝鮮半島のほぼ全域で戦闘が行なわれたため、被害はたいへん大きなものとなりました。死者の正確な数は不明ですが、死者・行方不明者は少なくとも200万人を超えています。その中には多くの民間人が含まれています。また約1000万人以上の人たちが、戦争によって家族が離ればなれに暮らすことになってしまいました。

　この戦争により、朝鮮半島では、休戦ラインを境として、南北の分断が固定化してしまいました。また、休戦後も韓国にはアメリカ軍が引き続き駐留し、韓国社会に大きな影響を及ぼしています。

　朝鮮戦争は朝鮮だけでなく、中国や日本にも大きな影響を与えました。

　中国にとっては、中華人民共和国の建国後、息つく間もない参戦となりました。中国も多くの犠牲者を出しましたが、そこには中国東北地方に住む朝鮮族も数多く含まれていました。また、この戦争の過程で台湾へのアメリカの影響力がさらに強まり、海峡をはさんだ対立関係が尖鋭化しました。

　日本への影響はこれらとは正反対に異なるものでした。まず日本は、アメリカ軍の軍需物資の供給地となったため、軍需物資の生産に刺激されて、急速に景気がよくなりました。これは当時「朝鮮特需」と呼ばれました。また開戦直後、日本政府は、マッカーサーの指令にもとづいて警察予備隊（現在の自衛隊の前身）を発足させました。つまり、朝鮮戦争をきっかけに、日本は経済を立て直すとともに再軍備に向かい、憲法が定めた戦争放棄の枠を踏みこえはじめたのです。サンフランシスコ講和条約、日台条約、日韓国交正常化交渉の開始も、すべて朝鮮戦争の最中に行なわれました。そのため冷戦の影響を強く受け、日本の賠償・補償の問題もあいまいになっていきました（→183ページ）。

　このように朝鮮戦争は東アジアでの冷戦体制をいっそう強めました。今日、世界的には冷戦は終わったといわれていますが、朝鮮半島の南北分断や中国大陸と台湾の対立など、東アジアはまだ冷戦体制から抜け出せていません。それほど冷戦は東アジア社会に根深い影響を及ぼしたのです。

▶警察予備隊の観閲式（1952年8月）

第Ⅳ章 3節

東アジアの分断と国交正常化
2. 日韓国交樹立

> 1965年6月、日本と韓国は国交を正常化する条約を結びました。しかし、過去の問題に対する両国間の意見の違いと葛藤は、いまも続いています。国交を正常化したあとでも、なぜこのような問題が残っているのでしょうか。

日韓国交樹立の背景

　アメリカは、東アジアで社会主義勢力が広がらないように、日本と韓国が手をにぎって防波堤の役割を果たすことを望んでいました。アメリカの後押しで両国は朝鮮戦争さなかの1951年10月、国交樹立のための会談を始めました。しかし、「過去の清算」をめぐる意見の違いで、会談は進みませんでした。
　1961年に5・16クーデターで政権を取った朴正熙（パクチョンヒ）政府は、日本との国交正常化を急ぎました。日本からの資金で経済開発を進めようとしたためでした。日本も、韓国に対する経済的な進出と影響力の拡大をねらっていました。

食い違う日韓条約の内容の解釈

　何回もの会談をへて日本と韓国は、国交樹立に関する基本条約を結びました。両国は1910年の「韓国併合条約」（→65ページ）とそれ以前に結ばれた条約を"もはや（already）無効"と宣言しました。請求権会談では、日本が韓国に3億ドル程度を無償で与え、2億ドルを低い利子で長期間にわたって貸しつけるということで合意しました。この5億ドルをもって請求権問題が「完全かつ最終的に」解決されたこととなったのです。このほかに協定の実行過程で日本は韓国に3億ドルの民間資金を追加して貸しつけました。しかし条約内容に対する解釈をめぐって、日本と韓国の間では右の表のように意見が食い違っています。

■日韓両政府の主張の違い

争点事項	韓国側主張	日本側主張
韓国併合条約	当初から無効、植民地支配は不法	1948年韓国政府樹立以降、無効
3億ドルの提供	賠償金の性格	経済協力資金、独立祝い金

国交樹立の問題点

　日韓条約に対しては、韓国と日本の両方でこれに反対する運動が起こりました。
　韓国では、過去の侵略と植民地支配に対する日本の謝罪がないまま国交を樹立することは、屈辱的な外交であるという批判が高まりました。日本では、日韓の国交樹立が日米韓三国の軍事同盟につながり、アジアの平和を脅（おびや）かすこと

▲ （左）1964年5月20日、ソウル市内の大学生たちによる韓日会談反対デモ。
（右）1965年10月12日、東京で開かれた日韓条約反対集会。

になると反対のデモがくり返されました。

　結局、日韓条約には植民地支配の責任と反省、謝罪に対する条文はいっさいありませんでした。また、具体的な被害者の問題に対する議論を意図的に避けたため、その痛みを今日まで残すことになりました。このように過去の問題を清算できないまま国交樹立をしたことによって、両国の間には葛藤が続きました。この点では、韓国政府にもある程度の責任がありました。

　日韓の国交正常化以降、日本と韓国はともに東アジアの冷戦体制の下で、アメリカとの三角同盟の関係の中に組み込まれました。これによって北朝鮮（朝鮮民主主義人民共和国）はいっそう孤立を深め、南北分断の固定化がすすみました。

本当の正常化に向かう道

　国交樹立以降、何回か日本の天皇と首相が、過去の「不幸な関係」に遺憾の意を表明しました。1995年8月、日本の村山富市首相は、「過去の（日本の）植民地支配と侵略によって、アジア諸国の人々に対し多大の損害と苦痛を与えたことに対して痛切な反省の意を表し、心からのお詫びの気持ちを表明する」（要約）という談話を発表しました。しかし、道徳的な責任を述べただけで、政治的・法的な責任はともないませんでした。その後も日韓両政府は関係を正常化するための努力をつづけ、1998年には日本の小渕恵三首相と韓国の金大中大統領が、両国間の政治・経済的協力と文化的・人的交流の拡大を強調する日韓パートナーシップ宣言を発表しました。しかし、過去にあった事実の真相を明らかにし、責任を明確にしないまま、日韓協力の拡大だけを強調するのは、問題をおおい隠すことだという心配を生みました。

第Ⅳ章 3節

東アジアの分断と国交正常化
3. 日中国交正常化

> 1972年、日本と中国はついに国交を回復し、アジアの平和と発展をうながす大きな契機をつくりました。日中両国は、どのように国交を回復したのでしょうか。

日中国交回復の背景

　日中両国の間には、長い友好往来の歴史があります。ところが日本の中国侵略戦争によって、その歴史は大きく曲げられてしまいました。中華人民共和国の成立後、日本政府がアメリカの外交に従って中国を敵視する政策をとったため、日中両国政府の公式の接触はなく、日中関係はずっと不正常なままでした。
　しかし、1950年代から両国の間では民間貿易が始まり、文化の交流もさかんになり、1965年には中国の15の都市で日中青年友好交流会が行なわれました。
　1970年代初め、ソ連・アメリカ・中国は互いに対立した国際関係にありました。アメリカはソ連に対抗するため、袋小路に入っていたアジア政策を立て直そうと考えて、中国との関係の改善を望みました。一方、中国もソ連の脅威から抜け出すために、周囲の国際関係を改善しようと考えました。
　1972年2月、アメリカのニクソン大統領は中国を訪問して、長い間対立してきた二つの国の間に歴史的な和解の道を開きました。
　これに大きなショックを受けた日本では、野党の政治勢力や財界人の間から日中国交の正常化を求める声が高まりました。日本の田中角栄首相は、この時代の流れにそって、中国に対する敵視政策を改め、中国との国交回復を実現しました。中国にとっても、日本との関係を改善することは、中国とアジアの安全と安定に有利であり、中国の国際社会への参加を早めることにもなります。中国政府も日中国交回復に積極的に対応しました。

日中国交正常化

　1972年9月、田中角栄首相が中国を訪問して、「日中共同声明」に調印しました。これによって、日中間の戦争状態は終わり、1952年の「日台講和条約」は失効して日本と台湾との外交関係は終了し、日中国交の正常化が実現しました。
　日本の戦争賠償問題については、先に台湾がアメリカの圧力を受けて対日賠償請求の放棄を宣言していたことが、中国政府の対日賠償要求政策に不利な影

第Ⅳ章　第二次大戦後の東アジア

◀1972年9月27日、毛沢東主席（中央）と握手する田中角栄首相。左は周恩来首相。

響を与えました。中国政府は、日中両国の友好を大切にし、日本国民に経済の負担を加えないように配慮して、国家としての対日賠償請求権を放棄しました。

　1978年8月、両国は正式に「日中平和友好条約」を結び、これを基礎にして1998年11月、両国政府は「日中共同宣言」を発表しました。これら三つの公文書によって確約された基本原則は、隣り合う日中両国の友好関係の基礎となるものです。

　日中の国交正常化は、両国に利益をもたらしただけでなく、アジア太平洋地域の繁栄と世界平和にも大きく貢献しました。国交回復以後、両国の経済・文化交流はさらに緊密となり、民間の交流もますます活発になりました。数万人の中国人留学生が日本で学び、日本人の中国への留学も増え続けています。中国の支援によって、数千名の日本人中国残留孤児が日本への帰国を果たしました。

▲1972年9月29日、日中共同声明の調印

　1979年から、日本政府は中国に対し政府開発援助（Official Development Assistance　略称：ＯＤＡ）を提供して、低利息の円借款、無償の資金援助、技術提供などにより中国のエネルギー開発や産業基盤の整備、環境保護などの活動を援助しました。これは中国の「改革開放」政策と経済建設を発展させる役割を果たしました。また、多くの日本企業が中国に直接投資したことにより、中国経済が急速に発展し、日本の対中貿易も増大しました。一方、政府開発援助は、日本が経済大国の地位を維持する上でも重要な意味をもちました。

■日中共同声明の内容（部分）
・日本側は、過去において日本国が戦争を通じて中国国民に重大な損害を与えたことについての責任を痛感し、深く反省する。（前文）
・日本国と中華人民共和国とのこれまでの不正常な状態は、この共同声明が発表される日に終了する。（第一条）
・日本国政府は、中華人民共和国政府が中国の唯一の合法政府であることを承認する。（第二条）
・中華人民共和国政府は、中日両国国民の友好のために、日本国に対する戦争賠償の請求を放棄することを宣言する。（第五条）

第Ⅳ章 3節

東アジアの分断と国交正常化
4. 中韓国交樹立

> 第二次世界大戦後の冷戦体制によって、中国と韓国は互いに交流する機会をもつことができませんでした。しかし冷戦体制が弱まり、和解の雰囲気がつくられてくると、両国は再び接近しはじめました。両国の間にはどのような変化が起こったのでしょうか。

中韓関係の断絶と連続

　1949年に建国された中華人民共和国は、同じ社会主義国である朝鮮民主主義人民共和国と国交関係を結びました。1970年代に入ると、アメリカ・日本ともあい次いで国交を樹立しました。韓国と中国もまた、互いに正常な関係を回復する必要性を感じるようになりました。

　両国が非公式的ながら接触するようになったのは、1983年、中国民航機が韓国に不時着した事件の時でした。この事件を解決するために中国政府の高官が韓国を訪問しましたが、韓国は誠意をつくして中国に便宜を提供しました。これをきっかけに、翌年、中国に住む朝鮮族と韓国人の間の親族訪問がはじまりました。1986年にソウルで開かれたアジア大会と88年のソウル・オリンピックには、中国選手団が参加しました。韓国人も自由に中国を旅行できるようにな

▲韓国人観光客が、中国と北朝鮮国境の鴨緑江（おうりょくこう）鉄橋で写真を撮っている。

り、両国の国民も互いに対して好感をもつようになりました。

中国と韓国の国交関係の樹立

▲中国の"韓流"ブーム。多くの若者たちが出入りする映像・音楽販売店。入口に韓国映画「猟奇的な彼女」のポスターがはってある。

　両国間の交流と協力はしだいに拡大しましたが、中国は建国以来ずっと親しい北朝鮮との関係を、韓国は国交をもっていた台湾との関係を重視していました。また、朝鮮半島をめぐる国際環境も依然として冷戦の影響を受けていたため、中韓の国交正常化は簡単ではありませんでした。しかし、両国は国交を結ぶことが互いにとって経済的に利益であり、朝鮮半島の対決の構図を変えて東アジアの平和にも寄与できることを知っていました。そのため、1992年8月、両国はついに外交関係を結びました。

　韓国と中国の国交樹立によって、韓国と台湾の間の外交関係は"中国は一つ"の原則によって断たれました。ただ最近は、韓国と台湾の間に民間レベルの人的な交流が増え、2004年にはこの間とだえていた航空路線が復活しました。韓国と中国の国交樹立によって、朝鮮半島をめぐる和解の雰囲気が高まりました。

中韓関係の発展

　国交が回復して、中韓両国の間には活発な経済協力と交流が実現しました。貿易の規模が拡大し、人的な交流も大きく増えて、お互いに五大貿易国になるほど経済的に密接な関係になりました。2000年に中国に旅行した外国人観光客のなかで韓国人観光客数は134万5千人と、日本人に次いで2位を占めました。韓国を旅行した中国人観光客数も2000年現在32万人と、1993年の4万人から8倍にも増えました。また、1992年から2002年までに中韓両国の都市、地方自治機関の間で結ばれた姉妹都市などの件数は180余件に達しています。このような中国との関係の発展によって、韓国では「西海内時代」※がやって来たという声もあがっています。

　最近の韓国では、日に日に発展をとげる中国の姿を見るにつれ、中国語学習や中国留学ブームが起こるなど"漢流"の風が吹いています。一方、中国では"韓流"で知られる韓国への好感が広がり、韓国映画やドラマ、歌謡（K-POP）が人気を集めています。このような流れを、相互理解と協力を強化する上でどのように活用することができるかが中韓両国の課題だといえるでしょう。

■中韓両国の交易額の順位（2003年）（単位：億ドル）

順位	韓国の5大交易国（地域）		中国の5大交易国（地域）	
①	アメリカ	590	日　本	1,337
②	中　国	570	アメリカ	1,264
③	日　本	535	香　港	875
④	香　港	173	韓　国	633
⑤	台　湾	129	台　湾	584

〈資料：韓国外交通商部（主要経済統計）〉

※西海内時代：「西海」は韓国の西側、中国との間に広がる「黄海」のこと。中国との交流が活発化するにしたがって西海が韓国発展の中心地になるだろうという意味でつくられた言葉。

コラム　在日朝鮮人の権利獲得のたたかい

　戦後の在日朝鮮人は、民族教育などの権利を守り、差別を撤廃する運動にねばり強く取り組みました。

　日本の敗戦直後に在日朝鮮人が真っ先にしたことは、植民地時代に奪われた朝鮮の言葉や文化・歴史を取り戻す民族教育の学校をつくることでした。しかし1948年、日本政府はGHQの後押しを受けて「日本国籍なので日本の教育を受ける必要がある」と通達を出し、民族学校を閉鎖しようとしました。

　これに対し、各地の在日朝鮮人が学校を守ろうと激しく抵抗するなかで、日本の警官の発砲により16歳の在日少年の命が奪われ（阪神教育闘争）、ほとんどの学校は閉鎖・廃校に追い込まれました。しかし、その後も民族教育を守るたたかいは続き、民族学校は自主再建されました。2000年7月現在、朝鮮学校は小学校から大学まで131校あり、約2万人の児童・生徒・学生が学んでいます。

　一方、在日朝鮮人の世代交代は進みましたが、相変わらず就職、住宅、年金・児童手当、戦後補償などで国籍差別を受けてきました。これに対し、1970年には韓国国籍を理由に採用内定を取り消された在日2世の青年が、企業を相手取って就職差別の撤回を求める裁判を起こしました。日本各地に支援運動が起こり、1974年に全面的に勝訴しました（日立就職差別裁判）。

　1980年代には、在日朝鮮人を中心にさまざまな国籍の在日外国人が、外国人にだけ義務づけられている外国人登録証への指紋押捺を拒否する運動をくり広げ、2000年にこの制度は全廃されました（指紋押捺拒否運動）。これらの運動には、多くの日本人が日本の差別的な制度や意識を「日本人の問題」ととらえて積極的に参加し、共同で運動をになりました。

　しかし、問題は残されています。在日朝鮮人（韓国籍・朝鮮籍・日本籍）2～5世の圧倒的多数は日本の学校に通っていますが、母国の言葉や文化・歴史を学ぶ場が充分ではありません。また、朝鮮学校の卒業者は日本の国立大学への受験資格を制限されるなど、不利な扱いを受けています。外国人登録証をいつも携帯する義務を課されていたり、日本国民と同じように税金を払っているのに参政権もありません。そのため、民族教育を守り推進する運動、差別制度撤廃運動、地方参政権要求運動、戦後補償要求運動がいまも続いています。

在日二世の鄭香均さん（右から二人目）は東京都の管理職昇進試験での国籍差別撤廃を訴えたが、2005年1月26日の最高裁判決で訴えはしりぞけられた。

コラム　中国帰還者連絡会の人々

　1949年に成立した中華人民共和国の撫順戦犯管理所と太原戦犯管理所に、合計1109名の日本兵が戦争犯罪人（戦犯）として収容されていました。人民共和国政府はこれらの戦犯に対して、それまでの連合国の戦犯裁判のように裁き、処刑することはせずに、日本兵たちを人道的に処遇する一方で、中国人被害者からの告発、糾弾を体験させるなどして、日本兵たちが自分たちの戦争犯罪行為を自覚し、反省するように、長期にわたって人間教育を行ないました。

　1956年にこれらの戦犯のほとんどが釈放されて、日本に帰国することができました。そして翌57年に中国帰還者連絡会（中帰連）を結成したのです。会員の元兵士たちは、自分たちが中国で行なった殺戮、略奪、強かん、放火、破壊などの戦争犯罪行為について告白、証言する活動を行なってきました。彼らはなぜそのような活動を続けているのでしょうか。その信念を彼らの証言を収録したビデオ「証言──侵略戦争（人間から鬼へ、そして人間へ）」（日中友好協会制作）は次のように述べています。

> 　子供の頃には虫も殺せなかった人間が、戦場では鬼になった。数々の残虐行為を犯したこの体験者たちは、痛苦の念をもってその体験を振り返る。中国の戦犯管理所の人道的な対応で人間性を取り戻し、帰国後一貫して自らの加害行為を語ってきた心の奥底には、二度と自分と同じ過ちを繰り返してはならないとの強い信念が横たわる。

　中帰連の人々は、回想録や告白録、証言記録の出版、映画、テレビ番組、ビデオ映画などへの出演、市民集会などでの証言等、さまざまな場で日本兵であった自分が、なぜどのようにして中国人に非人間的な残虐行為を行なったのかを生涯語り続けてきました。彼らの証言によって、日本軍の「三光作戦」の実態が明らかになりました。

▶瀋陽で開かれた軍事法廷で判決を聞く元日本将兵の戦犯たち

第Ⅳ章 《まとめ》

　第Ⅳ章では、第二次世界大戦後の東アジアの歴史について学びました。特に次の3つの点がこの章の主題でした。
(1) 日本、朝鮮、中国は、第二次大戦後どのように新たな国をつくっていったのでしょうか。日本の戦後改革、朝鮮の分断、中華人民共和国の成立と、3国はそれぞれ異なった歴史をたどっていきました。
(2) 日本の「過去の清算」(「過去の克服」)はどうなったのでしょうか。東京裁判で侵略戦争の戦犯を裁き、サンフランシスコ講和条約で日本と連合国との間には講和が結ばれました。しかし中国や韓国との関係、被害者個人への補償、在日朝鮮人への差別・偏見など、さまざまな問題が未解決のまま残されました。
(3) 日本、韓国、中国は戦後どのような関係にあったのでしょうか。朝鮮戦争をはじめとして、東アジアには冷戦の対立関係が強くあらわれました。日韓、日中は冷戦を背景に、韓中は冷戦の崩壊を背景に国交を結ぶことになりましたが、東アジアにはまだ対立関係が深く残っています。

　このように戦後の東アジアには、冷戦がたいへん大きな影響を及ぼしました。冷戦は朝鮮の南北分断や、中国大陸と台湾の対立といった形であらわれただけではありません。日本の植民地主義と侵略戦争に対する責任追及や賠償・補償政策を不充分にしたのも、冷戦の影響によるものでした。その意味で、「戦前」の問題は「戦後」、そして今日まで持ちこされたともいえます。
　世界的には冷戦が終わったといわれていますが、東アジアにはまだ冷戦の構造が強く残っていますし、「戦前」の植民地主義と侵略戦争の傷跡も生々しく残っています。「戦後」という時期に、どのような問題が解決されたのか、まだ解決されずにいる課題は何なのか、本当の和解と平和のためにしなければならないことは何なのか、次の終章で考えてみましょう。

終章 21世紀の東アジアの平和のための課題

　過ぎ去った19世紀と20世紀は、侵略と戦争、破壊と収奪の世紀でした。東アジアでも、日本帝国主義の植民地支配と侵略戦争、冷戦体制と戦争、分断と対立などの紛争と葛藤が絶えませんでした。

　私たちは、この21世紀が、地球上の全人類が互いに助け合い協力しながら、共生できる平和の時代となることを願っています。東アジアでも紛争と葛藤が終わり、新しい協力と連帯が実現することを期待しています。

　そのためには、過去のゆがんだ関係をただして未来のために望ましい関係をつくらなければなりません。何よりも植民地支配と侵略戦争の事実を直視し、反省して、そのために被害を受けた人々に対する賠償と補償問題に決着をつけることが重要です。なかでも原爆被害者や日本軍「慰安婦」問題などは、解決すべき課題といえます。このような問題に決着をつけてこそ、3国間で過去の克服を本当に成し遂げることができるからです。

　過去の克服は、過去の歴史に対する正しい認識の上に立ってこそ可能になります。しかし最近、日本では、過去の植民地支配と侵略を合理化しようとする動きがむしろ強まっています。日本の首相・閣僚の靖国神社参拝や歴史教科書歪曲の動きなどが、その例です。東アジアの平和のためには、こうした動きの問題点は何なのかに気づき、これを防ぐために努力しなければなりません。

　何より大切なことは、東アジアに平和を築き上げ、それを通して世界平和に貢献しようという気持ちをもつことです。各国政府はもちろん、平和を根づかせるための民間団体の連帯と努力が重要です。このような希望の未来をつくることは、究極的にこの本を読む若い世代のみなさんの役割なのです。

終章

21世紀の東アジアの平和のための課題
1. 残された個人補償問題

> 国交正常化にさいして、日本と中国・韓国の政府間で国家の戦争賠償問題について協議がなされ、国家間の戦争賠償問題は基本的に解決されました。しかし、戦争被害者個人に対する補償問題は未解決のままです。なぜ、解決されないのでしょうか。

最初の対日民間訴訟

　1972年、韓国人の孫振斗さんは、原爆被爆者として日本政府に対して被爆者手帳の交付を求める訴訟を起こしました。彼は広島の原爆被爆者で、原爆症の治療のために日本に密入国し、出入国管理法違反に問われながらも日本政府を相手に提訴し、1978年に勝訴しました（ただし帰国すれば権利は打ち切られる。帰国後も手当てなどが支給されるようになったのは2003年）。

　その後、中国や韓国およびその他の国の戦争被害者が日本政府や日本企業に対して、戦争被害補償を要求する訴訟を起こしました。香港では、日本軍の占領時代に濫発された軍票を購入させられた市民が、損失の補償を求めて日本政府を相手に提訴しています。現在、各国の戦争被害者が日本の裁判所に提訴している戦争被害補償要求の訴訟は、すでに80件近くになっています。さらに、戦争被害者たちが本国の裁判所に提訴した訴訟もあります。

　個人が戦争被害補償を要求するようになったのは、戦後に国際法が発展したことや、国際社会において人権の尊重が普遍的な原理と見なされるようになり、被害者の人権意識が強まったこと、などがあります。個人補償の問題は、お金による「過去の清算」という意味だけでなく、訴訟を通じて日本の国家と企業の戦争責任を明確にし、法廷において人間としての尊厳を回復しようという願いも込められています。また、アジアの若い世代が平和な未来を築くために、歴史からどう教訓を学ぶのかを考える意味もあります。

◀ 2003年、初めて在韓国のまま日本政府から手当ての継続支給を受け取る韓国人被爆者。

訴訟に立ちはだかるカベ

　これまで、日本に対して戦争被害補償の訴訟を起こしているのは、アジア各国の各地域の元日本軍「慰安婦」とその他の日本軍の性暴力の被害者、細菌戦や日本軍の遺棄毒ガス兵器の被害者、強制連行および無差別爆撃の被害者などです。この人たちは、日本政府に戦争加害の歴史事実を認め、戦争責任を認めて被害補償をするよう要求しています。これまで、個人の被害補償の訴訟を起こした原告のほとんどは、満足できる判決を得られずにいます。和解が成立したのはわずかな訴訟にすぎません。

　日本の裁判所は主に二つの「理由」をあげて、個人の戦争被害補償の要求をしりぞけてきました。一つは、「除斥」です。これは、日本の民法が損害に対する賠償の請求権を最大でも20年間としており、この期間を越えたものは無条件で権利が消滅する、というものです。二つ目は「国家無答責」です。これは、戦前は、公務員が国家権力のもとで（たとえば戦争で軍人などが）不法に市民に損害を与えても国は賠償する責任を負わない、ということです。しかし、最近になって、一部の地方・高等裁判所では、重大な人権侵害の被害に対して除斥や国家無答責を機械的に当てはめることは著しく正義・公平の原則に反するとして、これらを否定する判決が出されています。しかし、最高裁判所は依然として戦争被害者の賠償要求を受け入れていません。老齢の被害者の人権回復のために、これらの個人賠償問題の一刻も早い解決が求められています。それは日本が国際社会で信頼を得るためにも必要なことです。

補償問題解決のための努力

　1990年代以降、戦争被害者の訴訟を支援する多くの市民団体が生まれました。日本では「中国人戦争被害者の要求を支える会」をはじめ、各国戦争被害者の訴訟を支援する弁護士と市民の支援団体が組織され、活動しています。中国・韓国・日本の学者、そして弁護士や市民が歴史の真相を追究するために広範な調査と研究を行ない、戦争被害者の訴訟のために多くの資料を提供してきました。

> ■劉連仁（強制連行）訴訟
> 　劉連仁は、1944年に日本軍に強制連行され、日本の北海道の炭坑で強制労働に従事させられました。1945年、虐待に耐えられなくなった彼は脱走して北海道の山中に逃げ、以後13年間も穴に隠れて野人のような生活をして生き抜きました。1958年にハンターによって発見され、帰国しました。彼は1990年代になって日本を5回訪れ、日本の戦争犯罪を告発しました。1996年、彼は日本政府に謝罪と補償を求めて提訴し、2000年に亡くなりましたが、劉連仁の遺志は息子の劉煥新に受け継がれました。2001年、東京地方裁判所は、日本政府が劉連仁に対して補償金2000万円を支払うことを命ずる判決を下しました。しかし日本政府はこれを不服として控訴し、2005年、東京高等裁判所の判決では劉連仁は逆転敗訴になりました。現在、最高裁で争っています。

終章

21世紀の東アジアの平和のための課題
2. 日本軍「慰安婦」問題と女性人権運動

> 日中韓の3国間には、いまだに解決されていない過去のいろいろな問題があります。そのなかでも日本軍「慰安婦」問題は、葛藤と対立の20世紀を克服して平和な21世紀を迎えるために、解決すべき象徴的な問題だといえます。この問題を解決するために、どのような努力をしてきたのか、どのような方向で解決すべきかを考えてみましょう。

日本政府の謝罪と賠償を要求する「水曜デモ」

　毎週水曜日になると、韓国のソウルにある日本大使館前で、日本軍「慰安婦」問題の解決を要求するデモが行なわれています。「水曜デモ」と呼ばれるこのデモは、1992年1月8日に始められ、現在も続いています。
　水曜デモでは、日本政府に次のような要求をしています。
・強制連行の事実を認めること
・公式謝罪　・真相究明
・責任者の処罰　・国家賠償の実施
・歴史教科書への記載と教育
・資料館の建設

▲第558回目の「水曜デモ」。日本大使館前で「慰安婦」出身ハルモニと市民たちが、いっしょにデモをしている。学生や他国の人も参加し、教育や国際連帯の場になっている。

日本軍「慰安婦」問題の社会化

　日本軍「慰安婦」問題が世の中で知られはじめたのは1970年代でした。しかし大きな社会的関心事にはなりませんでした。1980年代半ば、韓国では、公権力による女性たちへのセクシャル・ハラスメントや性暴力が社会問題となるなかで、ようやく日本軍「慰安婦」問題に対する関心も高くなってきました。
　その後、1990年代に入って女性団体は日本政府に真相究明を要求するなど本格的な活動を始めました。このような動きは、韓国だけでなく日本、北朝鮮、フィリピン、台湾、中国などアジア全域に広がりました。しかし日本政府は、「慰安婦」の募集は民間業者が行なったことだとして、政府や軍とは関係がないと主張しました。

沈黙から証言へ

　日本政府が自らに責任はないという言葉を繰り返すと、これに怒った金学順

終章　21世紀の東アジアの平和のための課題

◀金学順（キム・ハクスン）ハルモニ。1992年1月、日本首相の訪韓を前に彼女は涙を流しながら被害に対する補償を要求するデモに参加した。

　ハルモニ（「おばあさん」という意味）※が、1991年8月、自分が「慰安婦」だったことを明らかにするという歴史的な事件が起こりました。これをきっかけに、半世紀の間、社会の冷たい視線を避けるために自分の存在を隠して暮らしてきた被害者たちの証言が続きました。日本軍が慰安所を設置して統制したという資料も発見され、日本政府はこれ以上責任を回避できなくなりました。日本政府の公式謝罪、法的賠償を要求する国際連帯集会やシンポジウムがあいついで開かれました。国連人権委員会などの国際人権機構は「慰安婦」問題が戦争犯罪であり、日本政府は国家責任を認めるべきであると決議しました。

■国連人権委員会、ラディカ・クマラスワミ報告書　1996年
……日本政府は以下を行うべきである。「被害者に賠償を支払うこと」「書面による公式の謝罪を行なうこと」「慰安婦制度に関する犯罪を行なった特定の責任者を処罰すること」（UN　Doc.E/CN.4/1996/53　要約・抜粋）

戦争と戦争犯罪をなくすために

　このように事実が明らかにされ国際的な圧力が強まると、1993年、日本政府の河野洋平官房長官は談話で、「(「慰安婦」の) 募集、移送、管理等も……本人たちの意思に反して行なわれ」「当時の軍の関与の下に、多数の女性の名誉と尊厳を深く傷つけた問題」と強制性を認め、「心からのおわびと反省」を表明しました。ところが、日本政府は1995年、「女性のためのアジア平和国民基金」をつくり、国際機構の決議を無視して、法的な賠償ではない「償い金」をもって問題を解決しようとしました。しかし、被害者の多くは「償い金」の名目でお金をもらうことを拒否しました。
　日本政府のこのような措置に対して、アジアの被害者と市民団体は日本政府に賠償を要求する訴訟を、日本、フィリピン、アメリカなどで起こしました。2000年12月、被害者を支援する女性たちは、昭和天皇をはじめとする日本軍高官と日本政府の責任を明らかにする民衆法廷を東京で開きました（→209ページ）。このような努力が国際的にねばり強く続けられたのは、武力紛争下の女性に対する戦争犯罪がいまなお続き、こうした戦争犯罪をなくさなければならないという世界中の人々の願いがあるからです。（〈「慰安婦」問題のその後〉→224ページ）

※金学順：1924年に生まれ、1940年に17歳で日本軍「慰安婦」にさせられたが、5カ月後に脱出した。1991年8月、日本政府の「慰安婦」問題に対する対応への怒りから「慰安婦」であったことを名乗り出た。1997年12月死去。

終章

21世紀の東アジアの平和のための課題
3. 歴史教科書問題

> 第二次世界大戦が終わって60年という歳月が流れました。過去の植民地支配と侵略戦争を自らの体験として記憶する人々も減ってきています。過去の悲しいできごとを二度と繰り返さないようにするために、私たちは歴史を学ぶ必要があります。そのとき、多くの人にとって最初の入り口になるのが、歴史教科書です。

戦争の記述

次の文章は、それぞれ、①韓国の国定中学校国史教科書、②中国の中学校歴史教科書、③日本の検定済中学校歴史教科書の中の1冊から、第二次世界大戦に関係する一部分を引用したものです。

---

①韓国
日帝(日本帝国主義の略)の侵略戦争によって、わが国は日本の戦争物資を供給する兵站基地に変わった。(中略)日帝はこうした物的な略奪ばかりか、韓国人に対し強制徴用によって鉱山や工場で苦痛に満ちた労働を強要したり、強制徴兵制と学徒志願兵制度を実施した。(中略)こうして、日帝はわれわれの物的・人的資源を略奪する一方、わが民族と民族文化を抹殺する政策を実施した。

②中国
占領区において、日本の侵略者は銃剣を用いてその植民統治を維持した。彼らは憲兵、警察、裁判所、監獄など、中国人民を弾圧する機構を設立した。軍隊、警察、スパイがいたるところで悪事の限りを尽くし、中国人住民に対して思いのままに逮捕し、残虐な拷問にかけ、ひいては殺害した。

③日本
これ(日本軍の緒戦での勝利)は、数百年にわたる白人の植民地支配にあえいでいた、現地の人々の協力があってこその勝利だった。この日本の緒戦の勝利は、東南アジアやインドの多くの人々に独立への夢と勇気を育んだ。／日本政府はこの戦争を大東亜戦争と命名した。日本の戦争目的は、自存自衛とアジアを欧米の支配から解放し、そして、「大東亜共栄圏」を建設することであると宣言した。

ずいぶん違うイメージですね。③だけ、何か日本が戦争を通じて良いことをしたかのように描いていて、①、②のように戦争による被害に力点をおいた記述と大きく違う内容となっています。③の教科書でも、別の箇所で①のような事実が少しだけ書かれていますが、「このような困難な中、多くの国民はよく働き、よく戦った。それは戦争の勝利を願っての行動であった」と、戦争に勝つためにしようがなかったというような書き方をしています。このような記憶

▶3国の歴史教科書（左から、韓国の国定中学校国史教科書、中国の中学校歴史教科書、日本の検定済中学校歴史教科書）

の仕方は、東アジアの友好と平和という点から見てどうでしょうか。

　日本の歴史教科書は、検定制度といって、民間の出版社が教科書を編集し、それが政府の検定を通れば学校で用いることができるようになっています。③の教科書は、2001年に検定を通った『新しい歴史教科書』という教科書です。日本の教科書の中でこのように記述しているのは、この本だけです。しかし、こういう教科書が検定を通過したことに対して、日本や韓国、中国で大きな反発が起こりました。そのためこの教科書は、05年3月現在、日本の学校ではほとんど使われていません。

日本の歴史教科書と韓国・中国

　日本の歴史教科書が国際的な問題となるのは、今日にはじまったことではありません。1950年代後半頃から、日本政府は検定制度を通じて、侵略戦争の事実や「侵略」ということばを教科書に書かせないようにしてきました。1982年の検定では、植民地支配、侵略戦争、南京大虐殺など過去に犯した事実に対する責任を覆い隠そうとしました。これに対して、韓国や中国から抗議の声が起こりました。日本の近現代史は、韓国や中国の近現代史と深く関わっており、日本でどのように過去が記憶されるかは、韓国や中国にとっても重要な問題です。日本政府は、このとき以来、検定の基準に「近隣のアジア諸国との間の近現代の歴史的事象の扱いに国際理解と国際協調の見地から必要な配慮がされていること」という条件をつけ加えました。

　ところが、1990年代半ば以降、日本政府は、再び朝鮮に対する植民地支配と第二次大戦の責任問題等の記述を縮小、削除させるような方向に向かいはじめました。それが、2001年の歴史教科書問題として現れたのです。

　過去の加害と被害の歴史を正面から見つめることは、とてもつらいことです。自分にとって嫌なことや都合の悪いことからは、目をそらしたくなることもあるでしょう。しかし、過去の事実と向き合うことなく、未来の平和をつくりだすことはできません。私たちにとってどのように過去を記憶するのが望ましいのか、考えてみましょう。（〈歴史教科書問題のその後〉→226ページ）

終章 21世紀の東アジアの平和のための課題
4. 靖国神社問題

> 日本の政治家が靖国神社を参拝するたびに、国際社会の議論を引き起こしています。では、靖国神社とはいったいどのようなものなのでしょうか。なぜそのように多くの議論を引き起こしているのでしょうか。

靖国神社とは何か

　靖国神社は、明治初めの1869年、東京の九段坂上に創建された招魂社にはじまります。天皇の名の下に戦った戦没者は、靖国神社に「護国の英霊」すなわち神として祀られることによって、天皇と国家への忠誠の模範として最高の栄誉を与えられ、同時に国民を戦争に駆り立ててゆく上で絶大な教育効果をおよぼしたのでした。

　第二次世界大戦で日本が敗戦を迎えるまで、靖国神社は一般の神社とは異なって陸軍省・海軍省の管轄下に置かれ、神社の最高役職である宮司には神官ではなく代々陸軍大将が就任しました。警護も、憲兵が担当していました。まさしく軍の宗教施設だったのです。

　明治維新の内戦（戊辰戦争）からアジア太平洋戦争にいたるまで、戦争で命を落とし「英霊」として合祀された者は、246万余人にのぼります。

　第二次世界大戦後、占領軍の「神道指令」によって靖国神社は国家から分離され、一宗教法人となりました。政治と宗教の分離を定めた日本国憲法では、国の宗教的な活動は禁止されています。ところが、サンフランシスコ講和条約が発効した後、日本の社会に侵略戦争の責任を否定する風潮が現れ、保守政治家と日本遺族会が靖国神社の国家護持を求める運動を活発に展開するようになりました。しかし、靖国神社の「国営化」を内容とする靖国神社法案は、国民の反対をうけて、4回にわたり国会で否決されました。すると、保守派の政治家たちは、首相・閣僚の公式参拝を実現するという方針に転換し、靖国神社の国家護持の既成事実化をすすめるようになりました。

　1978年、靖国神社は新たに東条英機ら14人のA級戦犯を合祀しました。その中には、満州事変の首謀者だった板垣征四郎や、南京事件のさいの最高司令官だった松井石根などが含まれています。侵略戦争を計画し、遂行した最高責任者たちを「神」として祀るということは、侵略戦争そのものを肯定する立場を改めて表明したことを意味します。

▲東京・九段の靖国神社

日本政府と靖国神社

　1985年、中曽根康弘首相が靖国神社を公式参拝すると、中国、韓国をはじめアジアの国々や民衆から強い非難の声があがり、日本国内の世論からも強い批判をあびました。以後、日本の首相は公式参拝を行なってきませんでした。

　ところが2001年8月13日、小泉純一郎首相は靖国神社の公式参拝を実行しました。中国政府と韓国政府はそれを厳しく批判し、抗議しました。しかし小泉首相は、そうした反対や批判を押し切って、2005年まで年によって日を変えながら、すでに5回、靖国神社参拝を行なっています。

　なぜ今、かつての"日本軍国主義の精神的支柱"であり、軍の施設であった靖国神社を参拝する必要があるのか、なぜ日本の侵略を受けた国の国民の感情を再び傷つけようとするのか、なぜ日本の国際的な印象を損ね、日本とアジアの国々との友好関係を損ねるのか、またなぜ日本国内でも首相の靖国神社公式参拝を違憲とする判決が出ているのか、日本の政治家たちは考えてみる必要があります。

歴史責任とどう向き合うのか

　人類が戦争の歴史を記憶するのは、そこから教訓を汲み取り、悲惨な過去を繰り返さないようにするためです。日本政府は1972年の「日中共同声明」（→193ページ）

▲東京の街頭で「公式参拝」に反対する日本の人たち

の中で、「過去において日本国が戦争を通じて中国国民に重大な損害を与えたことについての責任を痛感し、深く反省する」と誓約しました。侵略戦争と同様、この「共同声明」も歴史に深く刻まれているはずです。

　靖国神社問題は、日本政府と日本社会が、どのように過去の侵略戦争の責任問題と向き合うべきかを、中国や韓国からの批判という形をとって問いかけているのです。

コラム **教科書裁判をたたかった
家永三郎（1913〜2002）**

家永三郎▶

　日本の文部省の教科書統制に対する研究者、教師、市民のたたかいが続けられる中で、高等学校の日本史教科書を執筆していた家永三郎・東京教育大学教授（当時）は、1963年、日本の侵略戦争の事実を含む高校日本史教科書の検定を申請しました。それに対し、日本の政府・文部省は、「無謀な戦争」や「戦争の悲惨な面」といった記述を修正するか削除することを要求しましたが、家永三郎はこれを拒否したので、教科書は不合格となりました。家永は、1965年6月、教科書検定は憲法が保障する学問の自由、言論・出版・表現の自由に違反し、子どもの教育を受ける権利を侵害する、教育基本法が禁じている教育内容への介入に当たるなどとして、国を相手に教科書裁判を起こしました。

■裁判を提訴した時の家永三郎のアピール
　戦争中、一人前の社会人だった私は、今日考えると、戦争を賛美しなかったことに誇りをもちながらも、戦争を阻止できなかったことを懺悔します。今日、再び戦争の芽生えがあれば、それは絶対につぶさなければなりません。戦争で私たちの世代は大きな被害をうけ、多くの仲間が死んでいきました。この莫大な犠牲の上に憲法ができました。平和主義、民主主義の2つの柱は、これら尊い人命の唯一の遺産です。これをダメにしては申し訳ありません。

　家永三郎は、その後、1967年と84年にも裁判に訴え、32年間もたたかい続けました。教師・市民など2万7千人を越える人々や団体が支援組織をつくって裁判を支え続けました。1997年8月、最高裁判所は、南京大虐殺や731部隊など日本の侵略戦争の事実を教科書から消そうとした検定の違法性を認め、長い裁判闘争は終わりました。家永教科書裁判も大きな力になって、1980年代以降、日本の歴史教科書は戦争の真実・事実を伝える内容に改善されてきました。
　2001年、世界各地の大学教授や国会議員176名が、家永三郎をノーベル平和賞に推薦しましたが、惜しくも家永の受賞はなりませんでした。家永三郎は生涯をかけて平和と人権、民主主義のためにたたかいつづけた歴史学者でした。

終章　21世紀の東アジアの平和のための課題

コラム　民衆法廷としての女性国際戦犯法廷

　2000年12月、日本の東京で日本軍性奴隷制を裁く「女性国際戦犯法廷」が開かれました。法廷の目的は、被害女性の「責任者を処罰してほしい」という訴えに応え、日本軍・政府の加害責任を明らかにすることでした。

　それまで被害女性は無視され続けてきました。「慰安婦」制度は、東京裁判でも裁かれませんでした。また、被害女性は1990年代に入って「慰安婦」制度は女性に対する戦争犯罪・重大な人権侵害であるとして日本政府に対し裁判を起こしてきましたが、日本の裁判所は事実の解明を避け、日本政府の賠償責任も認めませんでした。

　そこで、国家が裁きを避けるなら民衆自らに裁く権利と責任があるとして開いたのが、この民衆法廷でした。それはまた、加害国日本と被害国6カ国・地域（韓国、北朝鮮、中国、台湾、フィリピン、インドネシア）の女性たちが主体となって、国境をこえた協力と連帯によって開かれた国際法廷でもありました。法廷には、8カ国・地域（オランダ、東チモールを含む）64人の被害女性が参加しました。

　法廷では、法廷憲章を起草し、国際的に活躍する裁判官・検事団、ならびに被害女性・加害兵士・専門研究者などの証人を招き、提出された証拠にもとづいて審理し、国際法に照らして裁判官が判決を下すという実際の裁判方式がとられました。そして、戦後はじめて天皇の戦争責任や責任者処罰の問題に踏み込みました。被害女性の一人は、「10年間求め続けた正義を、この法廷がやっと私に与えてくれました」と喜びを語りました。

　翌年12月に再開されたオランダ・ハーグの法廷では、「天皇ほか戦争指導者の有罪」「日本国家に責任」という最終判決が下されました。法廷は、あらゆる戦時性暴力を処罰する国際法の枠組みづくりに貢献する国際的な女性人権運動としても大きな意義がありました。

▶女性国際戦犯法廷。韓国と北朝鮮が南北コリア検事団として共同で起訴状をつくり審理を行なったことは画期的だった。

| コラム | 博物館展示と戦争 |

　日本、中国、韓国にはそれぞれ戦争に関係する博物館や記念館がたくさんありますが、国によって展示の内容やメッセージの内容が異なっています。典型的な記念館を取り上げて比較してみましょう。

◆中国人民抗日戦争記念館

　中国では、1982年、日本の文部省（当時）が教科書検定によって、歴史教科書に侵略や加害の事実を記述させまいとした問題が発生したことから警戒心が強まりました。以後、日本の侵略戦争と中国の抗日戦争の歴史を記録、展示する記念館が全国に数多く建設されました。

　中国人民抗日戦争記念館は、中国で最大規模の抗日戦争記念館で、1987年に七・七事変（盧溝橋事件）の50周年を記念して建設されました。館内に「前事不忘、後事之師」（過去の歴史を忘れないで未来の教訓とする）という言葉が記されています。

▲中国人民抗日戦争記念館

　豊富な展示の内容は、南京大虐殺や「三光作戦」「731部隊」細菌戦・毒ガス戦など日本軍の残虐行為の歴史を記録・展示した部門と、八路軍、新四軍を中心とした中国軍民の抗日戦争の闘いの歴史を展示した部門とに大きく分かれています。

　過去の日本の侵略戦争によって中国民衆がこうむった災難と被害を忘れずに歴史の教訓として未来に生かそう、そのために、犠牲を恐れずに抗日戦争を勇敢に戦い抜き、今日の人民中国を築き上げた共産党指導者と兵士、人民の苦難の歴史を忘れてはならない、というメッセージが豊富な展示物から伝わってきます。

◆韓国・独立記念館

　1982年、日本の教科書問題で、朝鮮植民地支配と朝鮮民衆の独立運動の歴史が歪められことに反発した国内外の韓国人の運動と寄付によって建設され、1987年8月15日の光復（独立）記念日に開館しました。

　7つの展示館の中で、メインとなっているのは「日帝侵略館」で、日本の侵略と収奪、武力による弾圧、迫害の資料が集中して展示されています。中

終章　21世紀の東アジアの平和のための課題

でも日本の憲兵、警察による拷問、虐待の場面を蝋人形で再現した展示は衝撃的です。「三・一運動館」は日本の植民地支配下における朝鮮民族の最大の独立闘争であった三・一運動の資料が、日本の弾圧によって虐殺された人々の遺品などといっしょに展示されています。

▲韓国・独立記念館

日本の朝鮮侵略・支配に対して抵抗し、独立のために闘った歴史を思い起こし、民族意識と愛国心を高めようという次代へのメッセージを伝えようとする記念館です。

◆広島平和記念資料館

広島に原子爆弾が投下されてから10年後の1955年8月、広島市によって建設されました。原子爆弾による被害の実相をあらゆる国々の人々に伝え、核兵器廃絶と世界恒久平和の実現を願ってつくられたと設置目的に記されています。

展示内容は、原爆被害の生々しい資料が多くの遺品とともに展示されています。原爆の熱線、爆風、放射能、高熱火災による被害、原爆病といわれる放射能被害の資料が展示され、一発の原爆がどれほどの悲惨な被害をもたらしたのか分かるようになっています。

▲原爆ドーム（手前）と広島平和記念資料館（上方の細長い建物、1998年10月撮影）

＊

中国、韓国と日本の記念館を比較してみると、戦争の記憶の仕方、伝え方がそれぞれ異なっていることが分かります。見学した3国の若者たち、子どもたちはどのように戦争を記憶するのでしょうか。

東アジアの若者たちが、平和な東アジアを築いていくために、どのように戦争を記憶したらよいのか、考えてみましょう。

終章

21世紀の東アジアの平和のための課題
5. 東アジア3国の若者の交流

> 最近、東アジアでは若者どうしの交流が活発になっています。汚れのない若者の目に、世界はどう映っているのでしょう。若者たちが心に描く未来は、青い空のように高く果てしなく見えます。同じ東アジアの隣国に生きる友だちの意見を聞いて、若い世代に何が必要なのか、考えてみましょう。

友情あふれる対話

京都に住む日本の中学生が韓国の中学生に手紙を送りました。

> 韓国では桜が咲いたんですって？ 日本ではもう夏のように暑くうっとうしい天気が続いています。日本人にももうなじみの食べ物となったキムチや韓国の伝統食であるトック（餅）をみんなで食べたりしましたよ。とくに韓国の海苔(のり)はとってもおいしいので、大人気だよ。韓国の食べ物は本当においしいね。ところで、みなさんは日本の食べ物を食べたことありますか？ 日本にも韓国の食べ物に負けないおいしい食べ物がたくさんありますよ。

この手紙には、相手に対する友情と思いやりがあふれています。会ったことのない友に対する思い、味覚を通じた韓国のイメージ化、そして日本の食べ物に対する自慢をつけ加えることも忘れていません。

▲平和の鳩を飛ばす3国の若者たち

日中韓3カ国の歴史キャンプ

3カ国の若者には、21世紀に入ってさまざまな出会いの場が用意されています。学校間の姉妹校提携(ていけい)が増えており、隣国への修学旅行も行なわれています。このような若者の交流が増えれば、おとなたちの時代にできた溝(みぞ)を埋めることが期待できます。2004年に市民団体が主催した日中韓の歴史体験キャンプに参加したある中国の学生は、3カ国の未来について次のように話しました。

> 中日韓3カ国は、歴史のなかでたくさんの葛藤と衝突がありました。でも今は、3カ国の国民は友好的な関係を維持していますよね。このようなキャンプを通じて友情を深めて文化などの各方面で交流が進んでほしいと思います。そして共同で平和的な発展を進めていけたらいいなと思います。

このように、相手を受け入れようとする心を持っていれば、過去の過ちに対しても理解することができます。

おとなたちの時代の過ちを繰り返さないためには、若者どうしの交流が重要です。相手を理解しようとする心があれば、過去の過ちがどんなものなのかを理解できます。本当の謝罪は口先ではなく、心でするものです。その心を開く最初のきっかけが若者の交流にあります。

▲第3回・日中韓の青少年歴史体験キャンプ(2004年8月)
日中韓の若者たちが戦時中に日本軍に「慰安婦」を強制されたハルモニたちが生活する「ナヌムの家」を訪問した。

若者の交流は未来への希望

未来の姿がどのようなものかについてのイメージを、韓国の学生は2001年の日本の歴史教科書歪曲事件をきっかけに、次のように描きました。

> 多くの国がかかわりあった歴史は、国どうしでいっしょに研究して真実を明らかにすべきです。基本的にこのような点が解決されたとき、日本と韓国は何の気がねもなく互いに協力しあい、ともに未来をつくるパートナーとして、お互いに利益をはかることができると思います。そして早くて2002年ワールド・カップで、遅くてもその後に、韓国側が日本を、日本側が韓国を互いに応援しあい勇気づける関係にまで発展することを願っています。

若者が描く望ましい未来は、どんな姿でしょうか。

若者たちは未来をつくるパートナーとして互いに助け合い共生することを望んでいます。2002年日韓共催ワールドカップで韓国と日本の若者はお互いのために声をはりあげて応援しました。2008年北京オリンピックでもそのような姿を描いていることでしょう。

各国の若者はお互いの文化に対して多くの関心をもっています。若者の間に連帯感が広がることこそ、戦争と暴力、そして不条理がまかりとおった20世紀を克服する道です。若者は、新しい東アジアをつくる夢であり、希望だからです。

終章 **21世紀の東アジアの平和のための課題**
6. 反戦平和運動と市民運動

> 21世紀になっても、人類はまだ戦争と無縁ではありません。しかし、戦争でなく平和を、独裁でなく民主主義を求める市民の声が世界各地で上がり、連なり響きあってきているのも現代の特徴です。新しい平和運動の流れを見てみましょう。

第二次大戦後の反核運動

第二次大戦が終わってまもない1950年、スウェーデンのストックホルムで開かれた平和擁護世界大会常任委員会は、核兵器の禁止を求める「ストックホルム・アピール」を発表、全世界に署名を呼びかけました。それに応え1953年までに、中国の2億2千万人をはじめ世界で5億人を超える人たちが署名しました。これが一つのきっかけとなって日本では1955年、原水爆禁止世界大会が始まり、2005年には51回目を迎えます。核兵器に反対するねばり強い運動が、核の先制使用（核を最初に使うこと）をストップさせています。

> ■ストックホルムアピール（1950年3月19日）より
> われわれは、人民にとっての恐怖と大量殺害の兵器である原子兵器の絶対禁止を要求する。われわれは、どのような国に対してであれ、最初に原子兵器を使用する政府は人道に対する罪を犯すものであり、戦争犯罪者として取り扱われるべきであると考える。われわれは、世界中のすべての善意の人々に対し、このアピールに署名するよう求める。

東アジアの米軍基地と反基地運動

第二次大戦後、アメリカは東アジアでは日本と韓国に広大な軍事基地を設置し、ベトナム戦争やイラク戦争での後方基地・出撃基地として利用してきました。とくに日本の米軍基地の75%が集中する沖縄や、韓国では、深刻な基地被害が起きています。沖縄では1950年代の半ば、島ぐるみの反基地運動が起こりました。しかし、基地被害は絶えず、1995年には3人の米兵による少女暴行事件[※1]が起こりました。韓国では2002年、米軍装甲車による女子中学生2人の轢殺事件[※2]が起こりました。

アメリカ軍に有利な不平等な協定があるため米兵は軽い処罰ですまされ、悲惨な事件が繰り返される現実に、人々の怒りが爆発し、大規模な抗議行動が沖

※1 1995年9月、沖縄本島中部で帰宅途中の小学生の女の子を3人の米兵が待ち伏せ暴行を加えた事件。これを契機に戦後50年間、基地被害に耐えてきた沖縄県民の怒りが爆発した。

終章　21世紀の東アジアの平和のための課題

◀1995年10月21日の「沖縄県民総決起大会」。米兵3人による少女暴行事件をきっかけに長年の基地被害に苦しむ沖縄の人々の怒りが爆発し、あらゆる年齢・階層・団体の人々、8万5千人が結集した。

縄全島、韓国全土に広がりました。平和と基地撤去を求めて、沖縄と韓国の人たちの間では交流・提携が進んでいます。

世界的な反戦平和運動の流れ

　1955年にインドネシアのバンドンで開かれた中国、インドなど29カ国が参加したアジア・アフリカ会議は、大国の植民地支配に反対し、民族独立、平和共存、人種平等など平和10原則を宣言しました。しかし、ベトナムに対し、フランス、その後アメリカは大軍を送り、ナパーム弾、枯れ葉剤などで大きな被害を与えました。これに対し、ねばり強く戦うベトナム人民への世界各国・市民の支援が広がり、アメリカ国内でも反戦運動が高まってアメリカは撤兵、1976年、ベトナムはそれまで強いられていた南北分断を乗りこえ、一つの国として完全独立を果たしました。

　韓国が1980年代に民衆の力によって軍事独裁政権を倒し、政治を民主化したことは、東アジアの平和にとても大きな意味を持っています。日本では「戦争放棄・戦力不保持」を定めた憲法を変えようとする動きに対し、「憲法を守れ」という運動が進められてきました。そのため自衛隊が「戦場」に出ることはずっと禁じられてきました。ところが2004年、自衛隊は「人道支援」の名の下に、戦争状態の続くイラクに派遣されました。

　世界各地では今も紛争が続き、平和は達成されていません。しかし、2003年2月には、アメリカ、イギリスによるイラク攻撃の直前、世界の各都市をつないで約1千万といういまだかつてない反戦行動が湧き起こりました。平和を求め、平和の大切さを伝え行動する市民が増え、国境をこえて連帯することが、世界に平和をもたらすカギではないでしょうか。

　平和に生きるということは、戦争のない社会に生きるというだけではなく、人間としての尊厳が守られ、人権が保障され、貧困からも解放されて、みなが幸福な生活を享受できることを意味しています。それは、実現しようと多くの人々が努力するなら、けっして夢ではありません。

※2　02年6月、韓国・楊州郡で道を歩いていた女子中学生2人を後ろから来た米軍装甲車が轢き殺した。米軍の軍事法廷は運転兵らに対し無罪を評決したため怒りが沸騰、ソウルでの10万人集会はじめ抗議運動が全土に広がった。

終章

21世紀の東アジアの平和のための課題
7. 東アジアの和解と平和のために

> 第二次世界大戦が終わった後、東アジアの人々はだれもが恒久の平和を願ったはずです。しかし残念なことに、今もなお葛藤と対立を克服できていません。どうすれば、東アジアに明るい未来をつくることができるのでしょうか。

対立と和解の分かれ道に立つ東アジア

　冷戦の時代は終わったといわれますが、東アジアでは葛藤が繰り返され軍事力も拡大しています。しかし一方、過去の過ちを反省して和解と平和を実現しようとする努力も行なわれてきました。台湾の2・28事件（1947年）[※1]、韓国の済州4・3事件（1948年）等の民衆虐殺事件についてはその真相を調査して、犠牲者の名誉を回復する措置がとられています。2000年には大韓民国の金大中大統領と朝鮮民主主義人民共和国の金正日国防委員長との間に南北首脳会談が開かれ、南北間の和解と協力の道が開かれました。

　近年、東アジア国家間の経済協力が急速に強まっていますし、一般の市民の間の文化交流も日に日に増え、親密な関係ができてきています。こうした動きをもっと確かなものにするにはどうしたらよいか、ヨーロッパの経験を通じて考えてみましょう。

ヨーロッパの経験

　第二次世界大戦後、連合国は、戦争を引き起こしたドイツに対し、過去の清算と徹底した反省を求めました。ドイツはこれを受け入れ、平和と民主主義を求める国家として再出発しました。

　フランスとドイツ、ドイツとポーランドは協議機構をつくり、歴史認識の違いから生じる葛藤を乗りこえるために、歴史・地理の教科書の内容を協同して正していく努力を傾けてきました[※2]。これらは民間を中心にすすめられてきましたが、各国政府もその成果を積極的に受け入れてきました。こうした努力が、ヨーロッパを一つに結びつけ、EU（ヨーロッパ連合）をつくりだしてゆく上で大きな役割を果たしました。

　東アジアは、歴史的にヨーロッパとは異なる経験をしていますし、互いの政治的・文化的立場も異なります。それでも、一つの共同体（コミュニティー）を実現したヨーロッパの経験を参考にしながら、東アジアの国家と市民も"平

※1　2・28事件：1945年、日本に代わって大陸から台湾にやってきた国民政府軍は新たな支配者として横暴の限りを尽くした。怒った台湾民衆は47年2月28日、全島で蜂起、残虐な弾圧で3万人近くが犠牲となった。

終章　21世紀の東アジアの平和のための課題

▶日中韓3国共通歴史教材編集会議。
2003年11月にソウルで開かれた第5回国際編集会議の様子。

和の共同体"をつくるために努力する必要があります。

反省と和解、平和を願って

　私たちは侵略と戦争の歴史を反省し、二度とこのようなことが繰り返されないようにするために努力しなければなりません。

　まず日本政府は、過去の歴史に対してはっきりと謝罪し、被害者に補償をすることが必要です。そうすれば、韓国や中国などの隣国と市民もこれをわだかまりなく受け入れるでしょう。

　平和と人権、民主主義は、東アジアと世界の望ましい未来のために重要な普遍的価値です。これを実現するためには、日本だけではなく、アジアの各国政府も市民も自国中心的な政策から脱却して、隣国と共生できる知恵を集めなくてはなりません。市民運動の国際的な連帯、協力は、その一つの道になるでしょう。

　歴史に学び、本当の和解と平和を実現することは、今日の東アジアで生きていく私たち一人ひとりの課題です。

※2　西ドイツとポーランドの歴史教科書協議：1956年から1976年まで続けられた。両国間に起こった歴史的事件を教科書にどう記述すべきかについて、26項目にわたって勧告案を準備した。

日・中・韓と世界の近現代史略年表

	日 本	中 国	韓 国	世 界
1840年代		アヘン戦争 南京条約締結		
1850年代	アメリカのペリーが来航し開国を要求 米・英・露などと条約を結び開国	太平天国の乱 第二次アヘン戦争		
1860年代	江戸幕府たおれる 明治維新始まる	洋務運動始まる 英・仏と北京条約締結	朝仏戦争	ロシア農奴解放宣言 アメリカ南北戦争
1870年代	自由民権運動始まる 台湾に出兵 江華島事件 日朝修好条規を結ぶ		朝米戦争 江華島条約（日朝修好条規）を結ぶ	フランス第3共和制宣言 ドイツ帝国建設
1880年代	大日本帝国憲法発布	清仏戦争	壬午軍乱 甲申政変	独・伊・オーストリア三国同盟形成
1890年代	日清戦争 下関条約を結ぶ	中日甲午戦争 戊戌の変法	甲午農民戦争 大韓帝国と改める	アメリカ・スペイン戦争
1904年	日露戦争			
1910年	韓国併合を強制		韓国併合条約の調印を強制される	
1912年		中華民国成立		
1915年	中国に21カ条要求を提出			第一次世界大戦（1914〜18）
1919年		五・四運動	三・一運動 大韓民国臨時政府成立	パリ講和会議開催
1921年		中国共産党成立		ワシントン会議
1923年	関東大震災 朝鮮人虐殺事件おこる			
1931年	満州事変 中国侵略戦争を始める	日本が九・一八事変を起こす		
1937年	日中戦争開始	全面抗日戦争開始 南京大虐殺	朝鮮総督府、「皇国臣民の誓詞」制定	
1941年	真珠湾攻撃 アジア太平洋戦争開始	中国対日宣戦布告	大韓民国臨時政府、建国綱領発表	独ソ戦開始
1945年	原子爆弾が広島・長崎に投下される ソ連対日参戦 日本降伏	抗日戦争勝利 台湾回復	8・15解放 38度線で分断	ヤルタ会談 ドイツ降伏 国際連合成立
1948年	極東国際軍事裁判の判決が出る		大韓民国と朝鮮民主主義人民共和国と分かれて成立	イスラエル共和国成立

	日本	中国	韓国	世界
1949年		中華人民共和国成立		北大西洋条約機構成立
1950年	警察予備隊発足（再軍備の動き始まる）	中国人民志願軍、朝鮮戦争に出動	朝鮮戦争（〜53）	
1951年	サンフランシスコ講和条約と日米安全保障条約に調印			
1955年	第1回原水爆禁止世界大会	周恩来、バンドン会議に出席		ワルシャワ条約機構成立
1965年	韓国と国交樹立		日本と国交樹立	
1972年	沖縄復帰 日中国交正常化	ニクソン訪中 中米関係正常化 田中角栄訪中 日中国交回復	朴正煕大統領の維新体制発足	
1978年	日中平和条約調印	日中平和条約調印		
1982年	教科書問題、国際的な批判を引き起こす	日本の歴史教科書の歪曲に抗議する	日本の歴史教科書の歪曲に抗議する	
1989年				ベルリンの壁崩壊
1991年			韓国と北朝鮮、国連に一括加盟	湾岸戦争
1992年		韓国と国交樹立 日本の天皇、初の訪中	中国と国交樹立	
1993年	河野官房長官、政府の調査に基づき日本軍「慰安婦」問題で公式に謝罪			
1997年	日米防衛協力のための指針（新ガイドライン）決定	香港の主権回収		地球温暖化防止京都会議
1998年	日中共同宣言に調印 日韓共同宣言に調印	江沢民国家主席、訪日 日中共同宣言に調印	金大中大統領、訪日 日韓共同宣言に調印	
1999年	周辺事態法、国旗・国歌法成立	澳門（マカオ）の主権回収		NATO軍ユーゴを空爆
2000年			金大中・金正日両首脳による6・15「南北共同宣言」	

写真提供・出典

【日本】
宮城県図書館／鳥取県立図書館／国立国会図書館／久米美術館／横浜開港資料館／毎日新聞社／国立教育政策研究所教育図書館／外務省外交史料館／解放出版社／主婦の友社／大石進／国立歴史民俗博物館／福井理文／朝日新聞社／笠原十九司／平和博物館を創る会／神奈川の学徒勤労動員を記録する会／澤田和子／沖縄県立平和祈念資料館／上原清子／梨の木舎／中国帰還者連絡会／共同通信社／琉球新報社／子どもと教科書全国ネット21／広島平和記念資料館／VAWW-NETジャパン（「戦争と女性への暴力」日本ネットワーク）／ABC企画委員会

【中国】
中国国立博物館／中国社会科学院近代史研究所／中国人民抗日戦争記念館／中国第一歴史档案館／中国甲午戦争博物館／朱伝誉『近代中国画史』(中国国民党中央委員会党史史料編纂委員会)／李新・董謙主編『図説近代中国』(光明日報出版社)／上海市档案館／施玉森『甲午戦争蹟述論』(雛忠会館出版)／中国甲午戦争博物館／施玉森『近代列強侵華戦争述論』(雛忠会館出版)／戚嘉林『台湾史』(台湾・農学社)／南兆旭編『老照片——二十世紀中国図志』(台海出版社)／程棟等編著『旧中国大博覧会(1900〜1949)』(科学普及出版社)／彭明『五四運動史』(人民出版社)／廖大偉・陳金龍主編『侵華日軍的自白　来自一二八・八一三淞滬戦争』(上海社会科学出版社)／施玉森『日本侵略東北与偽満傀儡政府機構』(雛忠会館出版)／孟烈等『画説哈尔濱』(華齢出版社)／趙俊清『楊靖宇伝』(黒龍江省人民出版社)／賀芸等『人民芸術家張寒暉』(陝西人民出版社)／中国国民政府軍事委員会政治部編『日寇暴行実録』1938年7月版／侵華日軍南京大屠殺遇難同胞記念館／新華通訊社撮影部編・鄭震孫主編『日本侵華図片史料集』(新華出版社)／蘇智良／高龍生『如此汪精衛漫画集』(1941年全国漫画作家抗敵協会編)／楊克林・曹紅主編『中国抗日戦争図志(中)(下)』(新大陸出版社)／黄修栄主編『中国共産党八〇年画巻(下)』(中央文献出版社)／程棟主編『図文20世紀中国史(第8巻)』(広東旅游出版社)／歩平

【韓国】
姜徳京／京郷新聞社／国立中央博物館／国史編纂委員会／金星出版社／羅蕙錫記念事業会／大元社／独立記念館／東亜日報社／柳宇鍾／瑞文堂／ソウル時事編纂委員会／ソウル学研究所／誠信女大博物館／孫楨睦／申翔淳／嶺南大学校博物館／李鍾根／一潮閣／林鍾晋／鄭成吉／韓国学中央研究院／鄭龍壹／韓国挺身隊問題対策協議会

あとがき

　東アジアに平和の共同体をつくるためには、その前提として歴史認識の共有が不可欠です。それはもちろん若い人たちだけの課題ではありません。歴史認識を共有することへの展望は、東アジアに生きる市民が、侵略戦争と植民地支配の歴史を事実にもとづいて学び、過去を克服するための対話と討論を重ねることを通じて、確実に切り開かれます。

　2002年3月以来、このような思いを抱く日本・中国・韓国3国の研究者・教員・市民は、歴史認識についての連続的な対話、「歴史認識と東アジアの平和フォーラム」を開催してきました。そのきっかけは、日本の「新しい歴史教科書をつくる会」（「つくる会」）の歴史教科書の出現にありました。フォーラムの第1回は中国・南京で、第2回は2003年2月、日本・東京で、第3回は2004年8月、韓国・ソウルで開催されました。

　この本は、こうした取り組みの中から生まれました。第1回フォーラムの中で、東アジアの子どもたちが歴史認識を共有するために、3国共同で共通の歴史副教材を作成する計画が話し合われ、これにつづいて各国では、歴史副教材を開発・作成するための委員会が組織されました。

　副教材開発・編集のための第1回国際会議は、2002年8月にソウルで開催され、その後、日本で4回、中国で4回、韓国で3回の会議が開かれました。その間、各国は担当した原稿を書き上げ、これを国際会議で検討し、意見や注文を出し合って、それにもとづいて原稿を修正し、さらに持ち寄って検討するという作業を何度も重ねてきました。

　私たちは、「つくる会」の歴史教科書を、日本の過去の侵略戦争や植民地支配を正当化し、歴史の事実を歪曲する教科書、自国中心の排外主義からアジアを蔑視し、偏狭なナショナリズムをあおる教科書だと批判してきました。しかし、ただたんに批判するだけでは、歴史認識を共有するための道筋は見えてきません。実際にどのような歴史を伝えていったらよいのかという問いへの一つの回答が、この本です。

　日韓、日中など、2カ国の間での歴史対話や歴史教材づくりの試みは、これまでも行なわれてきています。しかし、3国共通の歴史副教材づくりは歴史的にもはじめてのことです。2国間でも大変な作業なのに、それを3国で行なうことには、予想をこえる困難がありました。それぞれの歴史研究や歴史教育・教科書の違いによって、個々の歴史的事件の見方・とらえ方などが、かなり異なっていることが明らかになり、認識の違いを克服することが重要な課題となりました。しかし、私たちは、対等・平等の原則を前提に、お互いの立場を尊重しながら、ねばり強い議論を通じて意見を調整し、同じ内容の本を3国の言葉で同時に発刊することにこぎつけました。もちろん、初めての試みですから、まだまだ改善する余地があります。読者の皆さんの率直なご意見をお待ちしています。

　国境を超えた共同の取り組みを通じて、私たちは多くのことを学びました。多くの新しい友人と出会い、友情と信頼を深めることができました。対話と討論、そして、未来へ向けての連帯こそが、自らを豊かにし、新しい歴史の可能性を開いてくれる。それは、この歴史教材作りを通じて得た私たちの確信です。

　この取り組みは、国際会議の際に通訳を務めていただいた各国の方々、原稿の翻訳にあたっていただいた方々の、献身的な協力なしには実現不可能でした。とくに、他文化を積極的に学ぼうとしている留学生や、在日の方々をはじめ、3国の架け橋となってくださった若いみなさんに、あらためてお礼申し上げます。

　最後になりましたが、出版を引き受けてくださった、日本・高文研、韓国・ハンギョレ新聞出版部、中国・中国社会科学院社会科学文献出版社には、絶大なご協力をいただきました。3国の出版史上、はじめての試みを実現してくださったことに対し、心からの感謝を表明します。

　　　　　　　　　　　　　　　　　2005年5月　　　日中韓3国共通歴史教材委員会

各項目執筆分担

＊本書は、3国の委員会で分担執筆した原稿を、何度も会議を重ね、またメールを使い相互に意見をやりとりして出来上がったものですが、参考までに執筆分担を示しておきます。

序　章　開港以前の3国
- 1節　3国の相互の関係　（韓）
  - コラム　昔の人たちは「世界」をどう見ていたか　（日・中・韓）
  - 　　　　3国の間の漂流民　（日）
- 2節　3国の国内状況
  - 1　日本──両班と民衆　（日）
  - 2　朝鮮──両班と民衆　（韓）
  - 3　中国──郷紳と民衆　（中）
  - コラム　3国の首都　（中・日・韓）
  - 　　　　儒教と3国　（中）

第Ⅰ章　開港と近代化
- 概説　（日）
- 1節　欧米列強の圧力と3国の対応
  - 1　中国──アヘン戦争と洋務運動　（中）
  - 2　日本──開国と明治維新　（日）
  - 3　朝鮮──門戸開放をめぐる葛藤　（韓）
  - コラム　3国の開港場──上海・横浜・仁川　（日・中・韓）
  - 　　　　近代日本の天皇制　（日）
- 2節　東アジアを巻き込んだ戦争
  - 1　3国の争い　（韓）
  - 2　日清戦争　（中）
  - 3　日露戦争　（日）
  - コラム　福沢諭吉／金玉均／李鴻章　（日・韓・中）
- 3節　3国の改革運動
  - 1　日本──自由民権運動　（日）
  - 2　中国──清朝の改革と義和団運動　（中）
  - 3　朝鮮──農民戦争と独立協会運動　（韓）
  - コラム　中江兆民／康有為／東学農民戦争のリーダーたち　（日・中・韓）
- 4節　3国の民衆生活と文化
  - 1　朝鮮社会の変化と民衆　（韓）
  - 2　中国社会の変化と民衆　（中）
  - 3　日本社会の変化と民衆　（日）
  - コラム　近現代史のなかの漢字　（日）
- まとめ　（日）

第Ⅱ章　日本帝国主義の膨張と中韓両国の抵抗
- 概説　（韓）
- 1節　第一次世界大戦前後の東アジア
  - 1　日本の韓国併合と朝鮮人の抵抗　（韓）
  - 2　日本の台湾に対する植民地支配　（中）
  - 3　辛亥革命と中華民国の成立　（中）
  - 4　第一次世界大戦と日本帝国主義　（日）
  - コラム　台湾人民の抗日武装闘争／安重根と伊藤博文　（韓）
  - 　　　　日本は韓国を「強占」したのか、「併合」したのか　（日）
- 2節　日本の朝鮮支配の強化
  - 1　憲兵警察統治　（韓）
  - 2　「文化政治」の実像　（韓）
  - 3　経済政策と収奪　（韓）
  - 4　教育文化政策　（韓）
  - コラム　鉄道を掌握せよ　（韓）
  - 　　　　東洋拓殖株式会社　（日）
- 3節　独立・抵抗の運動と社会運動
  - 1　三・一運動　（韓）
  - 2　五・四運動　（中）
  - 3　3国の社会運動　（日）
  - 4　関東大震災と朝鮮人・中国人の虐殺　（日）
  - コラム　申采浩／金子文子／李大釗／布施辰治／陳鉄軍／鄭鐘鳴　（韓・日・中）
- 4節　変わりゆく社会と文化
  - 1　朝鮮の社会と文化の変化　（韓）
  - 2　中国の社会と文化の変化　（中）
  - 3　日本の社会と文化の変化　（日）
  - コラム　女性の社会進出　羅蕙錫／平塚らいてう／何香凝　（韓・日・中）
- まとめ　（韓）

第Ⅲ章　侵略戦争と民衆の被害
- 概説　（中）
- 1節　日本の中国東北地方への侵略
  - 1　満州事変　（中）
  - 2　「満州国」の出現　（中）
  - 3　「満州国」の社会と経済　（中）
  - 4　東北人民の反満抗日闘争　（中・日）
  - コラム　張寒暉と抗日歌曲「松花江のほとり」　（中）
  - 　　　　上海「義挙」と尹奉吉　（韓）
- 2節　日本の侵略戦争
  - 1　日中全面戦争　（日）
  - 2　アジア太平洋戦争　（日）
  - 3　「大東亜共栄圏」のまぼろし　（日）
  - 4　総力戦体制　（日）
  - コラム　昭和天皇の戦争指導　（日）
  - 　　　　伝単（ビラ）のなかの戦争　（日）
- 3節　日本軍による中国民衆への残虐行為
  - 1　戦場における民衆と難民　（中）
  - 2　南京大虐殺　（中）
  - 3　無差別爆撃・三光作戦と「無人区」の設定　（中）
  - 4　細菌戦・毒ガス戦と人体実験　（中）
  - 5　日本軍の性暴力　（中）
  - コラム　鳳儀萍──強制労働者の証言　（中）
  - 　　　　元日本兵の証言　（日）
- 4節　朝鮮の戦争基地化と民衆の被害
  - 1　皇民化政策　（韓）
  - 2　戦時体制下の軍需工業　（韓）
  - 3　戦争物資動員　（韓）
  - 4　人力動員　（韓）
  - 5　日本軍「慰安婦」として連行された朝鮮人女性たち　（韓）
  - コラム　「親日派」と「漢奸」　（韓・中）
  - 　　　　姜徳景ハルモニ──絵画で「慰安婦」の被害を告発　（韓）
- 5節　日本民衆の加害と被害
  - 1　戦時総動員と民衆の戦争協力　（日）
  - 2　民衆の生活と抵抗　（日）
  - 3　東京大空襲と都市空襲　（日）
  - 4　沖縄戦　（日）
  - 5　広島・長崎への原爆投下　（日）
  - コラム　特攻隊と青年学徒　（日）
  - 　　　　日本の総力戦と女性　（日）
- 6節　日本の侵略戦争の失敗
  - 1　中国の抗日戦争　（中）
  - 2　朝鮮人の抵抗と建国準備　（韓）
  - 3　東南アジア占領地民衆の抵抗　（日）
  - 4　反ファシズム戦争の勝利と日本の降伏　（中）
  - コラム　大韓民国臨時政府　（韓）
  - 　　　　日本兵反戦同盟　（日）
- まとめ　（中）

第Ⅳ章　第二次大戦後の東アジア
- 概説　（日）
- 1節　3国の新しい出発
  - 1　日本の敗戦と戦後改革　（日）
  - 2　朝鮮の解放と分断　（韓）
  - 3　中華人民共和国の成立　（中）
  - コラム　マッカーサーの2つの顔　（日）
  - 　　　　遠かった故国　（日）
- 2節　問われる日本の「過去の清算」
  - 1　東京裁判　（日）
  - 2　サンフランシスコ講和条約と賠償・補償問題　（日）
  - 3　植民地支配と戦争が残した社会問題　（韓）
  - コラム　その他の戦犯裁判　（日）
  - 　　　　戦後補償の国際比較　（日）
- 3節　東アジアの分断と国交正常化
  - 1　東アジアの冷戦と朝鮮戦争　（日）
  - 2　日韓国交樹立　（日）
  - 3　日中国交正常化　（日）
  - 4　中韓国交樹立　（韓）
  - コラム　在日朝鮮人の権利獲得のたたかい　（韓・日）
  - 　　　　中国帰還者連絡会の人々　（日）
- まとめ　（日）

終　章　21世紀の東アジアの平和のための課題
- 概説　（韓）
- 1　残された個人補償問題　（中）
- 2　日本軍「慰安婦」問題と女性人権運動　（韓）
- 3　歴史教科書問題　（韓・日）
- 4　靖国神社問題　（中・日）
- コラム　教科書裁判をたたかった家永三郎　（日）
- 　　　　民衆法廷としての女性国際戦犯法廷　（日）
- 　　　　博物館展示のたたかい　（日・韓・中）
- 5　東アジア3国の若者の交流　（韓）
- 6　反戦平和運動と市民運動　（日）
- 7　東アジアの和解と平和のために　（韓）

本書を作った各国委員会委員・協力執筆者

■日本（日中韓3国共通歴史教材委員会）
板垣竜太　　同志社大学社会学部専任講師
大日方純夫　早稲田大学文学学術院教授
笠原十九司　都留文科大学文学部教授
金　富子　　韓神大学校日本地域学科助教授
糟谷陽子　　中学校社会科教員・子どもと教科書全国ネット21常任運営委員
齋藤一晴　　明治大学大学院博士後期課程生・高校社会科講師
柴田　健　　高校社会科教員・高嶋教科書訴訟を支援する会事務局長
宋　連玉　　青山学院大学経営学部教授
田中行義　　高校社会科教員・子どもと教科書全国ネット21常任運営委員
俵　義文　　子どもと教科書全国ネット21事務局長・立正大学心理学部非常勤講師
坪川宏子　　元高校教員・歴史教育アジアネットワークJAPAN運営委員
松本武祝　　東京大学大学院農学生命科学研究科助教授
丸浜江里子　元中学校教員・歴史教育アジアネットワークJAPAN運営委員
《協力執筆》上杉　聰（関西大学文学部講師）

■中国（中日韓3国共同歴史読本編纂委員会）
歩　平　　中国社会科学院近代史研究所研究員
李宗遠　　北京市中国人民抗日戦争記念館執務室主任
王希亮　　黒龍江省社会科学院研究員
栄維木　　中国社会科学院近代史研究所『抗日戦争研究』編集主幹
卞修躍　　中国社会科学院近代史研究所近代史資料編集部副編集委員
李仲明　　中国社会科学院近代史研究所『抗日戦争研究』編集委員
朱成山　　南京市侵華日軍南京大屠殺遇難同胞記念館研究員
劉燕軍　　南京市侵華日軍南京大屠殺遇難同胞記念館研究員
張連紅　　南京師範大学南京大屠殺問題研究センター教授
蘇智良　　上海師範大学歴史学部教授
陳麗菲　　上海師範大学歴史学部教授
高凡夫　　上海師範大学歴史学部博士課程
蔡　亮　　上海師範大学歴史学部博士課程
呉広義　　中国社会科学院世界経済政治研究所研究員
戴世双　　北京大学歴史学部博士課程
文春美　　中国社会科学院世界史研究所副研究員
王智新　　宮崎公立大学（日本）教授

■韓国（韓中日共同歴史教材開発委員会）
徐仲錫　　成均館大学校史学科教授
金聖甫　　延世大学校史学科教授
王賢鐘　　延世大学校歴史文化学科教授
文珠榮　　新道峰中学校教師
李寅碩　　京畿女子高等学校教師
辛珠柏　　ソウル大学校社会発展研究所責任研究員
金正仁　　春川教育大学校社会科教育科教授
尹輝鐸　　高句麗研究財団研究委員
金漢宗　　韓国教員大学校歴史教育科教授
朴中鉉　　中京高等学校教師
梁美康　　アジア平和と歴史教育連帯常任共同運営委員長
河棕文　　韓神大学校日本地域学科教授

《協力執筆》
裵祐晟　　ソウル市立大学校国史学科教授
裵亢燮　　成均館大学校東アジア学術院研究教授
河元鎬　　成均館大学校東アジア学術院研究教授
韓哲昊　　東国大学校歴史教育科教授
金泰雄　　ソウル大学校歴史教育科教授
李松順　　韓国国家記録研究員責任研究員
趙東権　　ソウル大学校師範大学附設高等学校教師
鄭惠瓊　　日帝強占下強制動員被害真相糾明委員会調査1科長
郭健弘　　国家記録院学芸研究官
金昌祿　　建国大学校法学科教授
李淵植　　ソウル市立大学校講師

【日本語版追記】刊行後の11年間──増刷(第9刷)にあたって

　刊行から11年、その間に、「慰安婦」問題と歴史教科書問題には、様々な変化がありました。そこで、増刷(第9刷)にあたり、日中韓3国共通歴史教材委員会(日本側委員会)では、日本語版に追記のページを設け、読者のみなさんに新たな情報を提供することにしました。本書【終章　21世紀の東アジアの平和のための課題】の〔2．日本軍「慰安婦」問題と女性人権運動〕および〔3．歴史教科書問題〕に続けてお読みください。

「慰安婦」問題のその後

「慰安婦」裁判とその結果

　金学順さん(本書202～203ページ参照)に続いて、各国の被害者が次々と名乗り出、賠償を求める裁判が提訴されました(韓国2、フィリピン、韓国〈在日〉、オランダ、中国4、台湾の10件)。弁護士と市民団体は裁判を支え続け、各地で被害者の証言集会を開くなど、「慰安婦」問題の存在を人々に知らせました。

　賠償請求そのものは、2003年から2010年、日本の最高裁判所によってしりぞけられ、原告(被害者)の請求は認められませんでした。戦前の公務員の不法行為に国は損害賠償の責任を負わない、一定期間の経過によって権利は消滅する、国家間の条約で解決済みである、などがその理由でした。

　しかし、8件の判決では、一人ひとりの悲惨な被害が詳しく「事実認定」されました。中国人に関する裁判では、「拉致」という言葉で「軍による強制連行」があったことが認定されました。日本の司法は、加害と被害の事実を認定したのです。さらに、山口地方裁判所下関支部では、「慰安婦」の被害を放置してきたことは新たな人権侵害であり、日本の国会は被害を回復するための立法義務を怠ったとして、原告勝訴の判決が出されました。

世界のなかの「慰安婦」問題

　2007年7月、アメリカ下院本会議は、日本政府に対し、「慰安婦」問題について責任を認め謝罪することなどを求める決議を満場一致で採択しました。これにつづいて、11月にはオランダ議会下院、カナダ議会下院が、12月には欧州(EU)議会も、同様の決議を採択しました。日本軍が「若い女性を強制的に性奴隷状態においた」などとして、日本政府に対し、謝罪と歴史的な責任を果たすように求めたのです。2008年には、韓国国会、台湾立法院も決議しました。なぜこのような動きが世界に広がったのでしょうか。

　1997年、日本の中学校歴史教科書7種類すべてに、「慰安婦」のことが記述されました。ところが2002年には8種類中3種類に減り、2006年には本文からすべて消えてしまいました。「慰安婦」の存在を否定しようとする人たちが、教科書から記述を

削るように要求し、政治家などがさまざまな圧力をかけたからです。

日本政府も、2006年頃から、「河野談話」（本書203ページ参照）を見直そうとする動きを強めました。政府は一方で「河野談話」を引き継ぐとしながら、他方で2007年3月、「政府が発見した資料の中には、軍や官憲による、いわゆる強制連行を直接示すような記述も見当たらなかった」と閣議決定するなど、「慰安婦」が強制的だったことを否認しようとする立場を打ち出しました。さらに、同年6月には、日本の国会議員などが、アメリカの新聞ワシントンポストに「The Facts」と題する広告を出し、政府や軍が強制した証拠はないと主張しました。

このような日本の動きに対する批判が国際的に強まったのです。すでに国連は、1996年の人権委員会での決議以後、「慰安婦」問題が戦争犯罪であるとして、日本政府に対し国家責任を認めるように求めてきました（本書203ページ参照）。国連の人権理事会、女性差別撤廃委員会など各人権条約委員会や、ILO（国際労働機関）も、「慰安婦」問題の早期解決を日本政府に勧告してきました。しかし、日本政府はこれらに応じませんでした。

「慰安婦」問題のゆくえ

韓国ソウルの日本大使館前での水曜デモ（本書202ページ参照）は、2011年12月、1000回に達し、「平和の碑」（少女像）が設置されました。この日、韓国・日本をはじめ、アジア・欧米など11カ国、70余りの都市で、連帯のデモが行なわれました。

一方、2011年8月、韓国の憲法裁判所は、韓国政府が「慰安婦」被害者の賠償請求権に関し、具体的解決のために努力していないのは、被害者らの基本権を侵害する憲法違反だと決定しました。これを受けて、韓国政府は日本政府に対して外交交渉を要求し、以後、日本政府との間で何度か交渉も行なわれました。

しかし、その後、韓国政府がこの問題の未解決を理由に首脳会談を拒否したこともあって、3年余、日韓関係は険悪な状態が続きました。ところが、2015年11月、日韓の首脳会談の席上、「慰安婦」問題の早期解決が合意され、急きょ12月末、両国外相が共同記者発表をするに至りました。日本側はおわびと反省を表明し、韓国が設立する財団に政府予算で10億円を拠出して、名誉と尊厳の回復・心の傷を癒す事業などを行なうこと、これによって問題は「最終的不可逆的」に解決されることを確認したといいます。韓国側は「少女像」の移設などの解決に努力することになりました。「合意」の背景には、安全保障政策上、日韓の協調が不可欠だとするアメリカ政府の判断があったと考えられます。

しかし、韓国の被害者のなかには、自分たちの頭越しの政治決着に激怒し、白紙撤回を求める人もあり、韓国の400余団体が賛同して、「合意無効と正義の解決のための全国行動」が組織されました。

被害者の平均年齢は90歳近くです。韓国の場合、生存者は238人（韓国政府に登録した人数）中44人です（2016年3月現在）。アジア各国の被害者・支援団体の連帯会議は、2014年、真の解決のための具体的提案を「日本政府への提言」にまとめ、政府に提出しました。問題解決のためには、日本政府の早急で誠意ある対応が不可欠となっています。

同時に、若い読者の皆さんは、自分と同じ年頃の多くの女性たちが、戦争や植民地・

占領地支配のなかで身体の自由を奪われ、性を無残に冒瀆されつづけ、しかも、そのことで一生悩みつづけなければならなかったという事実を、ぜひ、思い浮かべてください。その女性が自分なら、あるいは恋人や姉妹なら、と思ってみてください。戦争は女性差別を助長し、人権を踏みにじります。人権が尊重される社会、身体の自由（性の権利）が保障される社会をつくるためには何が必要なのか、考えてみてください。そして、皆さん自身の人権感覚を磨いてください。

歴史教科書問題のその後

日本の歴史教科書問題

　読者のみなさんは、中学校時代、どんな歴史教科書を使いましたか（あるいは、使っていますか）。本書204〜205ページで取り上げた『新しい歴史教科書』は、2001年に検定を通った中学校歴史教科書8点のなかの1つです。ですから、もちろん日本の歴史教科書の代表ではありません。2002年当時、採用されたのは全体の0.04％と、ごくわずかでした。

　その後、この教科書の発行元は分裂し、現在、一方は育鵬社から、他方は自由社から、それぞれ歴史と公民の教科書を発行しています。2001年の最初の採択から15年後、2016年度用教科書の採択では、育鵬社の歴史が75,238冊（6.5％）、公民が67,194冊（5.7％）、自由社の歴史が456冊（0.05％）、公民が441冊（0.04％）となっています。育鵬社を採択した公立中学校の採択地区は21（3.6％）で、冊数、地区数とも15年前より増えました。この教科書を編集し採択活動をしてきた人たちは、「幅広い支持をいただいた躍進と判断できる」と主張しています。しかし、本当にそうでしょうか。

　1996年から約20年間、保守系の政治家や、日本の侵略戦争・植民地支配などを正当化しようとする人たちは、育鵬社などの教科書を採択させるため、全力をあげて活動してきました。それにもかかわらず、前述のような状況にとどまっています。市民や教員がほとんど支持していないことを示しているのではないでしょうか。

　しかし、この教科書の登場は、日本の歴史教育のあり方に大きな波紋を及ぼすものでもありました。1990年代後半から、侵略や加害の事実を教科書に記述することへの攻撃が強まり、その結果、2001年以後、中学校教科書の侵略戦争や加害の問題に関する記述は、全体として後退していきました。1997年にすべての教科書に登場した「慰安婦」に関する記述は、その後、消えてしまいました。

　他方で、こうしたなか、2015年4月、現場で教えてきた社会科・歴史の先生たちがつくった教科書『ともに学ぶ人間の歴史』が検定に合格しました。「学び舎」のこの教科書は、「読んで楽しい、問いが生まれる、学びがはずむ」教科書を、という現場の先生たちの思いにもとづいて誕生しました。斬新な内容をもつこの教科書は、「慰安婦」問題も取り上げています。国立と私立の中学校で5704冊（0.5％）が採択されました。

　育鵬社のような教科書が一定採択され、学び舎の教科書が公立中学校の採択地区で採択されないのは、日本の採択制度に重大な問題があることにもよります。教育委員

会が採択を決定するため、先生たちは自分が使う教科書を選べないのです。教科書を使う人の声が反映する教科書選びが大切だとは思いませんか。

教科書検定基準などの改定

　普通の本とは違って、教科書は文部科学省の検定を通過しなければ、教科書とは認められません。2014年、文部科学省は教科書の「検定基準」と「審査要項」を改定しました。検定基準は教科書として認めるかどうかを判定する基準、審査要項は検定基準にもとづいて合格か不合格かを判定する方法を示したものです。

　改定された検定基準では、①まだ確定していない時事的なことについて、特定の事柄を強調しないこと、②近現代の歴史的な事柄のうち、通説的な見解がない数字などについては、通説的な見解がないことを明示し、子どもが誤解するおそれのある表現をしないこと、③閣議決定など政府の統一的な見解や最高裁判所の判例に基づいて記述すること、を求めています。

　まだ確定していない時事的なことや、特定の事柄などが何を指すのか、またどのように書けば「強調」したことになるのか、これらを誰が、何を基準に判断するのか、とても抽象的で曖昧です。また、新しい検定基準は「バランスの取れた記述」にすることを求め、少数説も書くように指示しています。これでは、日本の戦争は侵略戦争ではなくアジア解放戦争であるとか、南京事件や「慰安婦」は「無かった」など、すでに学問的に否定されている主張も、「少数説」として記述される可能性があります。

　閣議決定などの政府見解や最高裁判決に基づく記述を要求するのは、具体的には、領土問題で政府見解通りの記述―「竹島は日本の固有の領土なのに韓国が不法に占拠している」、「尖閣諸島には領有権問題はない」など―をするように求めるものです。さらに、戦後補償や「慰安婦」問題について、韓国との間では「日韓請求権協定」で解決済みであるとか、軍・官憲による「慰安婦」の強制連行はなかったなどという政府見解が記述されることになります。実際、各教科書は領土問題について政府見解どおりに記述し、また、「学び舎」の教科書は、検定で「慰安婦」問題についての政府見解を追加させられました。

　文部科学省は「審査要項」も改定して、「教育基本法の目標等に照らして重大な欠陥があれば検定不合格とする」という規定を追加しました。「重大な欠陥」があると判断すれば、申請図書の個々の内容を審査しないで不合格にするという規定です。「何が欠陥かは秘密」のまま、容易に恣意的な判断で不合格にできる、「一発不合格」の規定であり、出版社を威嚇する効果は絶大です。出版社は「一発不合格」にならないため、どこまでも「自主規制」し、「にらまれる」可能性のあるものは載せないようになります。

　こうした新基準などが適用されると、教科書検定基準の「近隣諸国条項」（近隣のアジア諸国との間の近現代の歴史的事象の扱いに国際理解と国際協調の見地から必要な配慮がされていること―本文205ページ参照）は骨抜きにされ、機能しなくなってしまいます。

　検定制度の改定が、日本とアジアの人びととの友好親善にどのような影響を及ぼすことになるのか、考えてみましょう。教科書がどのようにつくられ、手元に届くまでにどのようなことがあるのかをしっかり見つめながら、教科書のあり方を考えてみましょう。

日本・中国・韓国＝共同編集

未来をひらく歴史 第2版

東アジア3国の近現代史

第1版第1刷発行	2005年5月26日
第2版第1刷発行	2006年7月8日
第2版第10刷発行	2020年6月30日

編　著　者：日中韓3国共通歴史教材委員会
　　　　　　装丁・本文レイアウト：松田礼一（商業デザインセンター）
発　行　所：株式会社高文研
　　　　　　〒101-0064 東京都千代田区神田猿楽町2-1-8
　　　　　　Tel 03-3295-3415　Fax 03-3295-3417
　　　　　　http://www.koubunken.co.jp
印刷・製本：三省堂印刷株式会社

ISBN978-4-87498-369-0　　C0021

歴史の真実を探り、日本近代史像をとらえ直す

日本人の明治観をただす
中塚明 著　2,200円
朝鮮の支配をめぐって清国・ロシアと戦った日清・日露戦争における、日本軍の不法行為と、戦史改ざんの事実を明らかにする。

東学農民戦争と日本
●もう一つの日清戦争
中塚明・井上勝生・朴孟洙 著　1,400円
朝鮮半島で行われた日本軍最初の虐殺作戦の歴史事実を、新史料を元に明らかにする。

司馬遼太郎の歴史観
●その「朝鮮観」と「明治栄光論」を問う
中塚明 著　1,700円
司馬の代表作『坂の上の雲』を通して、日本人の「朝鮮観」を問い直す。

[オンデマンド版] 歴史の偽造をただす
中塚明 著　3,000円
日清戦争で日本軍が最初に行った朝鮮王宮占領作戦を記録した第一級資料の発掘。

これだけは知っておきたい 日本と韓国・朝鮮の歴史
中塚明 著　1,300円
日朝関係史の第一人者が古代から現代まで基本事項を選んで書き下ろした新しい通史。

歴史家 山辺健太郎と現代
●日本の朝鮮侵略史研究の先駆者
中塚明 編著　2,200円
朝鮮侵略史研究を切り拓いた歴史家・山辺健太郎の人と思想。

日本は過去とどう向き合ってきたか
山田朗 著　1,700円
日本の極右勢力が批判する〈河野・村山〉〈戦術〉を徹底検証、新たな視点を示す！

これだけは知っておきたい 日露戦争の真実
山田朗 著　1,400円
軍事史研究の第一人者が日本軍の〈戦略〉〈戦術〉歴史三談話と靖国問題を考える。

朝鮮王妃殺害と日本人
金文子 著　2,800円
誰が仕組んで、誰が実行したのか。10年を費やし資料を集め、いま解き明かす真実。

日露戦争と大韓帝国
●日露開戦の「定説」をくつがえす
金文子 著　4,800円
近年公開された史料を駆使し、韓国からの視線で日露開戦の暗部を照射した労作。

福沢諭吉のアジア認識
安川寿之輔 著　2,200円
朝鮮・中国に対する侮辱的・侵略的発言を繰り返した民主主義者・福沢の真の姿。

福沢諭吉の戦争論と天皇制論
安川寿之輔 著　3,000円
啓蒙思想家・民主主義者として名高い福沢は忠君愛国を説いていた!?

福沢諭吉の教育論と女性論
安川寿之輔 著　2,500円
「民主主義者」「女性解放論者」の虚像を福沢自身の教育論・女性論をもとに覆す。

[増補改訂版] 福沢諭吉と丸山眞男
安川寿之輔 著　3,700円
福沢=「典型的な市民的自由主義」者のイメージを定着させた丸山の"製造者責任"を問う。

日本人はなぜ「お上」に弱いのか
●「丸山諭吉」神話を解体する
安川寿之輔 著　2,200円
国家・組織を優先する同調圧力社会「忖度ジャパン」はいかに生み出されてきたか。

※表示価格は本体価格です（このほかに別途、消費税が加算されます）。